❶ **本成果系：**

北京电影学院2012年度学科与研究生教育-重点学科-戏剧影视学（国重）（编号：PXM2012_014220_000146）最终成果；

北京市重点培育学科“电影学”建设最终成果之一。

电　影　学　文　丛

陆上行舟

新世纪中国电影导演访谈录

吴冠平 著

电影学文丛

東方出版社

目录

自序

想象力、分寸感以及必要的冒犯

吴冠平

008 / 013

导演在电影圈是带着光环的幕后行当。他们脑子里的想法能够让人一夜成名，可以提供几十乃至上千人的工作机会，有的导演甚至把自己变成了印钞机。电影产业的演进便始于导演脑子里那些不确定的主意，开枝散叶逐渐丰满起来。这些模糊的脑中景象带动了技术的革新，工种的完备，商业机制的建立以及产品的类型化。经过一百多年的发展，导演们的工作被发源于他们头脑中的电影工业异化不少，商人、明星、政治家、社会工作者、合作伙伴……常常左右了导演的想象世界。这使得导演工作变得充满挑战性。他们需要把脑海中的景象组织成一个让观者信服的银幕世界。他们用不同于口语和书面语的话语规则为公众呈现一个看似熟悉其实陌生，或者看似陌生其实熟悉的世界景观。如何让人信服？导演们常为此焦虑。你到底要什么？为什么这样好而那样不好？为什么花这么多钱去拍那些东西？合作者和观众的质问有时把导演逼成了一个辩论家，不断申述他们选择的依据。但"很难向人解释电影，因为它很容易被理解"（麦茨）。卢卡斯说，电影的秘密在于它是一种幻象。

在电影诞生之初，发生过观众看见火车迎面开来便吓得窜出影院的事情，而那些魔术师出身的早期电影导演们，也利用电影把他们擅长的魔术搬上银幕，令观众着迷。电影幻象给观众留下的信以为真的心理效应，可以看作是导演工作的基础。美国导演弗兰克·卡普拉说，电影语言是数学、音乐之外的第三种语言。导演用电影语言讲述他们作为人类一份子所感受到的世界和人。不同于口语、文字或者静态图像的抽象表达，导演使用的由视觉和听觉构成的电影语言有另一套编码的规则。"我的电影首先产生在我的脑海里，然后呈现在纸上，鲜活的人和物重新被赋予生命。而在记录于胶片上的时候，他们又被扼杀掉，等到经过有序的排列和策划，重现在银幕上时，它又像水中鲜花一般地起死回生了"(布列松)。

法国符号学家罗兰·巴特对电影语言的符号系统进行了归纳整理，形成了关于电影的“五种密码”说。电影语言的表达系统首先是具有“迷的密码”，即电影叙事会设置疑问，摆出问题，最后将秘密逐渐澄清，满足观众的好奇心，抓住观众的注意力，制造悬念和惊喜的效果。第二是“隐喻密码”，电影利用演出、布景、色彩、运动、声音、音乐，把来自于现实世界，甚至有真实事件和人物原型的信息，建构起这些符号的内在意义。第三是“动作密码”，即电影语言如何把人物的内心动作转化为外在的动作呈现出来。这些动作也许是现实生活中经常发生的，比如伤心便哭泣，但也有在生活中不曾实际经历的，电影的想象力便是去挖掘这些秘密。第四是“象征密码”，观众将自身现实或非现实的经历与银幕上的视听幻象进行对比产生的价值判断。好的/坏的，对的/错的，生/死……第五种是“文化密码”，它是基于观众对社会文化已然内化的价值观对叙事的理解，比如政治理念、道德规范、法律制度、社会心理等等。看上去，理论家的总结对于更习惯片场实务的导演来说，并没有多少实际工作的指导意义。导演们更愿意在直觉层面从事自己的工作。但当许多灵感喷涌而出的时候，怎样才能避免做出平庸或者陈腐的选择呢？奥逊·威尔斯说，没有所谓“真正最好的电影”，除非摄影机是诗人的眼睛。希区柯克，这位完美的电影导演在描述自己的工作时说：“电影剧本完成后，我也不急于拍摄。我有很强的视觉意念，在最后剪辑影片的时候，我依然对每一幅具体的画面展开无限的想象”。把导演们和理论家们的说法摆在一起，我们或许可以发现，电影语言创造幻象世界的秘密，来自于对电影语言符号系统内部的各种可能性的栩栩如生的想象力。导演工作应该是对这种想象力的直觉，并在这种直觉基础上做出不同的选择。电影语言本质上是一套意义符号系统，导演的工作是把这个系统中抽象的意义变成可见可感的银幕世界，这个世界不是现实的，尽管它可能有逼真的现实面貌。导演所有的观察、排演和选择都是在这个系统内产生新的可能性的想象力。

如前所述，电影语言不同于口语、文字和静态图像语言的一个重要方面，是它制度化的工业特征。在这个体制中，电影语言系统的形成一直在寻找某种内在的平衡。这种平衡一方面是工业化所要求的与大众交流的顺畅度，另一方面则是电影语言与文字、静态图像在表达上的通约性。从世界电影的发展历史看，主流电影的分寸感正是建基于这种平衡感。陈凯歌导演在一次回答记者关于他从父亲陈怀皑哪里学到什么的问题时，他的答案是，主观和客观（大意）。电影语言大致也是在处理主客观的分寸感问题。主观所要完成的“隐喻”“象征”和“文化”的密码，如何与客观所要解决的“谜”和“动作”达成内在的统一和平衡。电影工业一百多年的发展在这种平衡感的建立上形成了一整套成规。不论是宏观层面的投融资体系，营销模式，类型生产以及与之配套的明星制度，还是表达层面的形式风格，景别、光线与构图的选择使用，内心结构轴线的表演，连贯剪辑的规则（180度轴线规则，连续移动规则，视线匹配原则，30度角规则，正拍打镜头剪辑规则）这些以观众心理逻辑为依据建立起的形式分寸感，把导演工作变成了工业化平衡感技术实现者。任性导演带来的任何破坏，而又没有建立起新的银幕幻象机制，只能使他面临失业的危险。对客观的分寸感的把握是对导演职业素质的考验。但对主流电影导演来说，这并不意味着熟稔电影幻觉机制并通过技术手段实现完成工业化的要求，便失去了想象力。希区柯克是公认技术高超的导演，他能够快速机灵地明白什么是能够让观众过目不忘的，电影的视听呈现如何能给观众造成不同的心理反应。分寸感，在技术上就是让观众不出戏而信以为真，而在主观上是对人的不同心理反应机制充满想象力的调用与整合。在主流电影中，主观乃是客观体系的植入。导演的主观情感和价值判断隐于流畅的技术呈现中。好的导演不会被客观成规系统限制住自我的主观诉求，这就是想象力的分寸感，让谜和动作富有象征和隐喻的意味。当然，非连贯性的电影语言表达，也并非全然有失分寸。比如，库里肖夫效应，杂耍蒙太奇，巴赞推崇的长镜头之类主观性的语言表达，事实上也都遵循了观看行为本身对时间和空间的心理经验。在情绪和意义之间找到一种平衡，便找到了主观和客观之间的分寸。

在多数导演的实务工作中，他们面对的往往是与创作毫不相关的琐碎事务，甚至是工业体制必须要他们完成的规定动作。遵守成规对于职业导演来说，可以省去许多从投资人、制片人到现场普通工作人员对他们的质疑。“行活儿”是大多数导演的工作状态。他们用最现成的语言表达他们或许有新意，但大多数都是平庸的情绪和思考。黑泽明说他一辈子都在寻找电影的美，以至于他最后的作品回到了梦境，去寻找在他看来电影语言最能充分描述，最为统一的幻象世界。他希望能够在一个缥缈的幻象中去冒犯那些体制化的故事和叙事所无法摆脱的清规戒律。冒犯，在很多导演哪里，有时仅仅是触碰禁忌的内容，当然，用电影语言去表述这个世界的不同侧面，不同人，确乎展现了一个导演不同寻常的能力和思考。检视世界电影一百多年的历史会发现，电影之所以具有越来越强大的表达力，皆因对电影语言成规的冒犯。特写镜头是对舞台景别的冒犯；视点镜头是对客观视点的冒犯；推轨镜头是对固定机位的冒犯；交叉剪辑是对线性叙事的冒犯；人造光源是对自然光源的冒犯；蒙太奇是对线性空间的冒犯；长镜头是对蒙太奇的冒犯；画外空间是对二维空间的冒犯；手持摄影是对机架摄影的冒犯……所有这些冒犯不仅带来了电影技术的进步，也为电影语言提供了多元表达的可能性。新的电影观念都是对前辈的冒犯。小津导演在谈他对特写镜头的使用时说：“特写在表现激动感情时的使用已经成为一种文法，但我觉得在悲伤时用特写强调未必有效果，会不会因为显得过于悲伤而造成反效果？我在拍摄悲伤场面试反而使用远景，不强调悲伤——不做说明，只是表现。但我会在不需要强调什么的场景时使用特写。我认为特写还有这样的效用”。

比小津安二郎年轻许多的是枝裕和导演关于悲伤也有相同的体验，“电影也应尽量不直接说出悲伤或寂寞的方式表现悲伤或寂寞。我想创作的，就是有效利用类似文章里的行间（留白），让观众自己以想象力补足的电影。”东方的情感体验改变了建基于西方情感表达的蒙太奇规则。在欧洲，丹麦道格玛95运动发表的《纯洁宣言》规定，电影拍摄必须在故事的发生地完成，不能有另外的道具和布景；摄影机必须是手持的，任何晃动或者手持所能达到的稳定程度都是被允许的；声音不能与画面分开录音；特殊打光、光学处理和滤镜要被禁止；导演要克制自己的私人品味，把真理从角色和场景中逼出来，不惜牺牲一切审美的安排。这种极端的现实主义又何尝不是对传统的长镜头理论的一种冒犯？

人生和世界是复杂的。如何在银幕幻象中传递出现实世界逼真的复杂感？导演可能就是那个使用电影语言进行选择性讲述的人。导演工作所应有的冒犯性是对语言表达精确度的充满想象力的使用，而他内在的那种分寸感却是对人类情感和道义的基本尊重。

路学长：非常夏日之非常告白

014 / 029

路学长，1964年6月25日出生于北京，毕业于北京电影学院导演系。1981年进入中央美术学院附中专攻绘画，1985年考入北京电影学院导演系。1990年9月进入北京电影制片厂导演室任导演。1991年拍摄电视剧《梅女》《小分队》。1995年，编剧并执导电影处女作《长大成人》，入围第三届釜山国际电影节。1999年编剧并执导电影《光天化日》，获第9届中国电影金鸡奖最佳导演奖特别奖。2002年，编剧并导演电影《卡拉是条狗》，该片被评为第十届北京大学生电影节最佳影片、华语电影传媒大奖最佳电影。 2004年，编剧并执导数字电影《租期》。2007年，执导电影《两个人的房间》。2014年2月20日，因病去世。

吴：《长大成人》之后到拍《非常夏日》之前，你在家“闲”了一段时间，这段时间你真的闲着吗？

路：《长大成人》是1995年拍完的，但一直到1997年年底才上市，中间经过了11次修改，这根弦我一直就没松。然后就是写剧本、弄提纲，那段时间比较完整的两个故事，一个是《谁来关心何美丽》。这个故事说的是一个家庭矛盾，改革开放以后大家富了，男的开始有外遇，女的就准备报复，她把男的的钱全都卷走了，然后在城市里到处躲这个男的。于是，这个男的通过一个照相馆的青年摄影师找这个女的，他想花钱让这个摄影师把女的相给破了。这个故事原来叫《破相》。上面看过之后，认为这个剧本甚至没有《长大成人》的主题明朗，另外对花钱雇人杀人的题材也不让碰。这是1997年的事，1997年还搞过一个剧本叫《亚细亚过街桥》。这个故事讲的是一个北京青年从开始在街头卖盗版碟，到成批地进盗版碟，一直到自己弄了一个盗版碟的生产流水线，最后被公安局抓起来。后来我觉得这个故事缺乏完整性，另外由于主题方面的原因，成活率也不太高，所以就没有操作。经过了《长大成人》的审查经历之后，我就一直在琢磨搞什么样的题材。题材的可操作性在主流电影体制内做电影，是一个特别尖锐的问题，显得特别重要。这个时候，厂里给我推荐了《非常夏日》故事的原型，是报纸上登的一个真实的事件。第一，这个故事具有可操作性，因为是一个见义勇为的真人真事。在题材的定位取向上区别于我以前创作的所有剧本，它肯定不是一部灰色电影。第二，这个事件中的人物和人物关系，有可能挖掘出一些区别于其他同类题材电影的可能性。

吴：《非常夏日》原型故事里的人物关系是什么样的？

路：原型故事发生在公共汽车上，两个强盗上车劫钱，劫完钱后把这个女的给强奸了。女的旁边坐着一个男孩，身边还有他的女朋友。男孩是体育学院武术系的大学生。经历这个事以后，男孩把学给退了，带着被强奸女孩的妹妹，南下广州去找这个女孩。最后配合公安机关，加上自己敏捷的身手，把罪犯绳之以法。故事比较简单，就是提供了一个线索。

吴：我听着可要比你现在的影片故事复杂。

路：我是说人物非常简单，事儿可能复杂一些。

吴：当时厂里给你推荐的不只这一个故事吧？

路：当时推荐了很多。现在厂里每个编辑负责给几个年轻导演提供题材，包括每个月各大报纸和杂志的文章简介，每个导演都有一份。相比起来，《非常夏日》的剧本要好得多。我当时感兴趣的主要是目击者，这个第三者的角度。因为这个角度让我想象出了一个画面，就是雷海洋躲在树丛中，女孩被强奸后，坏人把她从树林里推出来，摔倒在地上，两人打了个面对面。当初谈到这个细节的时候，我浑身就冒鸡皮疙瘩，觉得那几秒钟的对视是赤裸裸的对视，这一瞬间可能是这个电影最主要的兴奋点。我比较喜欢那种有力量感、冲击力很强的电影。而那一瞬间有可能使这部电影区别于其他同题材的电影。另外，你刚才说原型故事比我现在的故事要复杂一些，但原型故事有一个很大的问题，它只是以事件为基础，写的也只是一个事。如果要让它扎扎实实成为一部有品位的电影，很重要的一点就是男主角的定位问题。为解决这个定位问题，我们考虑来考虑去，最后决定改变他原来的职业，把他写成一个普通的修理工。影片一开始就从雷海洋的性格弱点入手，在前20分钟之内把他性格上的弱点赤裸裸地暴露给观众，然后在剩下的时间里让他自己跟自己较劲，直到影片结尾自己战胜自己的一刹那。当时我是这么考虑《非常夏日》这部影片的情绪的。

吴：当你意识到题材的重要性的同时，是否意味着你现在的作品与过去的作

品包括没有拍成的作品之间，将失去某种内在的联系性呢？

路：内在的联系性是想逃都逃不掉的东西。这个东西有时候是有意识，有时候是无意识的。无论你拍什么题材，你个人的审美取向、人生经历、观察问题的方法是贯彻始终的。所以我觉得电影的题材不是那么重要，是我们目前的创作环境让题材的可操作性变得十分突出，我指的是可操作性。单纯就电影而言，任何题材都可以拍成电影，但你从那个角度去处理题材，从那个角度去描写人，从那个切入点去叙述你的故事，在每个导演的作品当中都有一条隐约可见的共通性。特别是塑造人物，先抛开中心思想不提，你塑造人物的方法是你区别于其他导演的重要指标。我拍的电影区别于庸俗电影，区别于劣质电影，或者区别于我们当前一些电影的一个很重要的特征就是，我绝对不会放过人性中的弱点。我们以往的电影，在这方面太放松了，以至于使我们的电影概念化。写人性就要抓住人性中的弱点去写。从《长大成人》的周青到《非常夏日》的雷海洋，特别到雷海洋这个角色，我是一直有意识地去这样做。只有抓住了人物的弱点，才有可能塑造出丰富的银幕形象。

吴：马晓晴扮演的那个姑娘，你抓住了她的什么弱点？

路：对马晓晴扮演的这个角色我们也是动了一番脑筋。一个外地小城镇的女孩，自认为长得还不错，当地可能已经容不下自己了，到北京来发展。可是还没到北京就被两个男人给强奸了。我当时有一个明确的想法，坚决避免把这个女孩拍成一个被侮辱与被迫害的人。这是一个正常的、有过一定人生经历的女孩，而且她的心理素质不错，她有能力平衡自己、把握自己，所以她在遭到强奸之后仍然能活在人最多的地方，戴上一个假头套，装作谁也不认识。这样一个设置，我认为就区别于其他影片中的这类人物。

吴：“修车胖子”这种小品式人物的刻画迥然区别于《长大成人》中的一些次要角色的设置，这种变化仅仅是因为题材的变化，还是叙事态度的转变？

路：这个人物是在最后一刻加上去的。剧本定稿的时候还没有这个人物。我觉得这个人物的设置是为了化解一下影片中那种自以为是的感觉。《长大成人》我虽然尽力避免这种感觉，但影片看下来这种自以为是、身陷其中的感觉还有。当时我就说，下部影片一定要解决这个问题。《非常夏日》在开拍之前，我又通读了一遍剧本，觉得仍然有这个问题。我喜欢电影有一种很轻盈、很客观的感觉。而《非常夏日》整体不够轻盈，太紧了，直奔主题，直奔我们要说的话，等将来影片拍出来之后肯定不会舒畅。所以我们决定加进这样一个人物。雷海洋的女友燕子原来就开始一场戏，后来给她加了这样一个男朋友。

吴：这个人物是为叙事留出的换气口，否则整个叙事就太紧了。

路：客观上起到了让观众轻松、喘一口气的作用。这条线现在看起来其实挺重要的。在雷海洋这个人物的心理积淀上，他产生了很大的作用。在这个人物身上观众可以看到雷海洋心理变化的过程。

吴：这个过程在“鱼”这个道具的运用上，好像也有反映。

路：“鱼”这个细节是影片奠定风格的东西。当时，我在考虑影片第一个镜头的时候，就已经是现在影片的样子了。影片的格调是从

"鱼"的故事开始的，它为影片提供了一种形式框架。在另外一层意义上，也是对雷海洋性格描写的第一笔。这么一个自己吓唬自己的故事，雷海洋居然还信了，它成为雷海洋性格开始的基调——怯弱的男孩。这部影片还有一个值得一提的地方就是，不论说雷海洋从男孩到男人也好，自己跟自己较劲也好，他图的是什么？当时，陈凯歌看过这个剧本，他特别喜欢。他说，《长大成人》给他的冲击力很大，尤其是影片那种极度冷的状态。他认为我应该在《非常夏日》里继续发挥这种东西。《非常夏日》也是写一个人自己和自己较劲的故事。后来，我发现我就是一个自己跟自己较劲的人。那天，我突然想，干吗要跟自己较劲，较些什么？说到底，雷海洋是为了自己的面子，说的文一点他是在寻找自己的尊严。这个故事实际上是一个寻找尊严的故事。我开始不愿意提这个事，因为当时审查还没有通过。

吴：雷海洋心理变化这条线影片呈现得很充分，这层意思我想观众也会感受到。在这样两个独特人物之间发生的简单故事，你用什么办法让他们面对观众时，能达到你预期的效果？

路：《长大成人》公映那会儿，有一次在散场的时候，我问一个出来的观众，好像是一个工人。我问他：这个电影好看吗？他说：不好看，看不懂！我当时特失落。《长大成人》这部影片当时我是这样设计的，整个90分钟电影看完，会有观众摸不着头脑，他不知道你到底要说什么。但在处理每一场戏、每一个段落的时候，我没有忘记普通观众。即使是在描写所谓的"边缘人"的时候，我也希望引起观众的窥视心理，希望观众能有了解这类人的欲望。无论是从节奏还是画面的动感，我希望它能引起普通观众观看的兴趣。《长大成人》的电影形态一直是我之后电影要找的一种感觉。至于怎么评价它，那是仁者见仁、智者见智的事。

吴：我刚才想问，你是如何处理独特性与观赏性之间的关系的。

路：我觉得影片的可看性与影片的人物刻画是相辅相成的，不能顾此失彼。不能说人物的心理描写多，片子就没有可看性。从《非常夏日》的故事来讲，它有一个巨大的悬念，这是吸引观众的传统的元素。我把我在电影学院学到的一些技巧，在这部片子里做了一个较有层次的运用。通过悬念铺排，我觉得它可以成为一种推动观众的力量。除了故事，观众要看的就是人物。我们有些电影恰恰让观众看不到他想看的人物，或者看不到人物心理的真实性，所以他们才失去观看影片的兴趣。我认为，塑造人物和表现人物心理的真实性，应该提到中国电影的日程上来。为什么新闻类、体育类的电视节目观众爱看，就是因为真实。观众在这方面比我们现在的电影创作者要往前走了，我们有时候低估了观众。真实的人物心理的冲击力往往比外部动作的冲击力要大得多。这是现在的中国电影最需要的。过低地估计观众只可能让我们的电影越来越滑坡。

吴：具体到电影手段，你用了什么样的方法？

路：先说悬念。整个强奸案是发生在下午，在银幕上半个小时就可以讲完了。如果先交代完事件，再刻画人物就有可能头重脚轻。所以我考虑在结构上把这一个事件分解开来，分成中午、下午和黄昏。我认为好的电影是让观众有一种滑冰的感觉。人之所以可以在冰上滑行，它的原理就是失去平衡再找回平衡，在不断地失去平衡找回平衡的过程中，人才可以在冰上滑行。我希望《非常夏日》在时间结构上就是这样一种失去平衡再找回平衡的感觉。这部电影的重点还不是悬念，悬念只是一个影响观众欣赏情绪的手段，更重要的是在这种事件、这种悬念中，人本身的状态。在这一点上，它区别于一般的悬念片。在形态上，这部电影还不是希区柯克式的电影。我想拍一部有自己特点的悬念影片。

吴：具体讲，比如影片中设置了这样一个情节，收废品的人就是强奸犯"小个子"。他的出现不仅让雷海洋一乍，也让观众一惊。但他的出现是突然而没有任何情节逻辑的。类似这样的惊悚效果影片中还有一些。这是不是你所说的自己特点的悬念影片？

路：我是追求带有一点黑色幽默的悬念效果。一场是你说的这场戏，还有一场是雷海洋刚在公安局认完尸体，说这就是那个女孩。紧接着，雷海洋在地铁里正碰到了这个女孩，中间一场过渡的戏都没有。观众其实这时候会发出疑问：怎么就这么巧？这两场戏，当时我们就是想让它巧，巧得不能再巧。这两场戏的编排是受到了《黑色追击令》的启发，完全省去过渡。另外，"小个子"出现在那种场合是有可能的。

吴：还有"大个子"追女孩，在水库里他突然在水中消失，女孩得以逃生。这样的细节大概也是受《黑色追击令》的启发吧。

路：当时我的构思是这样的，我们一定要让"大个子"把女孩逼到绝境，但又不允许他俩有力与力的接触。我们在选景的时候，看到一个水库。水库在枯水期，库底有一条路一边高一边低，很长，高的这边是路，低的地方存着水。所以走着走着四面就都是水了。我是看了这个景写的这场戏。前面是黄河大卡追女孩，这部片子我们要让黄河大卡成为一个危险的符号，所以一定要拍车追人。追到水库之后，我觉得只有一个办法，女孩会水，"大个子"不会水。这是这场戏构思的核心。"大个子"把女孩追到水里，女孩一失足从高处掉了下去，她憋了一口气没上来，至于这口气憋多长时间，只有到剪接的时候找它的分寸感。"大个子"在找她的过程中和她同样下场，但不幸的是"大个子"不会游泳，给观众的印象好像是淹死了。实际上是缺一个交代结果，所以观众才有这种疑问。我在后面切了三个空镜头，这三个空镜头有两个作用，一个是把这个事虚掉，"大个子"毕竟没有死，至于他怎么活过来的，我不交代了；另一个作用是为女孩出水的镜头续劲儿，前三个镜头看过去，观众以为第四个也是空镜头，但这个镜头突然变化——女孩出水，这样的画面对观众会产生冲击力。

吴：这部片子你最大的遗憾是什么？

路：这部片子缺两场戏，如果有这两场戏，那我就问心无愧，真正敢拿出来，拿到国际大电影节上去。有时候我甚至都想凑点钱再去拍。一个是强奸那场戏。强奸的全过程是需要表现，需要赤裸裸地去表现。我不是想拿这场戏去招徕观众，如果表现了全过程，它会使影片局部的残酷性达到极点。这样，后面叙事中人物行为的理由和力度要比现在充分得多。现在的人物行为有点温，爆发的当量不够。第二个遗憾是，我回避了两个人物讨论性的问题。实际上，我当初想探讨的是雷海洋与一个被强奸过的女孩之间的关系，原本这部影片的着眼点在这儿。这一点我跟所有媒体都没说过。

吴：影片中，雷海洋有这样的台词："被强奸是什么滋味……"

路：但是很少。我当时对雷海洋和这个被强奸的女孩之间究竟会发生什么很感兴趣。雷海洋刚和女朋友吹，面对这样一个被强奸过的女孩，他又能怎么样呢？特别是女孩心理遭受的那种无以言状的冲击该怎么表现？考虑到审查，我不得不做减法，这是没有办法的事情。由于这两点不突出，使得整个影片在分量上大打折扣。另外，200多万的投资也不允许你犹豫，剧本定稿的时候该拍什么、不拍什么都已经定了。从影片整体形态来说，把一个简单的强奸案如何表现得丰富多彩，这可以说是考我能力的一部电影，难度要超过《长大成人》。《长大成人》毕竟有许多我熟悉的东西，我朋友的一些东西，自己直接想说的东西。《非常夏日》的情感不是我个人的，如何去把握陌生的人，把握一个我们都没有经历过的处境。我想，任何题材只要有感动你的地方，都不要放过它，不要因为故事不边缘，有点像主流你就退却，没有必要。至于210万是不是一个很好的决策，我们先不谈剥削不剥削的问题，如果一个刚从学校毕业，没有什么拍片经验的导演，能拿到200多万拍一个作品，这个决策绝对不是一件坏事。但对我来讲，210万要拍一个地地道道的电影，是件很困难的事，要搭很多的面子，面子你是不可能老搭的。

吴：就目前中国电影的生存环境，你在哪方面最有压力？

路：这个问题比较复杂。我觉得现在拍电影最难的就是片名，片名太难起了(笑)。两部电影困扰我的都是同样的问题。就目前来讲，比较实际的是要制定一部电影法。影片的修改要有法可依，如果我的片子触犯了有关法律第几条第几款，要改我责无旁贷。而我现在不知从何做起，我得到的意见都不知道是因为什么。在实际的创作中，我们也想避开可能犯禁的东西，比如我刚才说的那两场戏。电影艺术应该“百花齐放，百家争鸣”，而不应该以审查“主旋律”的尺度和标准审查其他类型的影片。当年，《长大成人》真实地表现了一个孩子长成青年的过程，表现了我们这一代青年人是怎样成长起来的。只因为影片的男主角不是一个楷模，就没有受到应有的尊重。当然，现在已经允许写一个落后的人如何变先进了，这比过去进了一步。终究会有那么一天，我们也会允许写一个先进的人如何变得落后了，甚至一个罪犯将成为一部电影的主角。

吴：作为一个国有大企业的职工，也作为一个艺术工作者，同时还是一个青年电影工作者，你是如何平衡自己身上的这些多重身份？

路：我所说的一切，都不排除电影是要观众喜欢的，要赢得观众的青睐，这是作为一个导演的责任。对于电影来说，我们这拨年轻导演面临一个很艰巨的任务，就是我们的电影应该让更多的人喜欢，让更多的人爱看。我本人通过《非常夏日》也想做一些这方面的尝试。这个尝试实际上从《长大成人》已经开始了，至于它是否成功那是另外一个问题。比方说《长大成人》里的摇滚乐。1995年我拍这部电影的时候，已经有好几部这样的电影，而且没有为大家所理解。我为什么在《长大成人》中还非要放进摇滚乐？郑洞天当时看了这个本子，说你干嘛还要弄这样的故事，表示很不理解。说实话，摇滚乐是我硬要加进去的。如果没有前面的几部片子，我还就不加了，正因为有了那几部片子，我决意要把它加进去。什么意思呢？我一定要尝试一下，是不是就因为摇滚乐不被认可，所以观众不喜欢你的片子，还是因为你拍得不好，你没有把那个东西拍到那个份上。我并不是说我的片子就比我朋友们的片子拍得多么好，我只是想在摇滚乐和观众之间架起一座桥梁，至于它架得好不好，那是另外一回事。没有人想破坏什么，每个人都心存美好，只不过表达方式不同而已。从放映的效果来看，有一部分观众还是喜欢的。有一个老年观众，看完之后写了一首诗贴在影院里。

吴：《长大成人》1997年在北京有100多万的票房，不算低了。

路：有时候还要从自身找问题，不能老强调客观，埋怨写边缘人什么的。希区柯克电影里那些人的生活对于我来说，简直太边缘了，可他的电影全世界人都爱看。我的目标，就是通过自己所学的电影技巧，运用自己认为非常棒的电影感，把它们和所选的题材结合起来，去抓现在中国的观众。对我来说，国外的电影节和国外的观众目前是第二位的。像《非常夏日》这部电影，我希望中国观众能够喜欢，同时也没有丢掉我自己的东西。

吴：电影节也是一个市场。

路：我不懂市场，但我知道电影要观众喜欢。国外电影节它们也是有选择标准的。有个著名导演曾经跟我说过这么一番话："你的电影好比是勺子，把它送到国外电影节的时候，你得有一个把儿让人家拿着。你拍得再好，没把儿，人家也接不着。"但从目前中国电影创作的大环境来说，你很难设置这么一个把，让外国人去欣赏。地下电影是脱离大环境的，那是另外一个意义。我做的是体制内的电影，说实话做这类电影是最悲惨的，谁都不讨好。我是希望不久的将来，这种情况会有所改变。法国“新浪潮”的时候，当时所谓的“优质电影”是法国影坛的主流，后来“新浪潮”起来替代了它们成为主流，而不是被它们同化而成为主流。所有人都是同时在反叛和继承中成长的。也许哪一天年轻导演们都去拍“主旋律”了，但那时候的“主旋律”是和现在不一样的。

吴：我们做一个假设，有人出钱让你做一部你自己喜欢的“地下电影”，你拍是不拍？

路：如果是“地下电影”的话，我可能不拍。但有个前提，我的神经得能够支持得住，一旦支持不住我就不知道了。一部电影拍出来，我首先还是希望国人能看到，“地下电影”国人肯定是看不到的。但从个人角度来说，做“地下电影”不失为一件舒服的事，我不反对，但我个人不会做。如果你的所思所想，没有让更多的中国观众看到，我总觉得作品没有完成。目前国内的环境也不允许这样做，我倒不是多么听话的孩子，我身上也有反叛性，但我只想在精神上舒服地活着。另外，“地下电影”目前也无法参加国际上的大电影节。

吴：你觉得目前的一些限制会不会削弱你的创作力？

路：我看过一本基耶斯洛夫斯基的自传，里面有一段话说得特别有意思。他说，波兰在共产党领导时期，拍电影是在一个框中做文章，不自由，但那时波兰却出了不少世界级的电影大师，作品也相当有力度。因为限制让你做了一些别人做不到的事。后来，国家体制变了，艺术家可以随心所欲地搞自己的东西，可波兰再没有出世界级的大师。他的这番话给了我很大的安慰。我不知道自己是否还有潜能

释放出来，但有一点我意识到了，在限定的命题当中，如果你能解决好，别人就无法替代你。其实，在哪儿拍电影都要受限制，只是限制的方面不同，在好莱坞也一样。像我这样的到好莱坞，拍完《非常夏日》人家可能还会给我点钱试着拍拍，拍完《长大成人》根本就没戏。所以，把在限制中搞创作作为一种乐趣，这是一种最高的境界。

吴：就你看到你的朋友们拍的“地下电影”，你是不是喜欢？

路：我看的很少。我的喜欢不喜欢，不是从是不是地下电影这个角度，而是从电影的本身来看，给我留下深刻印象的不多，没有特别给我震动的作品。电影是需要情感的，是要触动人心的，不论地上也好地下也好，如果没有情感，电影是要大打折扣的。但有一点应该说，“地下电影”都很真诚，它可以抛弃所有虚饰的东西，从这个意义上来讲，他们的电影比较纯粹，拍摄状态也是比较严肃的。地上也好地下也好，我们这些年轻导演都不容易，大家都是拼着一条小命去做自己喜欢的电影，而且大家都想拍出好电影。这些年轻导演他们本身也具备拍好各种电影的能力，只等一声令下。可能现在我们中国电影存在的问题，到时候都会解决，也会出现很好看的电影。其实，据我观察，我们电影主管部门的人，并不是反对年轻导演们写普通的人，只是长年的欣赏定式让他们对年轻人电影中的人物、人物行为包括叙事方式和影片的氛围，在观看过程中产生不适感。任何国家的电影，在一段相对平静之后，都必然会出现一些新鲜的东西，这是挡不住的。不论将来地上的还是地下的成为了英雄，我想都应该是名副其实的。

吴：那么你对最近出现的这批体制内的作品有什么评价？大家对年轻人的作品有很高的期望，都想看到不一样的东西。

路：但一夜吃成个胖子是不可能的。另外，人总是要长大成熟的，在长大的过程中，他会进步但同时也会丢掉一些可爱的东西。大家希望在我们的片子里看到一种锐气，我可以理解。但我们这拨所谓的"第六代"导演本身并没有一个统一的纲领，大家各拍各的，我们的共性就是"城市"两字，生在城市，长在城市，拍的也是城市。

吴：好像还有两个字："忧郁。"

路：你这一说，我也有这种感觉。别人怎么样我不知道。我的片子和我的人生经历很有关系。我自己生过一场大病，这一点对我很重要，虽然不是一个好事，但得完这场病以后，我突然对一些事情看得很开。当你几乎看到你的归宿的时候，很多东西就没有必要斤斤计较了。当时我躺在病床上的时候，突然觉得亲情是最重要的，其他事情都很无聊。我是一个宿命的人。这种情绪在作品中是不自然带出来的，有时候不找着这种感觉，你就觉得影片没劲。

吴：对你影响比较大的电影有吗？

路：上美院附中的时候，我到电影学院观摩的第一部电影就是安东尼奥尼的《放大》，它当时对我的冲击比较大。以前看电影都能看明白，可看《放大》看不明白了。但直觉觉得这是一个好电影，电影还能给你造成这种感觉。我喜欢安东尼奥尼那种外冷内热的电影感。后来还喜欢温德斯的《德克萨斯州的巴黎》。上电影学院以后，对我冲击力比较大的是马丁·斯科塞斯的《出租汽车司机》。我在这部片子里看到了另外一种电影的可能性。再有就是昆廷·塔仑蒂诺的电影《水库的狗》和《黑色追缉令》。这些电影都是我忘不了的。

陆川:《寻枪》二三事

030 / 041

陆川,1971年出生于新疆,江苏南通人,先后毕业于南京解放军国际关系学院、北京电影学院导演系。1999年陆川编剧的30集电视连续剧《黑洞》引起关注。2002年编剧、导演的电影处女作《寻枪》在中国影坛崭露头角,入选威尼斯电影节竞赛单元。2004年编剧、导演的电影《可可西里》获得东京国际电影节评委会大奖等。2009年编剧并执导电影《南京!南京!》获得第4届亚洲电影大奖最佳导演奖。2012年编剧执导电影《王的盛宴》。2015年执导由小说《鬼吹灯之精绝古城》改编的电影《九层妖塔》。

吴:我们从影片的那种焦虑情绪说起吧!你为什么会对这种情绪感兴趣?是怎么捕捉这种情绪的?

陆:我不是对焦虑这种情绪感兴趣,而是从个性上说,我本身是一个比较敏感、容易焦虑的人。同时写剧本的那个时期,恰恰是我人生感受最艰难的时候,刚刚从电影学院毕业的三年。实际上,我是从业余电影爱好者开始干上电影的,所以进这个圈非常难。从进入电影学院到2000年《寻枪》截稿止,五六年的时间,“拍电影”“拍胶片电影”就仿佛是一个高地,我冲锋了无数次,都失败了。剧本写了十几个，现在还在我书架上呢。那时候心里特郁闷。1999年那个炎热的夏天，我夹着剧本背着电脑，一家一家公司敲门进去和人家谈，都被回绝了。人家说，剧本不错，但我不知道你是谁，愿意的话，可以把剧本放在这里我们找一个好导演……所以说《寻枪》所表现的焦虑其实是对理想的找寻。我当时的那种感受是，你特别想干的事，但你找不着发力点，已经都踩在门坎上了，可你前面什么都没有，连悬崖都没有，失重的那种感觉。这种感觉积累着，直到有一天它蔓延到剧本中了。我在写《寻枪》第四稿的时候，突然有一天，我觉得自己和剧中马山一下交融起来了。我当时的幻觉是，电脑屏幕一黑，屏幕保护出现了，然后从黑色的屏保中滋出光来，我突然从字里行间走到了我写的人物和马山身上，浑身一激灵，是我创作经历中第一次有这种感觉。从那时候起，马山经历的焦虑都是我切身的，也可能是我们所有人的。

吴：是不是原著小说也传达了这种情绪？或者小说还有别的东西打动你？

陆：原小说让我一看就想拿下的，是"寻枪"这两个字。小说给我提供了一个很好的创意，不过精神层面的东西还是不一样。

吴：原小说写得没那么焦虑。

陆：有，但是不强烈。焦虑那种东西实际上是在反复修改的过程中慢慢出现的。当初吸引我的不是现在这种味道，当初我很想把它做成一个类似阿巴斯式的电影，因为小说呈现的是这样一种生活原生态的样子，慢慢悠悠的，一个男人在找枪，然后把一个小镇、一个小社会展现出来。它不是一个朝内心走的故事，而是一个在生活面上游走的故事，有点像宁瀛的《民警的故事》。可当时写作时的大环境和小环境都是封闭黑暗的，所以就磨成了现在这个样子。

吴：影片传达的情绪和你的创作情绪非常吻合？

陆：应该说终极情绪是吻合的，但是过程未必。这就像爬山一样，我当时是想从阴面这条线路爬上去，而现在是阴面阳面都有，登顶路线和原来设想的不太一样。不过马山最后站起来笑了，这就是我最想要的，剧本是这么写的。整个影片要的其实就是最后这种感觉。

吴：真正焦虑的人大部分最后都走向绝望，比如一些哲学家和诗人。而你最后让人物站起来笑了。你怎么理解马山的焦虑，枪找着就不焦虑了吗？

陆：笑的人就不绝望吗？我从姜文的笑容中看到的是绝望。《寻枪》不是一个焦虑释放的过程，而是人的无奈、茫然还有苍凉，好几种情绪交织在一起，无法言述。这种焦虑更多的是平民的焦虑，是人类底层的焦虑，我把这种感觉给完整地抽离出来，呈现在电影中，所以可能感觉不一样。

吴：你影片中有这样一个细节，周晓钢给马山买了件防弹衣，马山穿没穿没交代，但周晓钢是穿了；最后，马山把周晓钢的衣服换在自己身上去诱捕，之后被枪击。我注意到两枪都没打在重要部位，好像都在肩膀上。如果联系到前面的细节，最后姜文站起来笑，似乎有了别的意思，比如说枪找着了，他也没死，穿着防弹衣呢！这样的结尾就很戏剧化了，而没有了你说的那层精神上的意义。

陆：防弹衣这个细节是在后来拍摄中加进去的，原剧本根本没有防弹衣这个事。对我来讲，不是要走这条故事线的。现在加进这样一个细节，多了一个道具之后，就多了一层暧昧的关系。现在看来，不是很成功。其实马山的结局应该是死亡，当时我是想让枪打在肚子上，让他彻底死干净了，然后突然又站起来了，走向远方，然后笑，让它更精神化，更诗意。原剧本这个地方还有很多旁白，现在这些基本都没有了，变得更实在了。这实际上就是我刚才说的，导演和演员的相互选择，姜文可能想让影片更实在一些，更戏剧性一些。

吴：影片的故事是很戏剧化的，但叙事，比如讲故事的态度和方法，好像还不完全是这样。

陆：人有时候是这样，不做自己的东西的时候，你永远不知道自己姓什么。我记得，姜文当时曾经跟我说，你永远不要去喜欢别人，喜欢别人就做不了自己的东西了。我现在对这句话有了更深的体会。这部戏中有我的东西，有姜文的东西，两者的融合成为现在这种东西。后来我突然发现，我陆川从前崇拜的东西并不是我能够做的东西，再受谁的影响，也没办法做到他们那样。比如拍戏前我考虑要拍一个风格统一的电影，拍戏过程中我忧虑不统一的东西是否高级，而剪辑中，我突然发现，很多顾虑在电影面前，在活生生的电影面前是虚弱的，是完全可以抛弃的。我只需要坐下来，忘记那些规律，按照我自己的想法去展示一个人、展示一个世界就行了。这样出来的东西或许不是一个传统意义上统一和谐的东西，但是你却有可能真正靠近了你自己，靠近了你自己心灵的需要，也就有了创新的可能。这部戏做下来，我觉得悟到了这点，比知道你和哪个大师靠近更重要。这有可能让你做出一部独一无二的电影。

你看到的不同还有一些原因是因为我和姜文的电影观有些不

同。姜文很喜欢戏剧化的东西，喜欢言语交锋激烈、戏剧张力饱满的东西。戏剧性使得观众易于接受。我自己可能更喜欢电影化的东西，那种铺垫和语言交锋的张力可能沉得更深一些，在下面。但其实我也戏剧化，只是我觉得未必需要太多台词。我关注的是一个男人怎么从一个正常人，丢枪之后慢慢地走到黑暗中，然后失去了自己清醒的判断，最后他眼中的世界变形了。

吴：看人的感觉也变形了。

陆：对一部揭示现代人心理问题的心理片来说，现在做得还不够，这是遗憾。它还没有把人的这个断面或说病变的组织彻底展示给观众看。剧本原来有三条线，一条主线是马山，还有两条副线是他的儿子和妻子。尤其是儿子的那条线是非常重要的。孩子代表了一种温暖。现在影片中这条线被完整地拿掉了。因为是第一次拍戏，我还没有能力说服所有的人。但只要是姜文站起来，笑了，这个戏就成立了。

吴：舆论界和评论界通常会对一个年轻导演的处女作都寄托某种新电影的期望，新的表达方式，新的人物。你觉得，你这部作品的新意在哪里？

陆：这个问题很难回答。在浩瀚的电影史面前，谁敢说自己的电影能有所新意？任何的新意都是要限定时间和空间的。在电影方面我是一个杂食动物，感动我的电影几乎涵盖了电影的所有类型，伊朗电影，我看了很感动；美国新电影，比如贾穆什的电影，我也喜欢；安哲洛普罗斯的电影，伯格曼的电影，这些电影我都喜欢。还有中国三四五六代导演的作品。我觉得，他们都选择了自己想说的话。看了别人的作品，我觉得我更想说自己的话了。我坚信我要说的，是他们还没有说过的。

我非常喜欢杨德昌的作品,《牯岭街少年杀人事件》是我的最爱,我认为它很完美,几乎没有缺陷。它就像把历史切下一块放在你面前,里面灌注了非常丰厚的人生体验,其实它全部都是导演的选择,但那么平静、那么忠实、那么丰厚地给了你。而中国电影里总有一种抗争、挣扎的情绪,这是好还是不好,很难说,但就电影而论,它不如像这种在平静中蕴藏着巨大的压力和张力的感觉来得高级。当电影不再是任何人搞“学运”的工具,也不再成为任何人喊政治口号的工具的时候,当电影成为电影本身的时候,电影这种艺术媒体,它那种记录的力量,那种在记录中间选择的力量,才能充分地发挥出来,才会有杨德昌那样的好电影。

吴:我们还是从一个技术性的问题谈起。现在绝大多数的中国电影还是围绕事件来结构影片,叙事走事件的逻辑。而这部影片好像并不完全是这样,寻枪这件事越到后面越不重要,重要的是人状态的变化。因此,影片后半段发生的事件既和寻枪有关也和它没关。情绪逻辑似乎取代了事件逻辑,营造气氛比交代情节占了更多的篇幅,很多事件细节都被省略了,比如宁静的死。这样的效果是预先的构想呢,还是到剪辑台上找到的感觉?

陆:剧本中还是比较关注事件的逻辑性的。现在的省略和压缩,很多是在剪辑台上出现的。在剧本阶段很难想象将来影片出来之后的气氛。在剧本阶段,我也尽力地组织合理性,作为写剧本来说,你还要想这些问题。但后来剪辑的时候,我发现很多传统意义上要交代的东西,干干净净地一刀剪掉,没事!观众自然会在脑海中,按照你给的情绪去搭一个桥,接受这些东西。这部片子头20分钟的剪辑点非常狠，而且不给过程，看着还特别舒服。这对我触动特别大，我突然觉得对电影讲述的方法有了些感受，这还不是传统意义上的剧作问题，而是一个电影叙述观念的问题。

吴：影片现在的结构是在剪辑台上出现的，而不是在剧本中。

陆：对，我原来的剧本里有完整的旁白系统，现在全部拿掉了，没必要。影片的结尾原来有马山的旁白，后来发现也没必要，他最后的一笑就全有了，说那么多干嘛！现在的戏，我要再减去10分钟，它照样可以连上，而且比现在要紧凑。我是在剪到第二版的时候突然发现，马山丢枪后，在找枪过程中碰到的那么多不靠谱的人，事件是非逻辑的、非线性的空间，但寻枪的情绪是连贯的。

吴：你营造的心理气氛让观众接受了你的假定性，而不去注意它的合理性。

陆：你发现没有，我们这个小镇很怪，除了故事中出现的人物，没有一个闲人，镜头前没有安排任何群众演员，好像镇上就这几个人，其实是不可能的，但你不觉得怪，你不觉得这不合理。说到这，我想起当时我们的一句口号：做一个主观的电影。包括后期声音处理的目的也是为了突出主观性。我的感受是当你真正的主观了，你的电影就自由了。现在我们的电影不自由，老要考虑真实不真实，或者说可信不可信，老要考虑某一个阶层是否会喜欢。如果你不去考虑这些，你就去呈现一个丢了枪的男人眼中的世界，当你这么拍这个电影的时候，这个电影就自由了，怎么拍都是合理的。影片中有好几场戏都调位置了，原来是第10场，现在调到第2场，照样合理。但在拍的时候，我们都挺提心吊胆的，有些情节之间的桥段没拍，将来怎么构成啊。现在发现，剧本中的有些交代没用，什么借个自行车、借个摩托车，啰唆什么呀。这场戏骑自行车，下场戏骑摩托，接在一起，完全没关系！这个戏骨子里面是讲人精神变异的事，所以必须有情绪，必须有氛围。你注意到我们影片中那种音乐的路子了吗？民族的和纯现代的就给它放在一起，没理由，就放在一起，因为情绪需要。我们电影中出现的幻觉，从虚幻到现实的，完全是一种无缝的衔接。

吴：片子另一个让人感到新意的地方就是马山这个人物。他是一个新质感的人物，既有生活的实在感，又是某种精神化的象征。我想知道，你剧本中或心目中的马山和银幕上的马山一样吗？如果不是姜文来演，马山这个人物会不会呈现出其他的状态？

陆：如果不是姜文的话，肯定不是现在这样，他让这个人物丰满起来了。姜文骨子里是一个本色演员，他演的每一个角色，都让人感受到他自己的独特魅力。和我写的人物相比，结尾处的这种灿烂和爆发是一样的，我心目中的角色可能比姜文要更卑微，更委屈一些，受社会的挤压，像变形虫一样，不是昂首挺胸，经常是一副倒霉蛋的样子。或者说姜文比我剧本中的人物更雄壮一些。姜文能接这部戏，接这个题材，是有自己的精神追求的，我认为姜文是想通过这部戏找到自己的"枪"。我们俩的终极追求是一样的。

吴：片子中的人物关系也很情绪化，不确定。

陆：坦率地说，这种效果是对剧本做简化带来的好处。原来剧本人物关系更复杂一些，事情多。但我现在感觉，现在主线很清晰。不过影片中的人物有点符号化，如果其他的辅助人物都能够像姜文演的马山一样，饱满一些，那么人物之间的撞击会更有力。现在看这种简化，有点狠了。有些人物的戏也设计了，但没有拍成。毕竟是第一次拍戏，和姜文这样的大艺术家合作，我还不是很坚定。

吴：马山在这部片子里不断地走，这是不是你在视觉上为人物的状态设计的感觉？

陆：人在旅途，是我特别心爱的主题。比如像开头的那个三格的移动镜头。我原来是想3格拍，24格印，出来后影像是拉边的，但还是正常速度。但剪的时候，我发现就按3格走，出来的感觉特别好，那种心慌慌的感觉全出来了。只有在剪辑台上你才发现，电影是另外一种语言，它不是文字，它不是理性不是逻辑，是情感，是感受和节奏。空间和画面构成的是另外一种讲述，给予你的是情绪的感受，它是非理性的，它是一种情感。

吴：这些不确定的人物关系是不是也表达了你的某种主观意图，比如，类似《罗生门》那样。

陆：不是，完全不是。我设计的这些人物，都是用来打击马山的内心。整部电影的气氛实际上是马山心里的感受，是他内心恐惧造成的一种压抑。我设计的这些人物不是要告诉观众发生的事是否真实，而是给马山试图触摸现实的努力设置各种各样的精神障碍，这个人让他看到青年时候的他，这个人让他看到了自己原来的女朋友；这些人对马山打击越狠，马山眼中看到的世界越可怕。最终，他用死来找回自己的枪。我遗憾的是，给马山的打击，和马山心理渐变的层次还没有很完善。

吴：比如马山晚上出去那场戏，现在看着就有点莫名其妙，是不是你故意弄得前言不搭后语的，是幻觉吗？还是真实的？

陆：这里我们是有争论的。我原剧本是设计马山有梦游症，通过几个噩梦让整个情景和气氛在真实和虚幻之间游离。剧本这里还有一段旁白，意思是说，我现在虽然噩梦连连，但在我每次醒来的时候都有这盏灯在照亮着我，给我唯一的一点光明。现在所有噩梦的戏都没拍，而变成了一个正常戏。变成正常戏之后就不对了。在这场戏之后还接着一大段戏，第二天早晨，马山一睁眼，看见媳妇端着早点在他面前，马山就问："你知道我的枪在哪里？"媳妇说："枪不是在枕头底下吗？"马山一翻，手枪就压在枕头底下，他一高兴，一下骨碌到床底下，头一碰；再一睁眼，媳妇又端着早点在他面前，唉，吃早点了！又吃早点，他再一摸，枪没了。马山问："我的枪呢？"媳妇说："你的枪不是在沙发上的皮兜里吗？""你不说在枕头底下吗？""谁说的，你做白日梦呢吧！"这时儿子过来，拿着他的枪，马山又高兴了；然后，又来一件事，这又不是真的。反复几次吃早点，让马山彻底不明白这是真实的还是幻觉的。这些都是观念的问题。姜文给这个片子带来了巨大的能量，他也肯定会否定一些我自己的东西。当时想不通，现在已经平和了。也许按我的想法做下来，那是另一种味道的东西，和现在不一样。

吴：你怎么和姜文沟通你对影片影像方面的设计？

陆：影像上没有和他太多的沟通。但是在最开始我曾经对他描述了我心目中那个雾气沉沉、湿漉漉的小镇的样子。姜文更关注戏，关注演员的台词，他非常喜欢这个。应该说，在演员的表演上，姜文帮了

我很大的忙。他对演员的激发和激励绝对给我上了深刻的一课。电影学院导演系毕业的人，把演员当棋子。姜文把演员当人，用各种手段排戏，这方面我受益良多。

吴：在你看来，新技巧和表达之间是什么关系呢？

陆：不能只把它看作是一种新技巧，而是一门语言。它必须是剧中人物或剧中情绪引发的一种东西，这种语言才是高级的。而且还有更高级的境界，我还没有追求到，我希望下部片子可以做到。

吴：从影片整体的形式特征来看，无论拍摄方式还是剪辑，都比较有好莱坞影片的意思；但你在其中也放置了一些破坏连贯性的元素，让影片更有了一种艺术的情调。

陆：我还得要说，这不是一个主观的构思，而是在剪辑台上摸出来的。我拉过很多斯皮尔伯格的片子，美国电影最好的一点就是，剪辑点非常干净，看不出刀痕和剪辑点。但是这是在叙事段落。所以我这次在叙事段落，基本上用的是这种剪辑方式。但是在一些表意的段落，还是特意留了一些刀口，留出了一些中断，让观众的接受感到一种"生"的感觉。开始的时候，想做一个风格比较完整的电影，有了几种风格后，我和剪辑师突然觉得，咱们就尝试一种彻底不想风格、该用什么用什么的片子，行不行？所以没太顾及什么，一看出来的效果，也成立。但是，我没有理论地去想，是不是几种风格有意融合的问题。反正跟着人走，我们的片子里也有长镜头，比如马山交出警服、穿着裤衩走出来那段。我们这部戏1200个镜头，去掉片头片尾才85、86分钟。

吴：所以说，这部影片真正的新是在做电影的状态和电影呈现出的状态，而不仅停留在技术的层面。

陆：技术的事太小了，任何一个广告片导演都会比这拍得花哨。我想关键是关注人的角度。

吴：这部影片是不是基本上反映了你对电影的理解和掌握？

陆：可能还不能这么说。我希望拍不同风格的电影，我不会在一个电影上尝到甜头，就老去重复这些东西，我希望可以随着我的兴趣走。

贾樟柯：《世界》的角落

042 ⁄ 057

贾樟柯，山西汾阳人。1993年就读于北京电影学院文学系，1997年毕业。1995年拍摄第一部57分钟的短片《小山回家》，获香港映像节的大奖。这为贾樟柯提供了一个机会，开始他的成名作《小武》的拍摄，《小武》在国际广受好评。法国《电影手册》评论："《小武》摆脱了中国电影的常规，是标志着中国电影复兴与活力的影片。"其后，贾樟柯又拍摄了《站台》《任逍遥》《世界》等几部长片。2006年在拍摄纪录片《东》时，他决定套拍故事片《三峡好人》，该片在当年威尼斯电影节上一举拿下金狮大奖。2004年，担任都灵国际电影节短片和基石单元短片和基石单元评委会主席。2005年，担任日本山形国际电影节评审。2007年，任戛纳国际电影节评委会主席。2010年8月5日，获得第63届洛迦诺国际电影节终身成就奖。2015年5月14日，"戛纳导演双周"授予贾樟柯终身成就奖（金马车奖）。贾樟柯是获此殊荣的首位华人导演。

吴：我刚才看了影片《世界》，它的信息量很大，很明显你的野心不小。你想把你理解的中国以及在这个环境中人与人之间的关系、人和环境之间的关系，做一次断代史式的解剖，好像没说什么大事，可影片制造的那种气氛却是足够大的。但从另一个角度来看，这样的格局是否缺少更细致的东西，比如只围绕男女关系的线索来刻画，你觉得会有问题吗？

贾：在拍这个电影之前，我反复和制片人谈这个问题。非常戏剧性的方法和单线索的方法都是我要摈弃的方法，特别是单线索。我的制片人都是国外制片人，他们的意见跟你的一样，觉得人物太多，应该集中一些。他们觉得外国人根本记不住这么多中国人的脸，根本没办法分清人物关系和他们的背景以及其中的微妙差异，对他们来说，很多人物是重复。比如说，小保安的境遇和二姑娘的境遇是一样的，是不是一定要有这两个人物在？我的意见则完全相反。我做这个电影，就是要做一个信息量非常大的电影。这个信息量大并不是说我要写一个今天中国的断代史，信息量大本身就是当下中国的一种精神处境。今天的中国存在特别多层面的现实，任何一个现实，或者只谈一组人物和一种现实都只是一个侧面。因此我选择了多线索的描述，人物关系完全像是网络的链接。信息都是粗糙的，不可能对任何一个信息进行深入的挖掘。从人物关系出发，当然有一个主线索，但影片的关键词可能就是公园、赵小桃和成太生，由他们链接起来一个很广的层面，这是我在叙事上特别想要的东西。我觉得平面化是这个电影很重要的一个特点，如果你用原来那种要求，比如要有细节、要深入到一个事件里面，深入到一个人的情感里面，那这部电影完全不是在做这样的事。这个电影就是一个平面的、板块的、网络链接式的网状结构。我希望做到时间的压缩、空间的压缩、事件的压缩。数码时代的特点就是,我们占有那么多的信息,但不会深入到一个信息里面。我知道怎么样做会让观众激动人心,会让他时刻处在兴奋的状态里面,这是我最擅长的部分。但从《站台》开始,我特别讨厌这种东西,对我来说那样的东西缺少一种品格。

吴:你的人物关系建立的依据是什么?

贾:萍水相逢又被空间强迫他们朝夕相处。在这样的背景里面他们的感情发展是冒犯和吵架。所谓萍水相逢,就是一种动荡感,飘零感。在这样的背景里他们生发出来的感情关系是什么?这是推动他们感情关系的出发点。

吴:这种写法在中国电影中还不多见。

贾:其实还是对爱情的态度。我跟我老板谈的时候就说,这个电影是写没有爱情的爱情故事。所谓没有爱情就是没有传统意义上的爱情。因为日子久了习惯了,到了这个年龄需要大伙一起过日子,所以相爱了,我对这种感情关系特别着迷。大家讲感情故事都是一个有时间跨度的故事,怎么相爱,怎么走到一起。我就想能不能写一个真实的爱情状况、感情状态。感情的真相是什么?很多爱情电影总是在传情,我自己拼命想去掉这些东西。

吴:其实你去掉了观众最希望看到的东西。

贾:怎么说呢……

吴：有几组人物关系我比较喜欢，但有一组关系我觉得在影片中不是很和谐，就是二姑娘这条线。这条线有点概念。

贾：我不同意你的看法，你觉得概念在哪儿？

吴：虽然你这部影片是讲发生在城市中的故事，和之前三部影片在空间上有些区别。但在我看来，你作品的本质没变，都是在讲人和环境之间的互动关系，或者说在你理解的中国气氛中讲小人物的故事。这部影片依然如此，但你的叙事态度改变了，《世界》的你比以前更优雅、更含蓄、更稳重。而二姑娘这条线却直白地说出了一种中国社会的现实，这里面有些不协调的因素，这种近似控诉的东西在我看是概念的，是破坏影片整体气氛的。也许在你看来《世界》仍然需要一点这样的东西？

贾：这个我完全不同意。我觉得在中国社会生活这么活跃这么奇异的时代里面，如果完全优雅地去展示这个时代的话，这里有很多异想的成分。因为二姑娘的生活恰是一个非常惨烈时代的特征。我的整部电影有一个野心是在讲中国的所谓"现代化后"。中国现在远远还没有现代化，但中国人的心理或者说是城市人的心理已经有现代化后的感觉。在这个现代化后的局面里发生了那么多事情，在这样一个我们身处的语境环境中描绘这个环境，如果没有这样一个层面，我想就是自顾自了。每天我看到很多盲目来到城市的人，他们怀着理想、怀着幻想来到城市，而迅速被无形的东西吞没。我觉得不去描绘这种牺牲，没有这种牺牲的话，就不是我看到的今天的时代。

吴：在风格上，《世界》仍然是通过影像叙事、表意。故事本身的情节很松散，

每个段落都很平淡，但每个段落都包含着很多的细节和意味，很多东西都是通过演员表演和画面信息传递出来的。对这样一种形态的电影，你在剧本阶段的主要工作是什么？

贾：在开拍之前，其实我想了很长时间的剧本，真正写是在“非典”期间。写这个剧本的时候，我考虑怎么展开这个题材。我首先找影片的气氛。非典期间，整个生活突然慢了起来，无事可干，公共场所也不去，工作也停顿下来，朋友之间也不见面，北京处在一个比较原始的状态里。那时候，我觉得这种慢是我们丢掉的东西。中国从改革开放到现在一直在找快，得到了快但失去了慢。影片的空间背景是城市，在城市里，我在检讨自己的生活感受，我从这儿入手去找电影的气氛。我特别想拍那种纷乱的人际关系。我想是不是因为我是做电影的，所以我处在一个纷乱的人际关系里面，这是不是一个错觉？这是我个人的经验呢，还是一种普遍的经验？我一直对人际关系的纷乱比较着迷，我不太喜欢单一的人际关系、单一的线索，这样的电影在接受起来会有很多好处，但我没兴趣做这样的电影。由这个开始入手，去找这部电影叙事上的气氛。从故事和情节的角度来说，我不靠一组人物、一个完整故事来建立叙事。影片中的每一组人物都是支离破碎的，有的人有来龙没去脉，有的人有来龙去脉，有的人只有去脉没有来龙，而有的人只带来一种气息，比如说那个俄罗斯姑娘。她对我来说就是一个意识形态的信息。这里面环绕着很多的气氛，我不会去深究这个背景，我不会抓住这个背景去发挥，它只是一个气氛，我需要的一种气氛。这可能跟我认识人的经验有关系。那种全知视点的东西是我特别不喜欢的。在现实生活中，你看一个人、了解一个人，或者对这个世界面貌的认识就是支离破碎的。包括你最熟悉的人，他发生了什么？也是破碎的，不完整的。处理当下题材，我一直坚持就是要拍表情，你没必要去挖掘，那点事谁都知道。重要的是，你能不能提供一个气息，让大家沉醉在这个气息里面，给观众留出大量的空间，把自己的精神、经历和经验调动起来。这是我的叙事想要的一个东西。这个东西带来一种平面性，一种叙事上的平面讲述，人和人都没有深交，都没有太大的冲突，是一个很浅的有限的交往，这是我想要的东西。比如，和赵涛演对手戏的俄罗斯演员就是我在深圳找到的。她们俩的交往就是我说的有限的交往。我有意识地隔离她们不让她们接触，只是在现场碰到，所有的戏都非常成功。特别在洗手间里的那段戏，两个人都被彼此的形象、目光感染了，那个俄罗斯姑娘浑身在抖，我觉得这是表演上的一个奇迹，无论你拍多少场戏、排练多少遍都没有用，她们真的激化出这样一种东西来。拍这个电影很好玩，每拍一组人物就要换一种脑筋，它不是工作负担，是一种挑战，特别有趣。比如说处理俄罗斯人、处理民工、处理那些商人、处理保安、处理舞蹈演员……都要换一个脑筋，因为它不是在一个传统的概念中推动叙事，制作经验完全不一样。以前基本上是线性的叙事，有起承转合，有来龙去脉，由一个情节推动到另外一个情节。但这一次的经验完全不一样，她们就在洗衣房碰上了，一起洗衣服有什么推动吗？会直接导致什么结果吗？都没有。就像无数个日常生活中的相遇一样，它不导致戏剧性，它也不是由戏剧性发展来的。它既不是上一个戏剧因素的结果，也不是下一个戏剧因素的开始，它就是那么一瞬。

面对这一场戏的时候，怎么去拍它，是特别有趣的。我知道这样做对我的意义，对我通过电影想要表达的感情，想要表达的对生活秩序的看法是非常重要的。但我也非常明白会有负面的作用。我觉得一部电影的品格就在这儿出现了，你是选择坚持自己的叙事方法，还是想到影院的气氛？电影做到今天，如何制造剧场效果，如何调动受众的情感，每个导演都一套一套的。那一套一套的是不是我有兴趣做的，对我来说就是一个问题。

吴：我刚才说，《世界》给我一种优雅的感觉。除了影像给我直观感受之外，还有就是你从容地把那些纷乱的人物关系梳理出来。这种优雅或者从容应该和你自身状态的变化有关系吧？

贾：我觉得优雅是一种尊严。面对自己的生活，没必要呼天抢地，也没必要去回避什么。我一直想做的就是怎样去讲述一个中国题材。我的老板很不理解这一点，他觉得你有能力做一个很有力量的电影。我能这样坚持自己，是我的幸运，也跟他们对我的信任有关。他们总是在体会我，为什么用这样的方法讲这样的故事。这是我四部电影下来很幸运的地方。中国一直处于剧变中，在这个剧变里面，时代需要坐标性作品去同步地反映这个国家的变化。如果有理想做这样的电影的话，我们应该尽量诚实，忠实于这个时代给我们的气氛和体验，不要去媚俗、不要去媚奖，也不要去媚评论家。如果说这部电影有什么不平衡的话，就是在拍摄《世界》的过程中，我突然把自己的感情带到这部电影里面，这个感情是不是和这部电影贴切？它是不是这部电影应该讲的东西？我真的不知道。比如说影片中这对男女主人公感情的发展。有一天我突然想，自己也30多岁了，我能不能重新开始？我能不能选择另外一个工作？我能不能选择另外一个城市重新开始生活？这种感情带到了影片的结尾，女主人公是不是真的能重新开始。这种感觉跟这部电影有没有关系我真不知道，但是我就把它放进来了。

吴：人生的另一条路，可是总没机会去走？

贾：比如说，《世界》中的人物困在公园里，或者困在城市里的另一个地方，这是否真的不能改变了。我曾经写过一个结尾，这个女孩子(赵小桃)发现了男朋友有外遇之后，自己一个人上了中央电视塔，坐在那儿看这个城市，下来之后，她登上了去外地的大巴车，走掉了。但后来我觉得这个结尾很糟糕，觉得它是假的。这个人不可能回去，连我自己都不可能回去，你要求人家回去，怎么可能？结果就变成了一个回不去的故事。我最后还是想让她跌落到一个个人的困境中。我觉得大部分人都有个人的困境，这个时代不断地把人边缘化，在这个过程里面很多人处在一个自我的压力困境中。整个电影一个大的命题：世界，说白了就是人世间、今生今世这样一个概念。对我来说世界不是一个空间的概念，它是由一个空间概念引发出来，有点宗教色彩的时间概念，是此生此世、天界地界之外的一个……我对这个片名的理解就是，人活着是一个很短暂的在地面上的过程。

吴：你的电影喜欢通过空间和环境传达意义。从《小武》《站台》《任逍遥》到《世界》。空间环境的作用要远远大于人物和故事的作用，你刚才称它为气氛。虽然《世界》是发生在城市里的故事，但我没有感觉到它和你其他的发生在

县城里的故事有什么区别，城市和县城的气氛是一样的，都是封闭的，都是某种中国现实的隐喻。这种气氛是空间带来的，不是人物带来的，也不是故事带来的。我能感受到，你想通过这样的空间表达一些自己的看法。

贾：用朴素点的话来说，我一直想拍一个完全发生在假景里的真故事。中国基本上还是一个农业社会，只是经济发展比较快，有一些城市发展比较迅速，但整个国家的文化气质还是非常农业性的。如果抛开这一点去认识所谓的城市的话，有很多不真实的色彩在里面。对我来说，无所谓在什么空间里，我的城市乡村意识并不是很强，我觉得每个区域里面都带有另一个区域的色彩。对我来说，很多现代化景观是假景，现代化景观和日常生活没有发生联系，比如说楼房、城市、地铁、城铁，从另外一个角度看，对我来说都是一些假景，但是我们已经司空见惯，它变成了生活中的一种实景。但这些并没有改变我们什么，没有影响到我们的具体的处境，那些原始的处境没有改变。我特别想拍假景里的故事，就是说能不能找到一个出发点把这种感觉拍出来，最后找到这个空间。在世界公园这个假景里面，一切都是人造的，从一个地方到另外一个地方，不需要签证，不需要护照。很多建筑学家和艺术家批评这样的建筑，我倒觉得它是一个很人道的东西。它让那些根本不可能出国的人看到了这个世界。但他越是面对这些看上去很真的景，其实离真实的世界越远。你能复制建筑，可你复制不了传统，复制不了制度，复制不了生活方式。今天中国所谓的现代化，是一个运动式的现代化，我们在那么短的时间内有了现代化的物质，但现代化远远不是物质本身。你不能说我们有了波音747，有了磁悬浮列车，就是现代化了。社会制度呢？传统呢？

人自身的现代化问题呢？这样一种脱节，让我感觉生活在一个假景里面，但每天发生的是真故事。我不知道物质和人这样的关系是不是人类的一个悖论，是中国人这样，还是所有的人这样，我说不清楚。包括影片里面有很多气氛是关于不信任的。他们相爱或者不相爱不重要，他们就是不信任。他们是因为信任而结婚，还是因为不信任而结婚，也不知道。他们用伤害的方法来相爱，用伤害的方法来表达他们的爱。这种不信任很没有理由。他们的感情为什么这样谨慎？这种谨慎在于他们不会很舒展地把自己的精神和身体交给对方。你能感觉到每个人都有保留，在男女关系上，每个人都有保留，你也不知道在保留什么。可能有时候是保留一个秘密，或者是保留一个退路，或者是保留一种改变的机会。

吴：《世界》的影像非常漂亮，很洋气，这种影像追求和你之前的三部影片好像有点区别？

贾：因为它是假景。他们生存的空间，包括他们宿舍的外景都是故意找人做的，像积木。我要强化这个假景，得拍出假的感觉。你说它是假的，但人真的在里面生活；你说它是真的，可它就是假景。我想用这样的影像来表现一种抽离感。为什么用宽银幕？就是想把这些假景夸张，推到观众眼前。包括很多用灯的方法，都是照美国电影里曼哈顿的外景那种乱晃的灯光效果处理的。我参考了很多图片，有一个我特别喜欢的英国摄影师专门拍这种风景照片，我参考了他图片里的一些东西。而用现在这种方法完全是出于对题材的选择。不是故事决定了你用什么样的视觉空间。我觉得反而是空间，你拍的是什么样的空间，需要什么样的方法。

我以前基本不用轨道移动镜头，很讨厌用。而《世界》里的镜头基本上都是推轨移动。我觉得一个机械的很稳定的运动，是一个很主观的导演的观看，借助器材的观看。以前我很喜欢手持，因为他跟人的颤动和喘息是一体的，有很强的现场感。但这部影片里，面对那些假景的时候我会用升降，以前我从来不用升降。大量的主观的运动，我需要用这样的方法来形成视觉的一体化，平面感比较强。包括用灯的量，特别耗心血，当然别的也耗心血，包括人物的调度如何能够融入到人的关系里面。以前都是在说一组人物，摄影师容易融入他们。而这次基本上是平面的、不稳定的、朦胧的。整个空间把人包裹起来，人没有办法突破这个空间的包裹。我是特别喜欢五六十年代意大利电影中那种假假的、超越现实的感觉。我的摄影师是个法国人。拍摄的时候下了很多的功夫。整天都在等那种天气气氛的出现，因为北京很容易被拍成一种写实感的东西。我想拍一个抽象的、不那么实在的东西。如果太实在就削弱了整体的色彩。包括拍工地的时候，一直要等到我希望的稍微有点抽象的光线感觉出来的时候才去拍。比如拍那些工人从过街桥远远地过来。换一种拍法他们会显得特别的真实。我不要这样的效果，我要抽象的。我想要这样一种气氛，所以有的时候你要等。

吴：影片中使用了很多flash动画效果，这在整体影像结构中的作用是什么？说实话，有些flash段落我觉得没有必要。

贾：是视觉结构的要求。我自己觉得那些段落起到了非常好的推动作用。因为我想影片有一种电子感、数码感。我原来片子里面

有手机短信，而且手机短信写得特别有意思，像诗句一样，当然不是诗了。但我在后期剪辑的时候把它们全废了。为什么我们一用这种东西就要能捕获人心呢？我们为什么不能来几句废话？没什么意思，不痛不痒。后来要了现在这种手机短信设计，我不想用传统的方法来表现。手机短信正好是一个出发口，转到主观的世界里面，所以就用flash动画来做。我觉得这种东西是从影像结构，从空间特点推导出来的，是虚拟的景，flash也是一个虚拟的世界，包括电子乐也是一种虚拟的声音，它不是真的人声，它也是电子方法做出来的声音。整部影片我想有一种电子感。

吴：之前你曾经说过，DV带来了新的美学革命，业余电影的时代到来了。从《世界》的制作水准来看，似乎更复杂、更专业。你的美学观念改变了吗？

贾:《世界》是用数码摄影机拍摄的。我一直觉得数码摄影是一个新的软件,它给成本低廉的电影制作提供了方便。但是到高技术的阶段这个方便已经没有了。整个算下来,它比胶片还要贵一点。我觉得既然发明了这个东西,我自己就有信心去试试看。它给美术带来了新的技术支持,给场面调动带来了新的变化。这种新的变化是包括我可以在任何一个空间里面展开我的拍摄,那种连续的拍摄,演员的表演也有很大的变化。总体上获得了一个非常大的创新空间,你想要什么样的色彩都可以。所以今天我们对数码的理解还不够,而且对它的实验也不够,数码影像它跟成本没多少关系,它是一种新东西。我自己已经做了三部我都还不了解,我还要去琢磨。它带来的变化是全方位的。我下面会用数码拍戏曲。

吴:在你这部片子中,我看到另外一个有意思的问题就是女性身体在《世界》中的意义。那些舞蹈演员鲜活年轻的身体,在你营造的气氛中似乎有些特殊的含义,可能不仅仅是女性独立意识的问题,还有其他更复杂的东西,比如赵小桃和那个俄罗斯姑娘的关系。

贾:这个问题在国外有一个评论,说赵涛扮演的赵小桃是反抗男性控制的中国新女性的代表。其实我觉得她是一个传统男性世界想要捕获的一个东西,比如你不喜欢的那场在卡拉OK里的戏。我也疑虑过我要不要去拍卡拉OK,我的电影都有卡拉OK,对电影来说,每次都应该对空间有新的发觉,这次是不是还要利用这样的空间。但我后来就想,是不是真的要为了新而摒弃一些空间,那些空间虽然司空见惯,看到很多次,但是不是真的就不需要它了。我觉得有时候平衡一部电影还是需要一些常规。我的空间本身已经很有特点了，世界公园很有发现性，整个电影要留给电影一些笨的地方，它是一个稳定平衡的因素。而女性独立的意识是我的电影延续下来的内容。《小武》《站台》《任逍遥》里面的女性都是独立的，是对男性控制的一种抗拒。在《世界》里，我想表现更多层面的女性的现实，不能因为所谓政治正确，就去迁就女权主义的要求。女性也有她的问题，也有她不同的选择。问题在于这部电影不是通篇只讲那么一个女性形象，而是有好几种女性形象，而这些都是今天中国女性生活的现实。

吴：赵小桃最后还是把自己的身体交给了成太生。

贾：我不这么觉得。赵小桃说，能不能重新开始，可能意味着能不能放弃这段感情，也意味着能不能延续这段感情。对我来说是很开放的，我也不知道赵小桃这个话是什么意思，但是有两种可能，这过程我没有拍，但他们之间的气氛都出来了。

吴：《世界》中的女性价值到底是什么？

贾：我觉得是懂得保留自我。我刚才说过，她们都没有把自己的精神世界彻底交给对方。她们总要保留自己的一个小空间。这个空间可能是秘密，对于我们来说，就是自我意识的觉醒，当然它还远远不够。

吴：影片的结尾是你给这个爱情故事找到的答案吗？还是有整体上的考虑？

贾：它是整个影片的结尾，它不是一个爱情的结束。当然这里面有感情的成分在。我是想把影片结束在一个角落里。这个角落在世界公园之外，是那些假景之外的一个真归宿。我特别喜欢一句话：世界就是角落。这样一部以世界为题的电影，最后我希望它能落到一个角落，这样一对男女在雪地的一个角落里，这是我对人生看法有力的一个解释。话又说回来，假景里的真故事是什么？不管什么国家，不管哪个朝代，不管什么社会背景，总有一些问题是你逃不掉的，是大家共同的，我觉得这个就是真故事。生老病死就是真故事、真问题。我希望我的电影能落到一个真问题上、真故事上，不管他是真死还是假死，那个声音不管是从天堂来的，还是从地狱来的，还是人世间的，它是一个急刹车。大家想一下死的问题，在这样一个大的真实背后，我觉得对那些所谓急速、快节奏的生活，那些你珍惜的或者不珍惜的东西，都需要重新建立认识。

吴：你怎么看待电影中的故事性元素？

贾：从故事元素角度来说，我觉得还是电影本身所提供的生活经验。这里面有很多人的生活经验。我觉得这个经验是能够产生共鸣的。我相信我电影中的这种经验是比较准确、比较真实的，虽然景是假的，但故事是真的。

吴：你的意思是，将来吸引观众的是真实的大众的生活经验？

贾：我想尽量建立一个真实的、对中国人生活经验的描述。我将来想让大家进电影院看的不是我的数码影像，不是我的调度方法，不是我的那些假景，这么多手段其实都在写发生在今天中国的真故事。

王全安：图雅的爱情故事

058 / 073

王全安，1965年出生于延安。1977年接受父母的安排，离开学校到一个歌舞团里当舞蹈演员，从此开始了城乡游历的生活。1987年放弃去法国里昂电影学院学习导演的机会，于同年考进北京电影学院表演系。1991年北京电影学院毕业，分配至西安电影制片厂（西部电影集团）任导演，其间进行了大量的剧本写作。2000年他自编自导的第一部作品《月蚀》获得了第22届莫斯科国际电影节国际评委大奖。2007年凭借《图雅的婚事》荣获第57届柏林国际电影节最佳影片金熊奖。2010年由王全安导演的电影《团圆》获第60届柏林国际电影节最佳编剧银熊奖。2012年9月，他导演改编自作家陈忠实小说的同名电影《白鹿原》上映。

吴：这个片子（《图雅的婚事》）得奖很有意思，之前谢飞老师得金熊的《香魂女》（1993年获第43届金熊奖）是女性题材，再之前张艺谋得金熊的《红高粱》（1988年获第38届金熊奖）是民俗电影。你这部片子好像有点集两片之特点，既是女人的故事，又有民俗的东西在里面，不知道国外的评论怎么样？

王：我当时没有想到会得大奖，以为会有一个单项奖。得了大奖以后，电影节主席的助理讲了几句话，挺逗的，他说，这个奖给你，给这种电影，也许可以让其他中国电影感觉到，以后好好拍电影就行了，不要想太多电影之外的事情。《图雅的婚事》（以下简称《图雅》）其实不是一部处心积虑的作品，它是一部转折性或说转移性的作品。《白鹿原》在那儿卡了两年，很郁闷。但这时候我对电影的认识有了一个变化，我要拍一个东西，把我对有效的戏剧性叙事的理解和技巧融到一部电影中去，看看到底是个什么效果，有为《白鹿原》未来的电影气质做点试探的愿望。电影节的选片人看完也很意外，和过去中国艺术电影的感觉不太一样。他们过去看中国的艺术电影，首先要沉下来，然后在里面琢磨出点儿文化的东西，而且是相对远的，不太好明白的，也是比较抑郁的。现在的中国艺术电影已经形成了这样一种气质，我们也都知道它是怎么来的。看了《图雅》之后，他们首先在观感上受到了一定的刺激，没意识到看一部中国艺术电影会很畅快，会被剧情牵着走，各个元素都很饱满，而且里面还有点幽默感，这是他们的感觉，其实就是气质变了。原来我们艺术片里的人之所以会成那个样子，是因为导演对里面的人物是怀疑的，导演觉得他的人物应该过另外一种生活，成为另外一种人。而我对《图雅》里面人物的看法变了，她是有毛病，是活得很郁闷，但人生就这样，你没什么可惭愧的。这样一来，影片的趣味就不一样了，人物形象就有意思了。国外报纸评价这是一部可以在欧洲院线甚至在北美院线放映的电影。原来我们的电影可能把文化意义放在电影之上来看，现在我们不能再这样做了，因为你的文化毕竟要通过电影来表述，你要尊重电影本身的规律，至少你要平衡这两件事情。对于中国电影来说，可能目前的创作环境不够理想，不够完善。但对于一个艺术家来说，哪儿的环境是理想和完善的？哪儿都不完善！因为电影注定是个性和体制有冲突的，谁都要平衡这件事情。所以，哪儿的电影导演都会遇到问题。而目前中国的环境已经足以让你用一个正常的心态去对待电影。

吴：在你前一部影片《惊蛰》中，有大量你所谓的东方化的东西，比如完整的婚丧嫁娶的场面，而且非常细节化，它们不是叙事过程而是仪式。《图雅》这个发生在内蒙古草原嫁夫养夫的故事，很容易又让人想到这种被无限放大的仪式化的细节。事实上，在影片的结尾还是出现了蒙古族的婚礼场面。但类似的东方奇观在《图雅》中占的篇幅好像少了。

王：有一个外国记者采访我说，我以前喜欢中国电影因为它是东方的，人是东方的，景也是东方的，我不能理解，但很神秘，所以我喜欢。而看你这个电影的时候，我忘了自己是在看一部中国电影，我为里面人物的命运和感情而激动，你觉得失去这个东方色彩，是进步了还是退步了？听了这个问题之后，我特别感慨！我说，听了你的话我很欣慰，我们终于可以在谈中国电影的时候，不用再谈那些乏味的事情，我们终于可以丢掉东方电影的帽子，电影可以在最重要的问题上进行交流。比如说为什么要生活？生活应该是什么样的，生啊死啊，这些东西。我就是想回到最简单的问题，一部电影本身应该产生的力量。剧作的结构，电影元素的饱满，有色彩地刻画人物……只有这些东西饱满了，你才能突破前面说的那些局限。在拍《图雅》之前，我对自己的电影到底是个什么样，或者说我们为什么喜欢那样拍所谓的艺术电影有疑虑。别忙活半天，发现这是有先天缺陷的东西，白白浪费自己的精力。到了《图雅》，我觉得自己有能力把所有的东西放在电影里面来解决，而不是在电影之外去贴这个、贴那个。

吴：内蒙古这个环境会不会分散观众的注意力，他们不会很快地直接进入人物，而可能愿意在环境中找他们理解的东西。有没有想过把这个故事放到大多数观众都熟悉的环境中？

王：其实我不介意观众进入故事速度的快慢。这个过程看似是慢的，但很稳健。其实我拍第一部电影《月蚀》的时候已经注意到这个问题。《月蚀》在当时的电影环境中，有点太超前了。当时大家都还在纪实的时候，你去做一个虚的东西，里面却裹挟了一个很现实很残酷的部分。那是一种很讲究的讲述方式，但那是8年前，如果现在再出来这样的电影可能相对就好一些。这里面还存在一个衔接的问题，我是希望一开始大家能在这个电影中找到大家以前习惯的东西。首先你要有一个坐标，然后再变化。比如说，我会花一些时间在一开始呈现出中国艺术片典型的气质和场景，然后在这个里面做变化。

吴：你的意思是说，《图雅》的纪实和民俗的部分是在照顾到今天大家对一部艺术电影的习惯认知？

王：我是指这部影片的实际效果，这样的影片在今天到底能产生多大的效果。你要客观地照顾到中国电影创作的实际环境。有些时候妥协并不意味着丧失。当然，选择这样的环境当时也有一个考虑，就是这个环境让我对人性激赏和认同的东西带来一种解放。如果放到城市里面，给观众这样的故事，观众很快就会进入道德分析中去。为什么我没有放到青草蓝天那样的草原上？这是一个道理，那样的环境不给你提供一种极致的困境，你故事的可信度就弱了。道德分析很讨厌，我根本就不想让观众在"嫁夫养夫"这样的故事里面，再去分析什么道德不道德。图雅这么做是一种无意识的，不是什么理智的选择。故事的关键是人在这样的故事里面都经历了什么。就是人的生命力嘛，生活都变成这样了，她依然能够生存。图雅也不觉得自己的生活有什么不正常，该干什么还干什么，尽管围巾裹住了余男多一半的脸，但掩饰不住这个人物的美感，这是很迷人的一种气质。如果不放到这样的环境，我觉得我做不到。如果选择汉族的环境，我觉得我没有力量突破一些东西，会背离我对人性的认同，会显得图雅这个人太特立独行了，而削弱了对于生命力的感觉。

吴：问题不在于是不是选择“老少边穷”的环境，而在于这样的环境对故事是否是有意味的。简单的环境，简单的人物关系，让图雅所面临的困境很纯粹。

王：而且表现与我们大多数人有一定距离的故事，包括时间距离和空间距离，我们能够相对冷静地把握住它，理解它。城市离我们太近了，变化也太快了，我们有时候很难了解到底我们是怎么回事儿。

吴：外国观众对内蒙古环境没有提什么问题吗？

王：他们觉得这样的故事放在世界任何一个地方都能理解。关键是影片的讲述魅力。不管你讲什么故事，你又怎么可能再现生活呢？你拍的只是一部电影，所以要看电影有没有吸引人的魅力。

吴：我接触的一些年轻观众觉得《图雅》是一部中规中矩的电影，很工整，看不到导演的追求。

王：他们可能希望在这样的电影中看出寓意来，看到标签。之前的很多艺术片都在靠这些东西，其实都是在走捷径。为什么说我愿意回到电影本身，就像是严密的古典音乐，为什么会百听不厌，就因为它严密，不会有简单发挥的东西，这么做会破坏整体性。我所要做的是经过多少年证明，是最易于被观赏的方式。既有生活的质感，又有戏剧性的东西在里面支撑着，这才能形成强烈观感的东西。电影很难拍好，难就难在这个上面了。《图雅》这个电影是从什么时候开始变化的呢？就是森格帮图雅运草，半路翻车那场戏开始，那是个门槛儿，从这儿开始，《图雅》就不是我们通常意义上的纪实的艺术电影了。这个场景很写意，里面有一种很隽秀的东西。

吴：你怎么理解戏剧性？

王：情节剧是有一定程式的。这种程式要求具备高度的感性和高度的理性。艺术片是跟着导演的感觉走，高度感性。你对着白墙拍十分钟，只要你觉得有含义，没有任何问题都是对的。一旦要有高度理性的戏剧性叙事的时候，那么每一个细节、每一个情节的进入它都要承担叙事功能。而作为艺术气质的电影又要有文化表述，那么，这样的表述能否融到情节叙事里面去，就是判定电影成功与否的标准。你脱离这个，节奏就不对了。比如刚才你说的《惊蛰》里面的问题，可能你迷恋那种文化形式感的东西，但它已经脱离叙事了，不是很高明。把寓意单独拿出来表达，本身还是一种不成熟的表现。我现在意识到一点，真正让电影有力量的其实就是快感，不一定都是快乐，痛苦也一样，它是很明确的。这种快感是观众不能拒绝的，而且是能传递的东西。电影如果不建立在这个基础之上，那证明你在导演方面没有职业能力。

吴：从电影元素的角度来说，这种快感传递的手段是什么？

王：我觉得最好的手法还是戏剧叙事。因为戏剧化是凝练的，它不是生活化的幌子能搪塞过去的。我们看一部电影的动力是什么？除了生活和文化之外，大部分人还是想看故事。

吴：你说的这种电影有没有范例？

王：《教父》，当然这是简单地说。或者是《阿拉伯的劳伦斯》。

吴：中国电影呢？

王：这不是一个概念或者是一个愿望所能完成的。能够把欧洲电影刻画人的深度和美国电影讲故事的技巧完美结合，是件很难做到的事情，不光中国，世界上这样的电影也很少。我是希望我未来的电影能够达成这样一种风格。包括电影里的文化命题，包括和观众的关系，如果能结合在这样一种度里面，那才是真正复杂的好电影。《图雅》的格局虽小，但已经做了一点试探，已经顶破了一些局限。至少我们逾越了广电总局电影局和国际电影节这样的两极状态。他们为什么会有同一种观感，就是我们相信电影本身有一种力量，这种力量能够突破隔膜而不是制造隔膜。有时候，我觉得有人是在故意制造隔膜，然后在一种对抗中显示一些价值，但这不是电影最好的价值。

吴：谈戏剧性的时候，往往会谈冲突，冲突的本质是价值观的冲突，所以传统戏剧性的电影里都有好人和坏人之分。《图雅》的冲突是什么呢？

王：我的戏剧性是指有足够相反能量的东西。它不一定是我们原来的那种外化的好人坏人，它是更复杂更微妙的东西。比如说《图雅》，它里面可能没有外化的对立面，但人欲本身确是件太复杂的事情。

“嫁夫养夫”从社会意义上来说是以女人做牺牲来成为道德楷模，一个高尚的牺牲者。但当爱情产生的时候，这个女人可能马上就变成了一个假公济私者，“嫁夫养夫”可能就成了背叛。这种力量本身也是戏剧冲突。而且戏剧性的东西要求你把你要的东西清楚地再现出来，不能模糊。

吴：《图雅》的戏剧性来自人欲的矛盾性。

王：对，包括这两个男人，他俩要是和图雅一点儿爱情没有，那就没冲突。可一旦爱情来了，两人的关系马上就变了。

吴：爱情有爱情的规则，婚姻有婚姻的规则，你现在把它们拧到一块去了。如果遵守婚姻的规则，就是我们熟悉的“主旋律”；如果遵守爱情规则，可能就是一欧洲电影。

王：是，现在我让它们和谐地在一起。

吴：这两个男人的作用就很重要，不光是丈夫和情人那么简单。

王：是，这种关系毕竟我们都没有经历过，你没有办法给出一种答案。等剪完了，我回头看，才意识到，这部电影讲的是一个实实在在的爱情故事。图雅非常非常喜欢丈夫巴特尔。这个家伙是那种内心比较有力量的男人，让女人觉得安全。而且这个演员的选择也比较准确地体现了我对这个人物质感的定位。片子中的这三种男人没有好坏之分，是给观众带来不同愉悦的三个人物。像森格这种人，看上去很飘逸，很活泛，但他内心的坚定与沉稳显然不如巴特尔。而宝力尔这样的男人，很软弱，十几年前他怎么失去图雅的，今天还怎么失去。和那两个男人比起来，他相对有点自私。宝力尔的所为不能简单地理解成富人为富不仁，他不是这个概念，他是个性的问题。比如说一个人的软弱，那在关键时候就是致命的。我对每个人物的态度是明朗的。最后我感觉到，人生这个东西是很诡异的。图雅做了好多事情，她甚至都以为自己爱上森格了，其实不过是绕着弯子还想和他丈夫在一起生活。这让我很感慨。像遇到这些问题，我和编剧芦苇就谈不到一块儿，因为我们对人的理解不一样。比如森格和图雅老是在一起呛来呛去，我说这就是爱情。生活比你想象得要高明得多。当我们真的遭遇困境的时候，嫁夫养夫可不是一个选择呀，它是唯一的办法。拍电影的人，你只能去理解这些东西，而不是去指教什么。

吴：艺术家所要表现的就是现实规矩无法解决的问题，而在现实中有合理解决方案的事情对艺术来说没有意义。

王：没错，艺术要表现困境，通过这种极致的表现，可以让你有一个考验人性的机会。

吴：除了余男，其他演员好像全部都是业余的吧？

王：对，都是。巴特尔是典型的牧民，连旗里都没去过。制片人去采风，拍了一批照片回来，其中有一张他的，我一看，他就是主演了。其实，这个选择看似漫不经心，实际上，在他那张典型蒙古男人的脸上有我认为巴特尔最重要的气质，眼神很忧郁，很无奈。你就知道这个无奈的背后有原因。他来的时候，我一看，他腿有点瘸，他在家里的处境和他的经历与巴特尔没有什么区别。据说当年也曾经有十几个女朋友，是个骑手，腿摔断了两次还要骑，最后终于摔得不能骑了。知道这些后，我一下就明白他忧郁和无奈的原因。这正是我要的巴特尔。这个人物放在那个环境中，他可信呀!角色和演员一下就重叠了。演员的气质为整部戏的戏剧性提供了一个很好的品质，剩下的就是表演上的一些连贯的东西，那是导演的事。我是到了《惊蛰》的时候，才体味到什么叫艺术形象，就是人物的某个瞬间让你难忘。之前对这个没有什么意识，到《图雅》这部片子，艺术形象的意识在我脑子里进一步明确了，而且我们有能力在银幕上创造和现实中牧民形象一样有魅力的艺术形象。现在看来，我们的想法多少有所体现，图雅这个人物不是平扁的。大家看完，还是要把图雅当作一个艺术形象来接受。

吴：森格这个演员从名字上看像是汉族人，选择他也有你特别的考虑吗？

王：他其实也是一个骑手。我当时考虑，森格这个人物除了要是牧民，还要有一张吸引人的脸，那张面孔能够让异性有好感，当然不是很成熟的好感，而是一种表面的浅的异性好感。我是在赛马场看见他的，当时，他和他老婆在一起，他老婆是一个特胖特剽悍的女人，特厉害。他老婆刚一离开，他马上就和旁边年轻的女广播员又搂又掐，亲热得简直不行。他做这一切很自然。一会儿，他老婆回来了，他一点都不尴尬，依然谈笑风生。我觉得他身上有一种天生的处理男女关系的禀赋，善于处理那种复杂的关系。我觉得他肯定能演森格，没事就来找图雅磨叽。

吴：你是演员出身，后来做了导演，你觉得电影表演是一种什么状态的表演？

王：电影和电影也不一样。电影中，人物的价值是最高价值，这里面包括表演。一切的努力都是为这个服务的。但造成表演和导演之间的问题，根本原因是编剧。剧本提供给演员的东西和生活不一致，是造成表演不顺畅的真正原因。表演的难题在于，我要把一个我认为不正常的事情演得很正常。这是造成虚假表演的根本。甚至可以说，这是唯一的问题。当你要求他完成和生活逻辑不一致的事情的时候，这个虚假就已经注定了。所以一般遇到表演障碍的时候，我都会停下来，看看剧本在这个地方是不是有问题。

吴：在你的作品中，你是怎么处理导演技巧和表演技巧的关系？

王：我觉得首先是导演的审美决定的。反过来，也要看演员身上是否具备某种东西。这里有一件事很重要，就是演员的品质。真正感人的艺术形象必须是和演员的人格相一致的。人格魅力是演不出来的。余男本身秉性里就有这种东西，而且她没有太多受现在演艺界气氛的影响，没有磨去她身上一些单纯的东西。当表演技巧上升到一定阶段的时候，这种魅力就会产生一种力量。

吴：你和余男有没有分歧的地方？

王：基本上没有，越往后分歧越少，只是看我们能跳多高。

吴：我的意思是说，《惊蛰》和《图雅》在人物形象上有很多相近的地方。一个好演员往往不愿意重复同样的角色，她自己有没有想跳出来的东西？

王：其实这种角色在余男每一次完成的表演里面，显而易见都有她自己的秉性在里面。这里面有我对她的了解，我知道什么东西是和她不拧巴的。余男本身就是个特立独行的人。她其实一直是在以自己的方式生活。即使在演艺圈，她也希望按照自己的方式建立工作环境和工作关系。

吴：拍摄的时候，你排戏的时间长不长？

王：我拍戏从来不长时间地排戏，长时间排戏很可怕。作为导演要尽量保护演员最新鲜的感觉。而且这与编剧有关系，你编的东西是不是和人物以及生活的逻辑契合。如果不契合，就会出现你说的问题，导演、演员可能就不踏实。如果你编的台词和节奏是可以理解的，那一下子情绪就出来了。越是重场戏，我越不排练。你比如医院的那场戏，在场的工作人员都镇住了。其实那一瞬间既表现了图雅的强悍，也表现了她的软弱。

吴：每场戏都不排练吗？

王：尽量少排练，就是走走机位。我觉得越是业余的演员，你的机位变化就要越少，给他造成一个宽松的活动范围。而且除非很强的戏剧叙事，一般我喜欢用更简练的镜头内部的变化来完成。光彩的瞬间只有一个，没有很多的瞬间，最好的表演肯定只有一条。所以我一般就拍3条，如果到第3条还有问题的话，我就会换一种方法。不能让演员有那种受挫感。演员要尽可能晚地进入现场，最不能消耗的就是演员在现场的精神。你要让演员迈出表演那决定性的一下的时候，要越轻松越好。我也最怕讲戏，即使是最剧烈的戏也是生活场景，有什么理解不了的呢？所以导演应该学会化繁为简，给演员的指令越直观越好。至于什么内心活动，那是戏剧舞台赋予的，生活本身并没有这些东西。所以，有些业余演员有时候也会呈现一种有节奏感的表演。

吴：可不可以说，你的戏剧性就是在艺术片里加一点戏剧冲突？

王：当然，我是要用情节剧的方式去叙事，而不是拍情节剧。我肯定还是要拍我感兴趣的问题，依然要有我自己的表达，但是要把它负载在一种什么工具上。这里面有两个东西，一个是你自己，一个是电影。过去我们把自己举得太高了，而电影做得太少了。《图雅》只是为电影多考虑了一点。我把《图雅》拍完，才意识到情节剧的厉害，做好真正的情节剧太难了，我现在只能说摸到一点儿门儿。情节剧所有设定的东西，你必须按照设定的目标完成，不能有任何变化，你必须要达到那个质感，才能完成叙事，要不然讲不下去，讲不清楚。表演不到位不行，拍摄不到位不行，而且还要保持一种灵动感，这真不简单。

吴：从影片的影像风格看，其实《图雅》不具有戏剧性。很客观冷静，摄影机没有更多的表情，也没有介入到人物的戏剧动作中去。这在某种程度上可能还会削弱戏剧性的感染力。

王：严格来说，《图雅》依然是艺术片气质的电影，这是本质的东西。戏剧性地讲述只是用来支撑这样一种气质，它是一种故事的内在结构，而不是表面的动作。这里面有一个度的问题，戏剧性、道德思想都不能过那个度。它是以真切、自然、有生命气息的气质作为这种电影的底线。而且戏剧性也不简单是我们知道的那几种方法，它有很多种方法。我还从来没有考虑过影像风格之类的事情。但每部影片出来，影像风格基本上还很统一，自然的，纪实的。

吴：德国籍的摄影师在影像方面有没有给你什么建议？

王：我觉得国外摄影师有一个特点，他们对电影概念的理解比较完整。他们会先理解导演想要传递一个什么东西，然后我给你提供很多种方案。他不会只强调自己工作的重要性。卢茨从这个角度讲是真正过硬的。而且，德国人拍东西有一个特点，他的东西出来比较冷静，不花哨，而且能在即兴的创作中保持一种完整性，在即兴调整的时候，随时能够把构图调整好，而且很从容，这绝对是功夫。

吴：做完这部片子有没有你很遗憾的地方？

王：我觉得最大的遗憾，可能还是叙事不够老辣，不够细腻，还是在靠一股气推着。比如影像可以再冷静一点儿，但这就意味着你的结构要更精巧。现在的片子里，图雅和她丈夫的线，展开的不充分。因为已经没有空间了。在剧本里我还写了一些她和巴特尔因为家庭琐事争吵的戏，比如因为孩子上学的事，也拍了，拍得也很好，但总觉得和整部片子的气质有点儿游离，显得拖沓，就给删了。但图雅和丈夫之间到底有一种什么样的东西，真正维系了他们之间那种深刻的关系，没有讲清楚。现在拍摄用的剧本，是我在开拍前7天改出来的，很匆忙，所以片子的层次不够丰富。还有一点就是，没有空间展开图雅独处时的内心状态。

吴：就像片子开头和结尾，图雅一个人在蒙古包中哭的状态。

王：对。如果再从容一点儿，应该表现她的更复杂的状态。她到底怎么看森格，怎么看巴特尔，这些有点不够。当然这种东西是无止境的。有时候，拍现实题材的电影，那种拍摄过程中的各种困难和焦灼状态，倒让你离你自己的人物近了。我很愿意置身到这样的状态中去。

吴：有的评论认为，现在年轻导演的作品有泛主旋律化的倾向，没有揭示真实复杂的社会矛盾中人的挣扎状态，你怎么看？

王：我觉得考虑这些问题，对我来说是有问题的。当我觉得社会比我高明的时候，我还批判什么？当你对自然的敬畏油然而生的时候，其实你的那些批判只是站着说话腰不疼。打个比方，如果你不到真正的战场上去，你真的不知道生死是怎么回事儿。当图雅嫁夫养夫是她唯一可以做的事情的时候，你还怎么批判呢？没有什么客观的东西，电影最擅长的也不是这个，它的特性不在这上面。如果说电影能够唤起某种真实的东西，那只在某种特定的状态下，感情上的真实，真实应该是指这个。比如我听到一些国际电影节对中国电影的评语，这部电影真实地反映了中国的现实生活。我觉得这话只说了一半，一些电影最重要的东西哪儿去了？而且，在今天，把电影当作娱乐产业，我觉得电影一下子找对了位置。你的电影是否能够给人提供一种高品质的快感？即使是艺术片，它也应该是更高级的娱乐，你必须有这些东西，而不是打着什么主义的招牌就能解决电影的问题。什么体制之下，我不太去想这些事情，这些解决不了电影的品质问题。即使是拍“主旋律”，你依然可以看出一个导演有没有电影才华。电影的价值应该通过观赏快感之类的东西来实现，那才是电影艺术。而且现在已经到了该为电影本身做点什么的时候了，不能再浪费时间。

吴：接下来的片子还是余男做主角的女性题材吗？

王：我已经把一生做电影的时间大概做了一个盘算。因为我知道最终我要拍的电影是什么样的，知道它的复杂程度，知道这中间还有许多东西需要去充实。《月蚀》也好，《惊蛰》也好，都是在我自己的储备和试探里面。我的电影肯定是越拍越复杂，会涉及各种各样的人，那种内在的力量会更巨大。我其实一直在找我的电影的品质概念。到了《图雅》之后，我才基本没了那种困扰和犹豫，基本弄明白了我要做的电影是什么。

刘杰:95%的真实

074/085

刘杰,著名摄影师、导演。1968年出生于中国天津,1986年高中毕业报考美术学院时,偶然看了电影《黄土地》,遂放弃美术理想,于次年考入北京电影学院摄影系。1991年毕业于北京电影学院摄影系。1992年,担任影片《冬春的日子》制片人、摄影。2000年,任《十七岁的单车》摄影指导,该片获得第51届柏林电影节评审团奖——银熊奖和第38届金马奖最佳摄影奖提名。2006年,导演影片《马背上的法庭》,为其处女作,本片为第63届威尼斯电影节地平线正式竞赛片。2012年,导演青春题材电影《青春派》,在第16届上海国际电影节之第10届电影频道传媒大奖获最佳影片、最佳导演等8项大奖,最终斩获金爵奖"最佳影片""最佳男主角"两项大奖。

吴:《马背上的法庭》的美学追求似乎没有改变独立电影时代所谓"第六代"所习惯的表达方式,但表达的对象变了,成了底层的"国家公务员",不再是压抑的普通城市青年。这样的变化是否有意味呢?当初怎么想到拍这个故事?

刘:我做了十几年独立电影的摄影,那些电影关注的都是边缘人。十几年后我做导演,我想应该对这段创作有所提炼。我是个超级关心社会问题的人,什么社会杂闻都看,其实像我这样的人现在可能已经被这个社会抛弃了。之前，大家一讲“主旋律”电影，讲这种模范人物的电影的时候，肯定是概念先行，是走在主义上的。而我现在如果再按以前的思维去做这样一部电影肯定不行，就像你要去给一个沉迷于网络游戏的小孩讲网络的危害，说多少都没用，不如你和他一起玩，你把他打败，让他服你，认你做大哥，你再把他拉回来学习，他可能还听。也就是说，你必须用现代人所能接受的心态和方式，去和他交流。我们之前做的独立电影走的是底层人物、走人物和社会的关系、走人物命运，在手段和方法上与传统的主旋律电影是有区别的。可以说，《马背上的法庭》对人物的处理方式和过去的地下电影是一样的。我觉得自己没变。我们之前的那些独立电影，你仔细想想，没有特不主流的价值观，人类共同的道德规范都还在。

吴：在我看来来，《马背上的法庭》的主旋律与以往主旋律的不同之处，一是“主要英雄人物”的行为目的，二是影片所体现的价值观，关健可能还不在于是不是纪实。我们不喜欢的那种主旋律中的“主要英雄人物”通常像个提线木偶，个体的思想永远不能支配自己的行动，甚至可能是行动的障碍，而所有行动背后都多少有一些教条的概念；整部影片的价值观也不是“与时俱进”的……

刘：我的创作态度是很严肃的，从找人写剧本到开拍，用了大概两年的时间。我最早看到这个新闻报道的时候有一种原始的感动，都现在这个年代了居然还有人去干这个!他去那种偏僻的地方办案，他能得到什么？当时就很有兴趣去探究为什么!我用了很长时间去体验生活，去找使人物行为合理化的依据。我必须为人物找到一个合理的依据，不能简单地就认为他们受党教育那么多年，是有共产主义理想的人。去当地体验生活以后，我觉得他们是没办法。那个地方的人还没有被经济化到其他发达地区的那种程度，他们之前的那种理想的冲动还在。我力图透过一个流动法庭的办案之旅，透过制度下小人物的命运，折射出中国法制和中国少数民族地区的现状，民族的问题，文化的问题，环境的问题，发展的问题，宗教的问题，传统与现代的问题，司法公信力的问题……

吴：法官老冯这个人物好像有点反讽的意味。全片中，他从来没依法办成过任何一件事情，而且全片的情感线索是有妇之夫的老冯与女同事老杨的暧昧关系。

刘：情感这条线是杜撰出来的，这样杜撰是因为我们想走人物而不是事件。人物应该是立体的，法官老冯也应该有感情。其实当时我也找不到一个理由让他在这条路上一直这么走下去，你总要给他一个在现代人的价值观里可以接受的理由。他和老杨这么多年一直这么走，这之间的感情可能也是一种惯性。没有老杨，也许老冯十年前就走不动了。这样的设计在以往的主旋律影片中好像不多见，讲男女感情的有，但不像老冯这样。"主要英雄人物" 有自己的私欲，而且这种私欲是完全个人化的。还有那个年轻的法官是最不真实的，在当地没有这样的年轻人。边远地区县乡一级的基层法院已经有七八年没有大学生来了，可我实在没有勇气只拍一对老头和老太太。

吴：年轻法官的角色在剧作上是具有功能性的，他把你想要的东西给激发出来了，否则整个故事有点顺拐。老冯和阿洛之间的冲突更体现时代特色。

刘：最早选择拍这么一个公务员的时候，心里也斗争了很久，觉得有点自找麻烦。因为选择写一个公务员你就必须考虑审查的问题，这点顾虑还是很重的。但我知道影片有一点把握住就行，这也是我第一次看到那个报道时所感动的地方，老冯这样的人物身上还保留着的是我们这个社会已经缺失的责任感。尽管他身上还有各种各样的毛病，可能方方面面都不达标。

吴：老冯和阿洛发生争执那场戏，当阿洛揭了老冯的隐私后，老冯选择沉默应对，你为什么要这样处理这段戏？

刘：当时拍的时候，这场戏争论很大。李保田老师最初觉得这场戏没用，应该拿掉，他给了阿洛一巴掌。李老师觉得一个小孩子，打他干吗！但如果不打，这个冲突就没意思了，所以这场戏应该拿掉。我们沟通了很长时间，决定按现在这样的方法拍。

吴：在镜头处理上，我发现影片更多体现的也不是建构主人公的力量而是拆解力量，法官老冯很少有正面的镜头。

刘：要不要请李保田老师来演这部戏，我之前也斗争了很长时间。因为我担心这样一个超级职业演员的进入会破坏整部影片的味道，但我还是相信李老师有这个能力，能够不把自己当演员。尽管如此，我依然觉得李老师在戏里有点跳，他的明星效应在那儿摆着呢!所以，我有意识地想压一压。凡是有两人镜头的时候，李老师永远在后景，这显然不符合好莱坞的明星原则。

吴：而且打断的对白不切老冯的近景，让他背对着观众说。

刘：这样就能让李老师的表演和其他演员达到一种均衡。如果我再强调他的话，我觉得观众的反感会更强。现在这种状态，我是基本满意的。我不想强调任何东西，可能做得有点过了，包括结尾，回到老杨，就是要削弱老冯，不想让老冯的死显得那么重，而且这样做和开篇的镜头是呼应。都是老杨的近景，其实我当时拍了两个结尾，还有一个结尾是，老冯走远了没死。但那条拍的时候出了点技术事故，没法用，就选择了现在这个。

吴：你这部影片中好像没有一个明确的价值体系，比如，正义的法律，像好莱坞电影那样。在这部影片中更多看到的是无奈。

刘：法律是道德的最后一道防线。但伴随着一次次的办案，我想让观众感觉到老冯越来越无能。我其实是想抛出一个问题来，让大家思考中国的司法体制问题。

吴：影片可看不出这么宏大。

刘：我起码是这么想的。

吴：小女孩送东西的场景很感人，很煽情，给了观众老冯常年走这条路的另一原因？

刘：这起源于我对当地村民的感受，他们很善良。如果在完全封闭的状态下，他们特别的好，他们有自己的田园生活，有自己传统的乡规民约。但现代文化的渗入，有些东西就变味了。但我还是能从他们身上感觉到那种淳朴的温暖。

吴：我看的时候很想知道，小女孩给了他们什么？可你没有给一个交代镜头。

刘：小女孩那袋东西，我宁可让观众看不清楚，也不愿跳上去补一个镜头。我只要这样做就涉嫌煽情。

吴：你喜欢比较节制的处理方式。

刘：可能。不去渲染嘛！

吴：你的风格是什么？

刘：不主流。影片要贯彻的美学原则就是不主流。花哨的运动和剪辑，漂亮的造型和画面，这些是主流。但不主流不代表低质量，我们拍摄的画面是很讲究的，但我不希望大家注意那些东西。

吴：创作本身是在做减法。

刘：我觉得每个人都不同。我觉得自己是一个含蓄内敛的人，我可能做任何电影都是。台湾剪辑师廖庆松说我一定可以拍商业片，他说我跟张艺谋是一类人，所以可以拍商业片；认为侯孝贤和陈凯歌是一类人，他们就拍不了商业片。区别就在于，我们头脑没那么复杂。

吴：影片中涉及的少数民族的风俗人情你是怎么处理的？

刘：我其实在躲这些东西，我觉得这些东西和这部影片无关。比如说，你把风光拍得太美的话，大家容易一下子跳出去。摄影师当导演有优势也有劣势，而其中优势就是劣势。比如说张艺谋在造型上永远是领先的，但这种领先说实话我不喜欢，造型感太强。我是希望老老实实用一个导演的功夫去讲一个故事。当然拍片时我给自己设定了几条原则：第一，对少数民族态度要尊重，以保证表现的度。第二，涉及法律问题，一定以真实为依据。我没有凭空杜撰任何一个案件，影片里所有案子都是我在10多个案例里挑选出来的，并在征求很多法官意见基础上，进行了适当的改编，也征求了当地人的意见，看合理不合理。有老师看完片子觉得不满足，觉得没有体现出法官的智慧。我个人认为，那是他们没有理解影片。其实影片中的几个案子都是经过精心设计的。比如第一个“小猪拱了罐罐山”那个案，老冯用的是最古老、最原始的一种断案方法，法律上有一个专用名词，大意就是“以其人之道还治其人之身”，这种方法显然不符合现代法律精神。第三，对于老冯，我对他的设定是生活在边远少数民族地区的法官，最重要的一点，他是一个人。在这几个重要原则基础上编故事。

吴：围着国徽跳舞在影片中是不是另有意义？

刘：围着国徽跳舞和老冯在悬崖边上向死去的同事独白的这两场戏，有很多人认为很刻意，特别是老冯那段独白简直就像是向电影局献礼。说实话，老冯在悬崖边上喊的那场戏，我也斗争了很长时间，现在这样的结果我是60%能接受，40%不能接受。但对这两段戏处理的意见说明了我们很多人都有政治阴影，凡事愿意朝那个方向去琢磨。包括对李老师表演的批评，那也是阴影，电视剧的阴影。剧本写得更煽情，包括找到国徽的细节，剧本都要煽情得多。

吴：你在造型上很强调国徽。

刘：国徽是老冯心里的另外一个东西，支撑老冯一路走下去的，除了老杨就是这个国徽。

吴：丢国徽的情节，除了剧作上的作用之外还有什么其他意涵？

刘：加重老冯的困境，并且通过丢国徽把国徽在他心目中的位置给传达出来。另外，也想凸显一下当地的社会状态，国徽都敢偷。

吴：老冯有一段和村民讲解民主和法制的关系，很长，很激情。为什么会选择这样一个情节？

刘：还是传统的主流思想，类型化的经验在起作用。拍之前，我曾经和焦雄屏老师交流过，我说，现在这个片子怎么像是公路片，路越走越窄，最后走向死亡。但焦老师说，你放心去拍，有类型化经验不可怕，关键是看拍的人是谁。你做十几年独立电影，以你的经验，就是给你一个类型化的剧本，你也会拍得和别人不一样。

吴：剧本中哪些东西让你觉得类型化？

刘：首先这个大结构就有点像公路片，另外，我想在七八十分钟的时候把影片推向一个高潮，因此，戏剧化的冲突也还在。之前我挺顾忌这些，因为你不是类型化的人，你大胆去加类型化的经验，出来的一定不是你想象中的东西。我拍自己的第一部电影拍得太难看。但从艺术片的法则来说，我对影片的形式感还是满意的。

吴：剧本共改过几稿？每一稿你要加强的东西是什么？

刘：大概四稿，加强社会性。第一稿剧本没有什么力量，写得很美，李保田老师有一句话，说一稿剧本有点像散文奇观。三个人之间一点矛盾都没有，都是一些淡淡的友情，和村民之间的矛盾也不多。主要是编剧找不到生活的依据。第一稿是我就着新闻报道和她聊了六个小时写出来的，所以她不敢触及现实。经过几次下去采访之后，你才会发现生活的矛盾点在什么地方。

吴：这些矛盾是不是就是你说的加强社会性。

刘：对！在第一稿中，所有案件都得到了解决。但到当地之后，我发现很多事是解决不了的。第二稿开始偏向事件，开始写事儿了。第三稿是我自己写的，给李保田老师看，他觉得整体故事还能接受，但对话他觉得太差了。他觉得按第三稿的人物走向加上第一稿的人物对话就可以了。于是，我又让编剧改了一稿。到了现场之后，我们首先让李老师晒脸，把脸晒得像当地人一样糙。每天全组人陪李老师一起晒太阳，又把剧本顺了一遍。最高法院看了完成片之后给了两条修改意见：一是加个画外音，二是片尾要上字幕。

吴：你怎么看片尾这条字幕？

刘：我觉得无所谓。很多事情都是多义的，我是希望我的电影是多义的，真实的生活没那么简单。

吴：威尼斯得奖那一版也有后面这条字幕？

刘：没有，因为那版拷贝是在境外做的，其他内容都一样。

吴：你现在最重要的拍片原则是什么？

刘：其实我不愿意把有些问题放大成一代人思考的事情。从个人角度来说，我更愿意从现在这个位置起步，因为我有感受，也许哪天没感受了，而又对商业片感兴趣，我可能再去做商业片。但我估计拍商业片怎么也是三部以后的事了。我这十几年生活的来源都不是电影。拍电影是个人理想，所以不想委屈自己。我更想在现在这种情况下找到自己的兴趣点，说自己的话，符合自己的品位和精神。如果一边拍自己的理想一边为市场而做，最后你肯定是失去了自己，你什么也得不到。电影一定要多元化，有时候，小片的投资回报率比大片还高。像《自行车》国内都没有发行，国外就卖了10多万美金。大众娱乐和文化电影是两回事儿，阳春白雪和下里巴人也是两回事。不是说两者兼顾的东西没有，但几十年也许才出一个，我现在的兴趣还在文化电影上。很多人都跟我讲，《马背上的法庭》的经验是不可能复制的，是特定的题材在特定的时代出现的，没有第二个，我不同意。以《马背上的法庭》的经验来看，我就走全人类共通的东西，我可能活得更好。目前来说，我还没什么压力。我现在也坚决不愿意走电影节的地下路线，十几年前这样，如果现在还这样那就是失败。对于电影节，我认为，一个导演如果他前两部影片进不了欧洲三大电影节

(柏林、戛纳、威尼斯),那么他以后的的作品就很难进入了。除非你有一个巨大的突破,让人家都认不出你来,但这其实很难,因为一个导演的作品往往都是一脉相承的。如果你刻意去加一些虚假的东西去迎合欧洲观众,其实没必要,他们买不买账还不知道呢。《马背上的法庭》在创作的时候,我们从来没有讨论过外国观众会怎么看一些事情。法国真实电影节的主席看《马背上的法庭》,一边看一边哭。他问我,电影里的东西都是真实的吗?我说95%都是真实的,个别人物有些杜撰。拍这类电影,态度很重要。你对一件事情别有太主观地判断,更多地去尊重事实,你内心的世界观和道德观如果正,其他就不会有问题。

吴:有学者认为,现在一批年轻导演的作品有“泛主旋律”化的倾向,你怎么看?

刘:其实这正是我们这个年龄段人的特点。我们这个年龄段的导演处在一个承上启下的阶段。二十世纪八九十年代我们是叛逆的。记得1991年刚毕业的时候,我没进电影厂,基本就离开这个行业了。反正当时也没有其他机会,于是我们就尝试着做独立电影。当时的体制不像现在这样,说实话,当时拍的那些电影和政治、主流都没有太大关系,把它们放到现在都能通过。那时候的电影就是一个自由的精神,一个形式,它们并没有在思想内核上想怎样。而到了现在,像我们这样年纪的人对80后的这些孩子就看不懂了,也看不懂他们的电影,怎么全是B级片?所以我们现在有两个选择,一是跟,一是不跟。跟着走拍B级片,拍凶杀暴力?从内心讲,我对于这些东西又不接受。所以我们这代人永远是承上启下的,永远没有落在点上。另外，我觉得现在整个中国文化有点“泛娱乐化”倾向。如果再这样下去，文化就不存在了。独立电影的不二法则就是站在主流的对面，既然现在主流都成这样了，那我们就逆着来吧。

我们认为，这部影片对于情感和人物的表达，深深地触动了我们的内心。在叙事结构上非常的独具匠心，在思想的表达上非常的深刻。这个作品促使你思考有关这个国家、这个地区的独特的社会结构，去探究不同阶层的人是如何在同一社会上共存的。社会矛盾如何解决，特别是在中国特定的社会环境下，是一个值得所有人思考的问题。本片的导演用非常特别的叙事方式将这个故事传送到我们这里，让我们非常好地领会抵抗力生活的意义和真谛。我对这部影片有一种无法解释的着迷。

——第63届威尼斯电影节“地平线单元”最佳影片获奖词

杨树鹏：两个人的战争

086 ⁄ 101

杨树鹏，1970年生，陕西宝鸡人。1986—1990年为甘肃庆阳公安处消防大队消防员；1990—1992年于四川美术学院美术教育系进修；1994—1995年任海南海口东方影视有限公司任撰稿/编导，1995—1999年任新华社海南分社电视中心任编辑/记者，拍摄纪录片《南洋梦》；2000—2002年任中国中央电视台《实话实说》栏目编导；2002—2006年任中央电视台《电影传奇》总导演，参与拍摄制作了100 期节目；2006—2007年任电影《烽火》编剧/导演；2009年导演电影《我的唐朝兄弟》；2011年导演电影《匹夫》。

1944年，中国北方小城，在一间教堂改成的临时医院里，身负重伤的上尉薛又方遇到了杜景萱——一个带着弟弟逃难到此的14岁女孩，没有父母，她用谎言和冷漠保护着自己……面对终日昏迷的薛又方，杜景萱心中的少女情怀渐渐苏醒……而她所做的一切，薛又方并不知道，待他从昏迷中醒来，只看到一个可爱的小女孩出现在生活里……鬼子来了，薛又方回到前线。杜景萱却为了保护弟弟，死在鬼子的枪口下……

与我们习惯的战争片相比，《烽火》似乎单薄了许多，两个人，一点儿纠缠。但这一点纠缠牵出的情感，却让观众感到了一种彻骨的残酷。也许这就是战争的滋味，只有硝烟、炮火，所有的美好都灰飞烟灭了……

吴：请先介绍一下自己，我们只知道你原来是《电影传奇》的编导。

杨：我没有受过什么很正统的电影教育。我初中毕业就去做了消防员。那时候，我爸妈各自有了家庭，我爸根本无心管理我们，就让我去了部队。15岁改户口去部队，当了差不多4年的消防员。我现在仍是消防用品的收集者，收集了很多兵人，还有消防车模型。20世纪80年代末90年代初，在四川美院学过一段绘画，跟旁听生的性质差不多……

吴：学什么？油画？

杨：对。因为从小就在画画、看书方面挺上进的。后来就没怎么画了，我去海口一家影视公司帮人撰稿，给企业拍宣传片。那时候，我对纪录片情有独钟。你们协会有一本杂志叫《世界电影》，当时曾发过一篇关于怀斯曼的文章，说他拍纪录片特别写实，拍什么就叫什么，比如拍医院就叫《医院》，拍动物园就叫《动物园》。我说咱也拍一个这样纯写实的东西，就劝我们公司的负责人，说应该做一部纪录片，他同意了，让我去找题材开始做。我去海南山里找了一个村，那个村叫初保，我拍的片子就叫《初保》。那个村特别难进去，器材都是山民出来接我们，给挑进去的，走路一天才到，特别闭塞的一个村，我拍了他们的一些生活。从那时开始，我对影像表达就有兴趣也有把握，我觉得我能做好。但当时对纪录片的认识还不是很足够。现在看起来，这部片子还是那种特别矫情，假装关怀人家，一种居高临下的态度，是猎奇的产物，不然我就不会跑到深山老林里拍那种东西。

吴：拍了这个纪录片就算进电视圈了。

杨：对，后来在新华社海南分社电视新闻中心做了一些新闻报道，还拍了一部叫《梦断南洋》的纪录片，在那工作到1999年就来北京了。当时《实话实说》在招编导，我去了，他们觉得我还行就留下了。

吴：做《电影传奇》是在这之后？

杨：那是2002年9月，小崔（崔永元）离开《实话实说》在昆明治他的抑郁症。他从昆明给我打电话，说你有没有兴趣做一个老电影的节目，我说当然有。此前，在《实话实说》当编导的时候，他就知道我看了很多电影，是个影迷。可以说，《电影传奇》从第一个概念开始我就在做，我们一块创办了这个节目，一直做完差不多100期节目，到2005年年底，我要拍《烽火》才离开。

吴：你对中国的老电影很有兴趣？

杨：小的时候，我爸放过电影。他是搞石油地质的，一个小知识分子，被批成“特嫌”后，因为会画画、唱歌，就被派到工会放电影。基本上每天都放一部电影，我每天都看电影。有一次，大概1975年，五六岁的时候，我感冒发烧，我爸拿个8毫米的小机子在家里给我放电影，我躺在床上看了一场投影在墙上的《春苗》。

吴：老电影对你做《烽火》是不是影响很大？

杨：对，我在《电影传奇》里导了差不多200场老片再现的戏，这给我掌控电影积累了一些心得。《烽火》一看就是用老电影的方法拍的，不像年轻人拍的东西，他们可能喜欢比较炫、酷的感觉，或拍自己的青春记忆。

吴：你怎么会想拍这样的题材？

杨：我曾经看过一本书，是一美国人写的。抗战期间，他替一家周刊在中国拍摄图片，有张图片是一个逃难的十三四岁的小姑娘，坐在敞篷的火车车厢里，穿着一件过大的军服，那个瞬间特别打动我。我一直在想，她为什么是这样？她为什么一个人坐在这样的车厢里？这之前发生了什么？之后又发生了什么？我从2003年开始写剧本，因为做《电影传奇》的缘故，常常是写两场戏就扔下了，到2005年写完，我就跟朋友聊。他们一直知道我有电影梦，每次吃饭都跟他们讲这个镜头要那么拍多好，都给他们讲烦了。后来，我的朋友们拿了一些钱，一起做了公司，花300多万元，25天拍了这个片子。刚开始写的故事跟最后拍出来的故事差别很大。原来的人物比现在多，比如有一个报社的经理办了一个叫《铭言报》的小报，杜景萱还有一个小姨妈，小姨妈跟薛又方还有故事……挺复杂的人物关系，后来我把它们都扔掉了。

吴：从制作角度考虑还是从艺术角度来考虑？

杨：应该是从艺术角度考虑。我受侯麦电影的影响挺大，他电影中的人物关系是通过很单纯的场景和很单纯的行动来建立的，我就想做这样一部电影。结果我越写，人物关系、人物动作变得越复杂，而复杂其实是我不喜欢的。后来，我用“删繁就简三秋树，领异标新二月花”这样的古语激励自己一番，把人物减少了，保留了最本质的状态——这个小姑娘爱上了一个人。我拍完后，有点后悔，我当时应该拍一场张涵予裸着上身，躺在床上，有阳光打在他身上，暖融融的调子。这情形被杜景萱看到，性的东西再多一点就好了。有时候一个小姑娘爱上一个成年人是没有任何理由的，特别无厘头。我采访过很多30多岁的女性，我问她们，在十三四岁性萌动的时候，她们喜欢上的人是谁。我一好朋友说，她喜欢她爸的同事，方法就是不断地跟他吵架。她爸爸是画家，同事也是画家，画连环画的。她故意毁他的稿子，有时候好几天就白画了，其实是她喜欢人家。

吴：我觉得，可能这部片子最有意思的地方就是感情处理的朦胧感，这种感觉更符合故事中女孩子的心理状态。她父母双亡，在家里既是母亲也是父亲，作为这样年龄的女孩子来说，她内心希望有一个坚强的男性支撑这个家庭，她渴望父爱，因为她嘴里没实话，所以你也不知道她说的是真的还是假的，可能是像她爸爸，她要在这个男人身上得到什么，你不太清楚，到影片最后也没有一个明确的答案。杜景萱的情感是复杂的，她自己也说不清楚。如果导演告诉观众，她是性萌动，等于给她的情感下了定义，下定义的片子通常不是好片子。而现在的处理，好就好在这样一种朦胧状态，观众和女孩一样，能感觉到什么，但又说不出来。有时候复杂的情感也是美好的。

杨：混乱、复杂、伤感、得不到、没有，这些反而是好的，是需要纪而念之的一种情感。我还拍了一场这个女孩子做梦的戏，她梦见病房里长满杂草，薛又方抱着她，他们俩在睡觉。拍得不大好，原来我打算放在片子里面做图解的段落，后来给删了。可能是我个性的原因，我特别倾向于知道100%，在电影里只说20%或30%，其余留给观众去思考。

吴：说白了就是宣传品，而且杜景萱也不是洛丽塔。

杨：或许你的判断是对的，不用太直白地表达性、表达情感，而是用更审慎的、更克制的方式。

吴：演杜景萱的小姑娘是哪里找的？她的表演状态不错，把一个爱撒谎的小女孩表现很自然。

杨：这个小女孩是我女朋友姐姐的孩子，她8岁就去了美国，14岁回来。父母很早就离婚了，我准备这部片子的时候她总是跟着我跑来跑去。她的个性特别像杜景萱，没实话，你也不知道她在想什么，特别拧，眼神特别犀利。其实小孩撒谎是很平常的事，我不知道为什么现在被文艺作品表现出来的小孩都是特好的那种。我小时候就是谎话连篇，出去上厕所都要撒谎。因为那时候我不知道怎么才能说出正确的话，特别像杜景萱这样的小孩，更是需要不断地用谎言来满足她自己，保护她自己。

吴：谎言给了她尊严。

杨：对。我问过很多成年女性，我说你们小时候有没有这样，她们说太有了，肯定是这样，只是那个时候她们没有意识到这种状态。我在写一个剧本叫《悲欣交集》，也有这样的情节，是我同学身上发生的事。我的一个同学就因为不让老师家访，就把他的家长给药死了。十二三、十三四岁的时候，孩子一点判断力都没有，他不知道做什么是对的，杜景萱就在这样一个状态里，她不知道做什么才能博得对方的好感。比如她把爸爸的领带毁了，做红头绳，希望他苏醒的时候能看到她漂亮的一面。但她又总跟他犯别扭，动不动就别扭起来，这种状态，我想这个年龄的孩子都有。最早我看了大概20多个演员，副导演每天都往办公室领小孩，但是那些小孩全都演过很多电影、电视剧，特别会表演，特别油，我觉得不对，我要找那种不是很漂亮但有特点有个性的小孩。后来，副导演说莎莎(杜景萱的扮演者)就行，我说莎莎不行。他说莎莎和你之间有很多的互动，她挺依赖你的，但她又要保护她自己的尊严。我没觉得那么明显，但他们全都说行。我想这孩子应该是穿着一件小呢子大衣里面是旗袍，戴着无指手套，围一条破围巾。后来按这个造型做了，拍了几张照片，我看了看觉得还行就定了。

吴：谎言在你看来并不是好事或者坏事这么简单，完全是孩子的心智问题，你要保持对这个女孩的中立态度。但秀兰这个人物的结局，等于你还是给这个谎言下了判断。谎言是残酷的，而且是致命的。

杨：其实，秀兰这个人物就是为了制造杜景萱撒谎的后果。我在想，我们要怎么判断杜景萱这个人物？你说她是一个可爱的孩子吗？或者她是一个可恨的孩子？不是，她既不可爱也不可恨，她是一个努力想维持自己的尊严和维护她情感的人，为了维护她的尊严和情感她可以不惜一切，就像维护她弟弟一样。这可能就是所有人性的本来面目，她可能不是很纯真、很高洁，可能也会有很复杂的一面。我有心想这样做，让这个人物并不是那么简单地可以判断她是好人还是坏人，可爱或者是不可爱。另外，我也想把每一个人都塑造成为相对复杂的人物，比如秀兰她老公是一个上战场打鬼子的人，但是也打她，所以她不想让他回来，希望他不如死了。薛又方老拿手里那张照片去骗人，他跟杜景萱说，那是他老婆；跟秀兰说，那是他妹妹。面对不同的人讲不一样的故事。

吴：当然，从另一个角度讲，秀兰的死给电影增加了一种残酷性，这种残酷既是人性的，也是历史性的。你为什么要选择这样一个战争年代来表现这样一种性格的女孩？

杨：我本来想写现代生活中的故事。但在很早的时候，我就想拍一部抗战的戏。在我最早写《烽火》的时候，没有这个小姑娘。我写了一场在稻田里打仗的戏。在湖南青翠的稻田里，薛又方和他的兵正在稻田里走，稻田特别漂亮，齐着小腿那么高，远处有雾，突然就打起来了。等这场仗打完，稻田已经没样了，变成一片泥泞，就剩薛又方一人抱着枪，坐在稻田里。可能是我自己身上有战争片的情节，我自己喜欢战争片，喜欢历史。刚好这种想法和抗战期间逃难的小孩有一定的联系，我就开始给她编故事，围绕她建立抗战时期小城里的故事。

吴：你主要还是想写战争？

杨：写战争对人的伤害。战争要伤害你，就像一辆车想伤害一只耗子，太容易了，把耗子轧死它都不知道。有很多人在战争中毫无意义地就消失了，就像这个小女孩。她像绝大多数在战争当中死去的平民一样，毫无意义地死掉了，其实就是鬼子一抬手的事。我之所以用一个说谎的、性格乖张的女孩来表现战争，是希望人们能看到，在女孩的谎言和春心萌动的背后，是颠沛流离和令人心酸的战争故事。

吴：在战争故事里，薛又方应该是主角。但是在现在的这片子里，薛又方退而其次，观众只知道他打过仗，受了伤，影片用了几场幻觉式的戏，来表现薛又方受伤后，他意识里的战斗经过、他对战争的心理感受。但这部分似乎越来越抽象，越来越意念，你是怎么考虑的？

杨：可能是我功力的问题，建立得不够好。如果建立得好，我想应该是这样，观众会发现这场仗越打人越少，后来就剩他自己了。他刚开始经历的是真实的战争，但后来他碰到的全是像鬼一样的日本兵，他甚至砍不了人，砍不着人了。这些都是用16毫米胶片拍的，我没有资金用CG做这块儿的画面，只能用跳剪，表达一种挺混乱的感觉。最后，他一个人在荒野里面逃，战争越打人越少。我想说，战争给人的影响挺大的，他被打得有点儿神经质了。有一次，张涵予问我：主人公为什么叫薛又方？我说：他有一个哥叫薛以方。他为什么叫薛以方？我说，子曰："君子可欺之以方。"他爸爸是一个有文化的人，所以给他哥哥命名为薛以方，有个弟弟所以就叫薛又方。我们俩讨论这个人，我说他是个大学生，有文化，所以气质里有忧郁、忧伤的东西。我看中张涵予的原因也是因为他眼神挺忧郁的，但是他本身又很粗犷，长得很男性，多年战争也使他变得挺急躁，沉不住气。

吴：为什么要这样写一个抗日军人？

杨：薛又方的状态有点像我爸，我爸当年也是青年学生，投身祖国建设，正干得轰轰烈烈的时候，被打成"特嫌"，然后几十年就被耽误掉了，虽然有才华、有能力，但身不由己，特别伤感。薛又方也是这样，大学生投笔从戎，一心为国，但个体又缺乏力量。他跟嬷嬷在教堂里那场戏，他抽烟嬷嬷不让抽，看似他在调侃嬷嬷，实际上，他是在嬷嬷那里找寄托，找姐姐、亲情的寄托。他挺孤独的，既不是大将军指挥若定，也不是乡下小兵被抓来打仗，只为吃粮。他有理想，但陷入战争后也挺困惑的，把握不住自己的命运，整个人偏向伤感的一面，特别在电影开始和结尾，那是同一天，抗争胜利后，他很迟钝，略带神经质，完全没有胜利的兴奋，他已经被战争给异化了。

吴：我理解你想表达的，他跟战争的关系其实跟他是不是军人关系不大，他只是战争当中一个人。

杨：对，他是战争当中一个人，也是战争受害者之一，他后来的状态很不好，抗战胜利了人们欢歌笑语，他却很郁闷很沉闷。作为一个敏感、脆弱的人，战争给他制造的阴影太大了，他需要花很长时间才可以平复。

吴：战争的幻觉给他醒来后的行为带来什么影响呢？现在看，好像没有太多影响，苏醒后就是他跟小女孩之间的事了，是小女孩的行为牵着他走。

杨：现在看没有影响。本来那场戏应该是动力，是提供他后面行为失常的一个动力，但是没有了，使得这场战争戏完全变成了状态和意向。

吴：变成了一种影像节奏的需要，没有给人物行为提供更丰富的心理依据。

杨：是，在节奏上起了作用，但是在结构上没有起到作用。这场戏在结构上的作用应该是对薛又方以后的行为提供动力和依据，但他醒来以后，一切似乎都变得挺正常。我没有很好地解决这个问题。那时候，我还是把事儿想简单了，或者说把事儿想复杂了。如果说想简单了，是说我想观众能够用他自己的想象填补很多的空白；想复杂了是说，我知道很多，我说出三分就足够了不能再多说了。并且，我当时急于看到结果，一个处女作导演最严重的问题就是急于想看到结果，急于想看到接在一起片子是什么样子，急于要很多在视觉上饱满有张力的东西。可能我在拍到第三或第五部电影的时候，我会很稳定地叙事，慢慢地渐入佳境。但在刚开始的时候，我想得不够清楚。我自己有一段时间反思得特别厉害，他们都说我得了产后忧郁症。我觉得这个电影不好，太糟糕了，我没有必要为我热爱的电影贡献这样一部烂电影，几乎是全盘否定。很多人劝我，说你不要想太多，你可能不是那种一鸣惊人型的人，不是那种在处女作中就展现才华的人，特别是选择了不大好表现年代的题材，有抗战又有洛丽塔情结，不是那么好地能把它们撮到一块。

吴：你最不满意的是哪儿？全盘否定我觉得可能有点太悲观。

杨：我觉得自己最不满足的就是细节，细节不足够丰富和有趣，人物塑造得太单一。杜景萱可能还有些笔墨，但薛又方就显得比较单薄。结构上也有不少的问题。如果现在让我重拍，我会慢慢经营这件事情，从两个方面甚至三个方面来慢慢写，然后汇在一起，让他们形成力量。另外，我没有很好地把握开场。我原来的开场还要长，薛又方第二次上战场又被打残了，他跟瘸子俩人在屋里有一段很长的对话，说的全是那种不着边的事，还要长还要闷。后来，被我剪短了。

吴：在你的片子里我看到很多好电影的影子。比如小男孩让我想起《美丽人生》，幻觉中的战争场面拍得特别像《拯救大兵瑞恩》……

杨：薛又方约秀兰上城墙上走走，是《小城之春》；薛又方提着大刀在雾里跑来跑去，是《蛛网宫堡》……其实也不是刻意去模仿《拯救大兵瑞恩》，只是我对那种拍法比较好奇，想试试看是怎么表达出来的，刚好我弄了一些气爆设备。演员和马都可以站在炸点上，没事。全是气体，下面添上土，炸起来效果逼真。我没有用汽油跟雷管来炸，这样爆破的场面更写实一些。因为真实的爆炸是没有那种小蘑菇云，爆炸就是一瞬间，速度极快一下就完了。在一个导演拍他的处女作的时候，脑子里都是他做影迷时，给他留下最深刻印象的电影场景，你会觉得像那样再来一遍是件很有快感的事。

吴：片中马的使用是不是也受了黑泽明的影响？

杨：我本人特别喜欢马，而黑泽明是我的最爱，黑泽明电影里的马特别多，拍得特别好。马冲入教堂那场戏是我演的，也是黑泽明电影里常用的马冲入城堡的感觉。我在指导群众演员演那场戏的时候，也用了那样的方法。我说，马冲进来后，你们必须矮着身子往后躲，不要背对镜头，而是面向镜头矮着身子往后甩。黑泽明电影里，马冲进来，武士全都是矮着身子躲，那种感觉是动静不大，但能感觉到气势压住了周围的人。那天看完《雨夜物语》，我在博客上写：完了，好电影都被拍完了，《雨夜物语》湖面上的雾拍得多好。

吴：片子中，草地里的雾是不是受了《雨夜物语》的影响？

杨：那是《蛛网宫堡》，三船敏郎骑着马在雾里迷路了，快到城堡但是又找不到路，在雾里反复地跑。

吴：你刚才说因为有《电影传奇》这段工作经历，你用了一些很老的方法拍这部电影，你指的这个老方法是什么？

杨：比如说剪接。除了有关战争的那些片断用了跳剪，那是20世纪90年代后才会用的剪接方法，剩下的全都是经典或者说传统的剪接方法，镜头不突出来，不对情节产生影响，只完成客观记录的任务。

吴：我发现你小全景用得比较多，很多年轻导演都不太愿意用。

杨：对，小全景是主要的景别。年轻导演会喜欢用广角和大远的镜头，运动镜头比较多，升降多，用斯坦尼康多。

吴：这是有意识的，还是因为制作条件的限制？

杨：完全因为我没有兴趣。我对升降镜头、大炮的兴趣很小。鲍德熹提高了用大炮的趣味，大炮能制造华丽的视觉效果，但是我不大喜欢。我看黑白电影看得多，看黑白电影、看老电影是我的嗜好。我觉得摇臂上的拍摄、大炮的拍摄、斯蔡的拍摄只是不成熟的一种表达，我是很坚定的，很坚定地要用传统的打光方法，用传统的拍摄方法，尽量不要用太花哨的方法。

吴：方法是传统的，但我想你肯定不希望自己的电影是传统、守旧的。你影片的闪光点在哪儿？

杨：在艺术判断上是有品位的。

吴：具体一点。

杨：比如它可以跟阿甘导演的电影拉开距离，它又可以跟贾樟柯导演的电影拉开距离。我希望找到一个既能让大家明白的方法来叙事，又能表达我对人、对历史或者是对事物的判断。比如对人的判断，我设置了一个说谎的小姑娘，她有着不同的生存方法，我不试图描写一个可爱的小姑娘。对历史的判断，我们很少写小人物在战争中的沉浮、飘荡的感觉。我们的战争片是以千军万马、飞机大炮为主。还有我对事物的看法，对青春萌动事物的看法。我一以贯之的想法就是，最美好是没有的、得不到的、消失了的、再也不可能重回的。薛又方最后碰到他想象中的杜景萱，默默地流下眼泪，心中的千言万语不知从何说起。

吴：结尾这场戏，你主观上是不是想让薛又方真的爱上这个小女孩了？

杨：薛又方不知道该说什么，几经离乱后，他侥幸生还，他不知道这个女孩子是不是还活着，他看到的不知道是不是真实的。当时，我跟张涵予说，就是万语千言一时不知从哪里说起的感觉，把这种情绪表达出来就对了。他爱上她，可能有过，但已经过去了。他想起来的，只是还有这样一个小姑娘曾经出现在他的生活里。

吴：小姑娘爱撒谎，薛又方其实也在撒谎。在那样的战争环境中，大家都各自在心里保留了一点做人的信念和尊严。影片结尾，这种美好的东西不再有了，也不再来了。这种对逝去美好的怅惘是不是跟你看老电影的感觉有关系。老电影看多了，总觉得过去的东西都是好的。

杨：可能吧。当战争结束，杜景萱已然死去，她刚刚苏醒的爱情也跟着她一起死去了。今年上海电影节，我不是没得亚洲新人奖吗？下来后，何平跟我说，你还是拍你自己的片子，别因为别人获了奖，就觉得那是榜样。我说，那不会，我也不是艺术片的料。他说，你还是拍你的，别忘了，中国电影是世界电影的小菜，永远成不了主菜。但是我就不明白，为什么那么多人就看不到这一点。不在自己的土地上耕耘，非得上人家那里收获。

吴：你对自己的后面有没有规划，希望自己在做什么类型的电影？

杨：在中国有贾樟柯、王小帅已经非常了不起了，不能再有太多的他们。要有更多的宁浩，更多的能够拍类型片的导演。他们不追求做大师，他们就是对类型片感兴趣，但又有强烈的个人风格在里面。当有了一切之后，我想电影会慢慢好的。所以，我希望我的电影都有类型片的倾向，好看。

吴：这部片子不好看，是不是你自己觉得遗憾的地方？

杨：因为它直接影响到我的制片方，我总得让人家有收益。

吴：制片公司不是你们几个朋友做的吗？

杨：对，几个朋友做的，但人家也是拿

出钱来的，我只是很小的一股。他们觉得没问题，我们都很喜欢这部电影就行了。但我觉得不可以，这不又变成了恶性循环，一个人找了一笔钱拍电影，然后默默无闻就消失掉了，这太糟糕了，我特不喜欢这种局面。我觉得首先还是解决故事，解决拍法，解决电影好看的问题。拿这个奖也好，拿那个奖也好，观众不买账又有什么意义？对咱们的电影又有什么好处？导演要能够在通俗性上下功夫，要能在讲故事能力上下功夫。导演能拍通俗的、让观众喜欢看的电影才是中国电影最需要做的事情。

盛志民：林中寻路

102／117

盛志民，1969年出生于北京，1992年毕业于北京广播电视大学电力学院。组织过摇滚乐队，在多部实验戏剧、电视剧中担任副导演。1997年以后开始参与电影制作，曾任贾樟柯的《站台》和陈果多部电影的制片，拍摄过一些MTV。2002年用数字BETA完成处女作、90分钟剧情长片《心·心》，影片入选柏林电影节青年论坛。2003年开始为电影编剧，2005年执导影片《浮生》，获瑞士洛迦诺国际电影节亚洲最佳电影NETPAC奖。

看盛志民的电影，你不会有特别“惊艳”的感觉。他的表达和美学都似曾相识。这会不会与他非电影科班出身，却又混迹片场多年有关？盛志民自称“愤青”，这可以有两种解释：一是他与出道时遇到的那帮人——孟京辉、张杨、贾樟柯、陈果……有着相投的脾气和秉性；二是在这样巨大的影响中，他焦虑地寻找着自己。2002年，也就是出道大约十年之后，他拍摄了自己的处女作《心·心》，一个发生在新世纪第一个春节里两个少女的故事……

盛：现在还有差不多那个年龄的小孩儿在网上评论《心·心》。2002年拍的时候，那两个演员差不多十八九岁，现在都已经进入社会了。演"心心"的女孩儿和一个有钱的富家子弟结了婚，现在在加拿大；演婷婷的演员已经失去了联系，我也不知道她现在在哪儿。2002年见到她们的时候，真是把我吓坏了。那时候刚拍完《站台》，之前差不多在山西呆了一年，基本上没怎么在城市里生活。回到北京，晚上出去玩儿，看见这帮小孩儿，第一感觉就是，哪来一帮小动物。一帮人都"浑不吝"，跟他们在一起，挺受刺激的。

吴：他们的感情生活、人际关系和你熟悉、你想象中的年轻人完全不一样。

盛：他们算是80后的第一批孩子吧。他们的成长过程跟我们太不一样了。我们这一辈人大多都有兄弟姐妹，而他们都是独生子女。他们的心事跟父母没法谈，跟老师没法谈，而当时正是BBS，QQ这些网络聊天最火的时候，他们的人际关系，与人交流的方式全部都在网络上，他们似乎只能在同年龄的这帮小孩中寻找情感的出路。他们不相信感情能够长久下去。很多小孩都不知道他们将要干什么，到现在他们还是不知道，他们真的没有未来。

吴：你和他们可以沟通吗？由于年龄上的差距，你觉得你能理解他们的生活吗？

盛：不行，我其实已经尽力进入他们的生活，我把我的房子借给他们住，但我没法很了解他们的生活。通过他们我看到了整个中国社会环境的变化。他们的行为、他们的情感、他们的一切，表明这个社会真正的变化，而这些在之前是全部没有的。在拍《心·心》的时候，我也没有加更多的判断在里面。或者说我没法判断，没法给出他们的未来，没法和他们真正的交流起来。他们这批人别说社会责任感，就是普通的责任感他们都不具备。你再怎么进入也进入不了，除非你用大人的方式进入他们的生活。你说你自己的想法而不是他们的想法。

吴：80后的孩子接受的教育与我们或者更长一辈的人不一样，我们的教育更多是来自学校、来自电视。而他们的教育来自网络、来自游戏、来自更加复杂或者说更加丰富的社会内容。

盛：对，我当时一个突出的感受，就是他们比我们勇敢。我一直在想，他们勇敢的力量到底出自什么地方。可能是来自今天变化的社会环境。他们也许只能用极端的方式来对付今天这样一个极端的社会环境，其实这是他们无法选择的事情。

吴：所以心心想出和她男朋友爸爸上床的方式报复她的男朋友。

盛：这是一个真实的事儿，还真不是编的。在我访问的女孩儿当中有人这么做过。她当时做这个事情太简单了，没有任何的想法。我就问她："你觉得这样做别扭吗？"她说："有什么别扭的，做了就做了，无所谓。"她说："我至少和那个男孩儿有关系了。"我听了都吓一跳。

吴：那个男孩儿的爸爸更成问题。

盛：是，实际上，在今天的社会，所有人都丧失了做事的准则。这成了很自然的事情，没有约束，没有惩罚。这戏拍完，我其实挺怕演心心那个演员的妈妈看到，后来好像还是看了，看了之后挺伤心的。

吴：在《心·心》这部片子里，你实际上没有完全深入城市女孩儿心心的生活，而是用平行的结构同时进入了另一个来自农村的女孩的生活。显然，你并不是完全要呈现一个80后城市女孩儿的生活，还有其他的企图在你的作品中。

盛：其实最早是另外一个剧本，讲的是三个女孩儿的故事，一个是心心，一个是农村来的平面模特，一个是混黑社会的女人，比前两个岁数都大一些。三个女孩儿在夜店中走到一起，三个人的生活交织在故事里。但这个剧本的制作太复杂，以当时我的能力和资金是无法完成的。后来就只保留了心心这个角色。婷婷这个角色是一个朋友和我说了声讯电话台的事情，我打过，当时声讯电话这个事情对我还是有一定的冲击，觉得电话在这个事情中的角色特别有意思。电话、网络还有见网友。于是我就想通过电话、网络来结构两个小女孩儿之间的关系。相对来说，婷婷这部分内容相对好写，因为她的生活很简单，就是出来挣钱，反正电话里看不到人，随便在里面乱叫乱喊都可以。在聊剧本的时候，最早还谈过关于阶级的问题。两个同年龄女孩儿，心心面临的是生命问题；婷婷面临的是生存问题。同一时代的两拨小孩之间开始出现这样的差距。这样两个人之间会产生什么样的关系？这对我来说是一个有意思的问题。但当时我自己也想不清楚，今天的社会是否又重新出现阶级的问题，反正就把它放在那儿。等到拍《浮生》的时候，我才越来越清楚这个层面的问题。实际上，她们的前途是一样的，不论你是回老家还是出国，都不知道自己真正的生活在哪儿，都没有自己的未来。

吴：这是她们的感受还是你的判断？

盛：可能更是我的判断。

吴：网络和电话仅仅是穿插吗？

盛：是一种沟通的关系，是一种寻找慰藉的方法。网络是这个电影我没有拍好的地方。在网上她们是真的关心对方，心心会把自己的故事告诉婷婷。两个人在网络上的交流是一种很感伤的关系，也是让我最难受的地方。这些孩子真正的内心需要你可以在网络上看到。但这只是在网络中，在现实生活中，心心和婷婷是完全不会交往的，就像片子结尾的镜头一样，她们完全是两个世界的女孩儿。

吴："心心"这个人物很独特的，可能让人不舒服，不接受，但确实能感觉到人

物本身的力量感。但婷婷这个人物却让你这部电影有一种似曾相识的感觉。她与心心之间的联系似乎并没有传递出更多的信息，她们还都停留在各自的故事中，联系仅仅成为一种把两个人物放在一个故事中的电影结构。有些事情好像想表达却没有说清楚。比如，性在她们各自生活中的角色。

盛：这是我在创作中遇到的一个很大的问题。心心这条线我确实做了大量的准备工作，而对婷婷的理解那时候相对比较表面，以为这样就够了，但拍完之后发现这是一个问题，但当时这就是我的认识。

吴：为什么你不只拍“心心”这一个女孩儿呢？

盛：一方面拍的素材不够。另一方面，说实话，当时有点受贾樟柯的影响。希望这个故事更丰富一点，希望呈现中国不同层面人的生存状态。贾樟柯有一句话说，在大城市里的人的生活并不代表中国人的生活。现在看来，片子表现得有点简单了，婷婷不像心心那么鲜活。我当时无法给她们的生活以准确的判断，不能多说什么。其实要狠一点，做一个人也就够了。当然，从形式感上说，我也是想找一种反差。心心这边可能更跳跃一些，更开阔一些，而婷婷这边可能更安静一些，更封闭一些。现在看来，当时想太多了，第一感觉其实是冲着心心去的。

吴：你和贾樟柯、陈果的合作对你的影响是什么？

盛：我觉得是对电影的态度。我和陈果认识的时候，我刚拍完《爱情麻辣烫》，当时罗异就跟我说，二三百万已经是很小的电影投资了。可是和陈果接触以后，我发现几个人拿着机器上街也可以拍一部电影。陈果的《香港制造》才70万，也是一部好电影。

吴：你觉得自己是所谓第六代的一员吗？

盛：不管别人怎么看，我把自己放在第六代的堆儿里了。第六代之后的人是不会再拍贾樟柯、路学长、王兵那样的电影了。这些人有自己的思想，并且不会轻易从里面走出去。我喜欢这些作品，他们还是有价值的。这种价值简单说就是责任感，不是为电影而电影，一定是有表达的。而且他们的态度都很悲观。这对电影工业来讲未必是好事。

盛志民用20万完成了他的第一部作品。所有那些他曾经帮忙去实现的思想与影像，开始和他自己的表达发生关系，于是自己的生活也进入了电影……

盛：记得几年前，母亲已经去世有几年了，父亲决定为她选一块墓地。那天我开着车几乎转遍了北京北面山里所有的陵园，父亲还是没有选中一块。天色已晚，我和父亲在长城附近看最后一块墓地的时候，父亲仔细询问推销人员关于墓地的尺寸大小，他总不相信工作人员的甜言蜜语，最终他从包里拿出一盒卷尺，钻进墓穴自己测量起来。父亲转回头告诉我他就想买一块大点的墓地，将来我们一家可以还在一起。那时，我看到父亲老了，离死亡很近，我想应该拍个从年轻到老去的电影，有关生命，有关青春，有关人性。

吴：《浮生》中建军陪父亲挑选墓地的情节是你的亲身经历？

盛：情感吧，情感是真实的。在那一刻我才发现我对我爸根本不了解，他的一生是什么样？他跟我母亲之间的爱情，他和他母亲之间的关系我都不知道。"文革"的时候，我奶奶作为地主家属被遣回原籍，我爸把我奶奶送回去之后，我奶奶就自杀了。我无法进入他的世界，他也无法进入我的世界。我做这行这么久，他真的不知道我在干什么。这样一种父子关系怎么沟通？当然这只是创作冲动中的一部分，后来我们又加入了对社会的一些理解，慢慢发展成这样。后来我请我父亲来看完成片，看完之后我很想听他说点什么，可他什么也没说，到现在我都不知道，他从里面有没有看到一个儿子想对父亲说的话。我不知道，也不敢问。原来这部影片的名字叫《欢喜》，后来电影局让改成现在这个名字——《浮生》。欢喜的意思是，比高兴再往深里走的一种精神层面上的满足。影片里老中青三个人物为了自己内心需要的东西所付出努力而得到了那一点点欢喜。

吴：与《心·心》相比，《浮生》的叙事方式比较特别。《心·心》还是很传统，而《浮生》则有个开放性的故事，没有主角的故事。所有人物没有表现的前史都是故事重要的部分。我们经常说，表现生活的毛边，表现生活的横断面，《浮生》给人这种感觉。整个故事看似有头有尾，实际上很多重要的事情在电影开始之前就已经发生了。

盛：《浮生》的故事是从建军妈妈当年走的那一刻开始的。她的出走导致了后面所有事情的发生。我们在做这个剧本的时候，野心稍微大了一点，当时想写出中国20年的改革开放史。妈妈的离开应该是在20世纪80年代中，中国开始改革开放，所有人都开始了新生活。妈妈这个人物也不例外。当新生活来临的时候，她毅然决然地甩开家庭，去寻找自己的生活。20年后，当自己的骨灰被寄回来的时候，这20年又是怎么样的一种变化呢？他们当初的希望是存在还是破灭了？这是我们想说的一种东西。

吴：可能你们的野心大了点，影片的人物关系和情节似乎无法完全承载这样的一种理念。电影给观众的影像信息，更多还是现在时的生活。大部分观众从现在影片的影像信息中无法体认你们要对改革开放20年所做的思考。

盛：在写剧本的时候，这个是应该清楚的。观众不一定都清楚，但建构人物的时候这些是需要的。不同年龄的人物，他们的经历带给他们不同的行为方式和看待问题的角度。

吴：从传统叙事的角度来看，这部影片故事里的人物都相对单薄。每个主人公有情节的重场戏也就一两场，大部分几近于过场戏。写剧本的时候，你们是怎么营造这样一种感觉的？

盛：最早很简单，就是围绕钱来结构。爸爸需要钱买墓地，儿子需要钱给老婆治病而不能还爸爸的钱；小孩抢了继父的钱去帮自己喜欢的女孩。后来觉得钱这个事情没意思，我们还是想说他们这些人物的前史和现在生活的关系。每个人在自己的生活中都要做出努力和牺牲。心灵的东西比钱重要。这部影片有两个镜头被剪掉我很遗憾，一是建军的继母去跟前夫要钱，她想把钱还给现在的丈夫老李。结果前夫喝醉酒把老太太推倒，两人在江边口角。如果有这个镜头，影片中有很多交代可能就可以去掉。另一个是赵雷和钱雪拿着抢来的钱在小镇上开了一个发廊，来了一个游客，说你们这有什么服务啊？赵雷说，什么都有。我想表现两人完全变成了另外一种状态。

吴：青年导演愿意通过自己作品里的年轻人传递一种残酷的东西。比如，你两部戏里的年轻人总是打架。再比如，《浮生》中那个小孩摔死的情节。一定

要有这些才能给故事带来力量感和残酷感？你想要的效果是什么？

盛：呵呵，小时候打架打得太少了，所以在电影里多打点。年轻人是我们一直要拍下去的对象，至少我下面的几部作品里还都有年轻人。小孩摔死这个事件我觉得会让赵雷有变化。对他来说，他不知道生活会因为什么而发生变化，但他觉得自己应该做另外一件事情。我们想让他做一件他自己认为有意义的事情，这个事情是什么？那个孩子的死让这群孩子四散分离，他喜欢的女孩儿也走了，这样一种变化是可能使他产生变化的。从编剧的角度来说，这个情节把这个人物转向了另一种发展。他对他从前的生活有了一个重新的认识。当然这个情节拍出来也很好看，也需要一个让他看到的有力量的事件发生。在缆车里那场戏很重要，他抱着狗说，你怕不怕，紧接着他就把锁钱的箱子给砸了。拿钱这事儿是这个孩子做的一件对他有意义的事儿。之前，赵雷这个人物，是个在家很老实而在外面什么事儿都可以干的。这一次他彻底要做回自己，连一直维护他的母亲的感受都可以不顾，把那层窗户纸给捅开了。有一场戏是一家人吃饭，然后慢慢一个人一个人离开，我就是想说明这个家庭到底是怎么样一种维系的关系。

吴：《浮生》一家人的问题在于无性，或者说是一个没有亲密关系的家庭。这对西方观众来说，也许他们会很好奇。其实在《心·心》中，性也是一个很重要的表意载体。

盛：在中国家庭中，性绝对不是一个最重要的事情。《心·心》里的那些小孩告诉了我，性本身没有太重要的价值。在《心·心》中，性反而变得特纯洁。心心把自己的身体送给那个男孩儿，就像是送给他一块糖，很单纯，没有什么公用性。性对于建军来说，也不重要，它只是用来平衡他们夫妻之间的关系。我给美工提的要求就是，一定要让建军的家有一种舒适感，建军是这样的一个人，从头到尾就一个态度：要维护住这个家庭的稳定。我开始想找一个比王兰再胖一点的人演小红这个角色。建军是想找一种安全感，两人实际上并不在一个世界中。影片开始，建军去看佛像，想寻求一种内心的安宁，而小红却觉得这有什么可看的。对小红来讲，性是不敢要求的。我没有专门去想性的问题，还是在建构人物关系。

吴：性有没有价值，可以再讨论。不过在影片中，你安排了三个具有性意味的不速之客进入了建军的生活，一个是张师傅，一个是学校时期的恋人小娟，一个是舞会上遇到的下岗女工。他们对建军的生活有着不同的意义和机会。

盛：实际上我要告诉观众，建军永远活在他过去的生活阴影中，他心里永远有一个解不开的疙瘩。当下岗女工投怀送抱时，建军问她的那个问题也是表明这一点。这场戏我希望给观众一个明确的结论，他从东北回来以后，他的问题能得到解决吗？显然没有。很多人都问过我关于影片结尾的问题，包括外国人，说是不是在什么压力下才用这个光明的结尾，我说不是，我觉得这个故事应该是这样，夫妻俩应该有这么一刻。

吴：建军和小红这样一对夫妻也应该有过幸福的时刻，也许是在从前，也许在天堂。当然对这样一部追求客观与平静的电影来说，结尾好像稍微矫情了一些。

盛：无所谓。剧本的结尾就是读完信就完了，一个正常的结尾。但剪了多少遍以后，觉得这样太正常了，把现在这段放上去之后，我和剪辑师都挺难受的。

吴：你这两部影片在时空结构上都有你自己一贯的风格。比如对于景深关系的处理，比如静止的长镜头。

盛：拍《心·心》的时候，是特别要这么拍，长镜头、固定镜头、镜头内前后景的调度，包括色彩的运用，心心的部分比较冷，婷婷的部分比较暖，等等，以一种特冷静的旁观视点来拍。到了《浮生》，其实我在刻意地改掉这些。我主动地想提高这部影片的观赏性。包括节奏，全部剪快了。原来的版本两个多小时，后来陈果来看说，不能这么干，应该快起来。但《浮生》对景的运用比原来更成熟。

吴：我不知道普通观众看了之后会不会觉得你这部影片有观赏性，但以一个专业的眼光看，《浮生》不是一个追求观赏性的拍法。大量的全景镜头，固定镜头，而且后景的信息量很多，一般观众是不会注意这些的。

盛：当然，整体来说我还是要呈现一种客观的状态。但是《浮生》比《心·心》近景多多了。说实话，我不想再像拍《心·心》那么拍了，《心·心》更个人化。在拍《浮生》的时候，我要求摄影构图要正常，要好看。让画面上显得有制作感一些。从我个人来说，我还是想以后做职业导演。因此风格化不想太强烈，形式上不能太刻意。《心·心》有点刻意，一定要摆那么远，一定要人物走五分钟进来，再走出去。现在我觉得这些都不重要。我现在就是要拍正常的电影。其实我一直是在电影工业体制中的导演，以前跟张杨、贾樟柯、陈果，一直都是在片场中走过来的，我要用一个职业导演的态度面对自己的工作。

当然，剧本上的很多东西我是要坚持的，但在形式上现在想的不是很多，就是要正常地拍。

吴：一直以来，评论界对于年轻导演的价值判断多集中在他们作品的题材和美学风格，比如说边缘人物、底层人物，比如说纪实风格等等，很少去讨论他们作品的观赏性或说大众性。你觉得你两部作品的价值观是什么？

盛：内心真实感。我拍的东西都是我内心中想要表达的东西。

吴：真实只是真诚的愿望吗？

盛：当然还要还原生活的真实，不想刻意地疏离，也不想刻意地贴近。当我死的时候，人家看到我拍的电影，知道今天我们是怎么生活的，并且有一种真实感，这就够了。具体说，在今天这个时代，有这么一部电影叫《浮生》，它记录了今天我们的现实生活，像个文献式的，就够了。

吴：这和你做职业导演的目标冲突吗？

盛：不冲突。我所说的职业导演并不是说要做一个卖钱的导演。而是一个认真严肃、技术上很成熟的导演，而且我把拍电影当成我的职业一直进行下去。我要对得起给钱的老板。我不敢多要，300万，500万，都不敢，因为我只值这么多钱，我只能拍200万左右的戏。我要根据这些钱来设计我的题材、拍摄条件，所有一切都要按着预算走。最后影片的市场是能够把这些资金收回的，这也符合市场规律。作为一个年轻导演，应该想尽办法去适应环境，包括市场环境、审查环境。

吴：你电影的观众是谁？

盛：我觉得没有观众。以目前的情况来看没有观众，上不上院线我也无所谓，只要将来能通过DVD看到我的影片，感受到我的追求就够了。今天谁会去电影院看这么一部让自己难受的电影，大家没有这样的需求。只要亲近这样电影的人能够看到这样的电影就可以了。这部戏拍完我什么宣传都没做，我不太愿意去说。而且获奖对发行的帮助表面上看有，实际上还是挺难的。这样的影片针对的主要是法国市场、欧洲市场、日本市场。出来一个新导演，他觉得不错，但你没有那么大的话题性，没有事前的市场培育，在可买可不买之间，大多会选择不买，以降低风险。《浮生》这样的题材不新鲜，很多人拍过类似的片子，比如《孔雀》。但对我来说，这个题材的故事好操作，比我当时另外一个要拍的片子《林中路》好操作。我知道这样的故事也就是让人看到你对电影制作的控制能力。市场需要话题性，西方市场更需要话题性，或者你的制作经费里有他们的钱。这是很现实的事情。从我来说，可能我的电影市场还要靠海外，我要拍的题材我觉得都是今天中国观众不需要的东西，他们能从我的电影中看到什么呢？最普通的观众看电影是需要放松，他不需要那么累。而且这样的电影我也没有看到市场成功的例子。可能当我们的社会慢慢稳定之后，人们对这样的电影有需求，他们也就有市场了。

吴：你比较舒服的表达方式是什么？

盛：第一要有话要说，真的有话要说；第二是要有想象力。现在电影的想象力越来越少。

吴：具体来说，什么是电影的想象力？

盛：是题材和故事的想象力。我不是一个对影像很在行的导演，这点陈果骂了我很多次。他跟我说过，影像的力量有时候大于叙事。我做了大量的剧本，所以我所说的想象力，更多是剧作上的想象力。《浮生》开始解决影像的问题，但我对影像的控制并没有达到游刃有余的地步，实际操作的经验还是不足，还没有自己的所谓影像风格。我下面的作品要着重在影像上解决问题。

吴：下一部计划是什么？

盛：《林中路》，一个在森林里和草原上发生的故事，继续有关生命、有关青春、有关人性。

盛志民愿意亲近悲观的人，因为这些人想办法解决自己的一些问题时，哪怕是一点点，也是需要大勇气。而行动后，他们的心灵会得到些许安慰，内心会产生小小的欢喜。身边的人也会被感动，得到勇气。世界可能依然不会好，而关心自己心灵的人却会超脱悲苦。在当下的现实中，那些心有所动的人都是值得书写与尊重的。盛志民真正做回自己也许就在下一部……

蔡尚君：生命的激烈与冷静

118 / 133

蔡尚君，1992年毕业于中央戏剧学院戏剧文学系，主要从事编剧工作，作品有1997年的《爱情麻辣烫》及1999年的《洗澡》等。2006年，他执导了自己的电影处女作《红色康拜因》，并在2007年凭借此片擒获第48届塞萨洛尼基电影节最佳影片金亚历山大奖，同年还在釜山国际电影节夺得国际影评人协会大奖。2011年由其执导的《人山人海》获得第68届威尼斯电影节的最佳导演银狮奖。

每当麦子变成金黄色的时候，
成千上万的"麦客"就如同候鸟，
他们奔走千里，
收麦为生，迁徙于中国的大地上。
一个50岁的父亲，
抛妻弃子，
进城谋生，
一个17岁的儿子，
独自成长，
命若荒草。
在这个夏季，父亲还乡，决定带着儿子开着收割机，一起上路。
这是收获之路，也是命运之旅......

蔡：片子看了吧？是不是有点儿糙？

吴：还行。那几块麦地哪儿找的？

蔡：甘肃。咱们北京这边的麦子6月份就开镰了。山东、河北都差不多，7月份就没了。现在都是机械化，一出就是几十万台，跨省作业，两个礼拜麦子就没了。当时还挺急的，人家说你再不来，麦子就掉了。本来还说等今年拍，我想跨几个省拍，但经费太高了，没有这样的预算。现在你看到的这块地是专门留给我们的，那块地很贵而且是一个新品种，麦子粒特别大，特别饱满，在现场我们吃了很多，很好吃。

吴：在那儿拍了多长时间？花了多少钱？

蔡：去年8月份拍的，40天，大概300万元。

吴：当初怎么会想讲一个收麦子的故事？这好像和青年导演的城市生活经验差别很大。

蔡：我最早是看了胡武功的一些照片，他是摄影家，陕西人，拍了很多麦客，拍得很好，都是纪实的报道。底层有很多这样的摄影师，他算是代表人物了。其中有一张女麦客的黑白照片让我非常感动。那是西北的一个妇女，40多岁，穿一件白衬衣，拿把镰刀站在那儿，基本是一人像，谈不上沧桑，就是风吹日晒、长得很板的一个人。她后面都是男麦客，但是她和男的是一样的劲儿，这个让我挺感动，觉得这背后肯定会有很多事情。影片中有一场戏，就是这样一个女人，她就穿一件大背心，里面什么都没穿，干完活全身都湿透了，躲在麦垛后面把背心调个个儿穿，一会儿，后面晒干了，前面又湿了，再倒个个儿。我当时设计有这么一场戏，觉得很好，但动员半天不行，演员就是做不到，只能大概意思套一下，里面还有衣服，她只能做到这样了。我当时设想，这样一个女人在这么多男性干活的背景下，是很可爱、很朴实、很感动、很温暖的，但现在这点儿意思没出来。我后来想，当初不如更狠点，都用非职业演员，那就更好了。现在的这些东西跟当地人都是隔着的，这是致命伤，是根儿上的问题，真是假，我看着都假，状态不对。后来，我又看了一些关于麦客的报道，以前我也看过很多这方面的资料，但故事纯粹是编出来的，没有原型，只是收割机是现在的，以前的麦客都是手镰。我从小就迷恋收割机这个东西，它有一种形式感。当时我想写一队人在一个月内，一段路上，像候鸟一样迁徙，哪儿麦子黄了就奔哪儿去收麦子，然后回家。从形式感上，这样特别好，后来才慢慢确定了人物的设置。当时想的就是收麦子一件事。

吴：父子关系是怎么进入故事的？这个关系让我感觉到了熟悉的城市青年知识分子式的底层关怀。

蔡：刚才说的那个故事后来想想就搁在那儿了。我有时候想一个挺好的故事，想个头就搁那儿，如果忘了就没有什么价值，就算了；如果没忘，这个东西有时候还能想起来，就还值得做，但怎么挖还要下功夫。当时想写四个老哥们儿，一路收麦子，其中一个哥们儿要死了，另外三个人说，我们跟着你，最后送你一程，陪你割把麦子。后来没法弄这个故事。

吴：所以故事不太可信。

蔡：对，所以就写实实在在的，一家人的事，可能更紧凑一点，更单纯。以前我也接触过类似的故事，探讨过类似的问题。《洗澡》我参与了，但每个导演毕竟有自己的喜爱，作为一个参与创作者，可能有很多遗憾，可能不是你自己最感兴趣的。做这部影片的时候，我就确定一个父亲和一个儿子在路上，一个月里他们可能面对什么样的问题，基本上就是这么想的。

吴：影片一开始儿子和父亲之间就有很深的积怨，儿子甚至想杀死父亲。但是影片并没有给出充分的心理依据和叙事交代。这种弑父的开局是不是你的一种主观情绪流露。

蔡：你是不是说这个矛盾点太刻意了？其实，现在的故事都是后想的，而前史故事编了很长时间，后来都没要。我觉得那样拍出来故事太长了，就舍弃了。为什么从去年7月份延期到8月下旬？这一个月我一直在琢磨剧本。原来我把父亲在城里的很多戏都编出来了，但始终没有找到一个很好的结构方法。我不太喜欢闪回的方式，一闪就要解释半天。当时，我动了很多脑筋，想了半天结构，后来觉得其实都是小花招，不如拍一个干净的故事。但确实有一个问题，前史中父子的关系怎么交代清楚，因为观众没有看到这个老头跟他的儿子和家庭到底发生了什么。光靠台词说，观众没有感同身受的共同经历。当时给别人看，他们也提过这个问题，可能说得不是很清楚，没有把动机充分地说出来。

吴：这样一来，影片上倒是形成了一个非常有意思的结构。父亲在城里的戏虽然没有画面交代，但影片后半部儿子在城里的生活却可以让我们感觉到父亲当年

的生存状态，儿子现在做的那些事，其实就是父亲当年的生活，儿子不会比老子强多少。

蔡：就是这个意思。

吴：每个人前史的故事其实比戏里面的故事好。

蔡：原来有很多，但是小马拉大车，拉不动。我们在现场也开过会，都让我舍了吧，就把主线故事拍出来，不然根本拍不完。2000年我做过一次导演，中间出了一些纰漏，结果停了。一窝就是好多年，这口气缓了很长时间。当时制片主任就说你不能再出事了，再出事你就没机会了，你必须把这个主线拍完，如果时间超了，没钱给你，超支也不会再给你一分钱，我们到现在稿费都没拿，先放在那儿了。原来设想是写在中国农村大地上，劳动人民不同的、朴实的生活状态，来来去去，进进出出，一路上展示这个画卷。但太大了，真得跨省慢慢拍，花钱去做，现在是小马拉大车，就舍了很多东西，没有办法。当时想的名字叫《烈日灼身》，人被烈日伤到，把你灼了一下，就是这个劲儿，但这个词人家用过了。片子的颜色是浓烈的。我原来不想拍得很漂亮，不要求很唯美，但那个地方没有别的参照物，都是麦子的颜色，土地是黄色的，天是蓝的，树是绿的，没有别的颜色。我想把阳光拍得浓烈一点，拍点太阳炽热下，人无处遮藏的劲儿，敞开了拍，坦荡点。

吴：你觉得最大的遗憾是钱不够吗？

蔡：我觉得不是，最大的问题永远是你自己。我觉得剧本还应该再琢磨，包括每一个转折点，就像你刚才提到的。剧本到底是根基，影片后半部分缺少转折，父子两人的关系没有了。

吴：你对中国农民状态的认识是什么？尤其是那些进城打工的农民。

蔡：我问过很多人，有些人还有亲情观念，会寄点钱回家。还有一些人经过很多年都麻木了，家庭的亲情关系已经让位于生存了，生存压力太大了。他对家庭的一点点责任，能逃避一定逃避。觉得这是天性，人在困难的时候能躲一定躲，我绝对不去担责任。很多农民离开土地后就不是农民了，但也不是城里人，农民工生活在城市的夹缝中，像小蟑螂一样，哪儿黑，往哪儿扎堆，能活就活着。其实，我想的更多的是伤害和责任的问题。伤害可能来源于今天这样一个转型的社会，农民涌入城市，身份的丧失，这些人群面对快速城市化的过程，他们所承受的压力，没办法，这代人就得牺牲，就是这么一个宿命而已。他们受到的伤害，可能无形中通过社会最基本的单位——家庭，传递给家人。

吴：父子之间的冲突和谅解都来自这样一种现实，他们既相互伤害又相互依靠。

蔡：我觉得谈不到根本认识上的谅解，儿子不会有深刻的认识，他只是明白了一些原因而已。明白生存的艰难了，可能那种仇恨的东西淡化了一下，但你说这个东西一定不恨，或者完全放弃，这在后面他才能明白，在路上他不会明白。在路上我们只表现一些真正的生活，这时候你是靠手吃饭挣钱的，你没有什么别的可说的，没有这个东西就生活不下去。我觉得生存盖过一切，他知道生活的艰辛之后，进到城里后是真正的变化。那个时候他知道他父亲也不容易，经过那次打以后，他可能知道了一些淡淡的东西。其实冲突最强烈的时候，是感情最近的时候，是情感最能够交融的时候。等他从城里回来，经历了一些事情，在设计上，我没有展现父亲在城里的生活，我想通过几个镜头，让观众看到儿子是在什么样的地方去找钱、去借钱，无非就是工厂、打工的地方、建筑工地等。你能想象到他们的命运差不太多。就像一个轮回，儿子走了父亲一样的道路。最开始我有一个矛盾，编的时候从儿子的角度编了很多戏，后来我说这不行，主角决不是儿子，一定是父亲。也决不只是像外面评论的那样，是父子关系，其实我们没想谈更多父子关系的事儿。我本意就是讲一个50岁的农民，一个老父亲的故事。中间重要的部分可能是由父子关系展开的，但支点一定是父亲这样身份的人回到家乡，他面临的生活压力，他的一些小希望，一些小的隐秘的目的，不管是基于什么目的，他想再婚也好，他想解决儿子的问题也好，由于他自身有限的道德觉醒，他最终放弃了婚姻，选择了儿子，但儿子又背弃他而走，一定是这么一个故事。

吴：儿子回家要钱这段戏是影片中最有意味的地方，看了以后，有种五味杂陈的感觉。

蔡：其实这个结尾早就想好了，必须是这样的。前面说了，影片里没有父亲之前在城里的任何一个镜头，而是通过儿子的几个镜头，让观众知道农民工在城里的生活可能性。父亲五年未回，儿子两年就必须回家找父亲解决问题。儿子面临的情况一定是经济困难，没招了，我跟我爹一样，也拿着点小恩小惠回家。原来拍了两场戏，晚上睡觉，各自在屋里。有一场戏，爸爸在抽烟，他明白儿子肯定是出事了，不然不会这么好心突然间回来看他一眼，当年那么恨，白恨了？后来我都删掉了，两个屋里的戏都没了。其实我个人喜欢拔萝卜那场戏，那个场面让我温暖，让我想起了我的父亲。我上大学的时候，父母去了国外。好几年没见他们，有一年回来，我去机场接他们，我觉得父亲真是老了，从面容，从状态。突然之间我特别难受，印象中那个一手能拿一个煤气罐上五楼的父亲不在那儿了。他开始听你的了，那个时候我挺难受的。片子里，父亲为儿子做顿饭，拔个萝卜，他明白儿子挺难的。第二天早晨，儿子没招了，没处借钱还这个债，他只能拿他爸的了。父亲明白儿子肯定有事情，但谁也没挑明到底出了什么事，可父亲没想到儿子一早就来了，单刀直入。出于父亲对儿子的爱，他还是给儿子上了一课。父亲告诉儿子，外面世界的生活是很残酷的，城里缺钱的时候多着呢，你都拿走吧，你这么心软的人是活不下去的，你得心硬点。作为父亲，在生活上教给儿子的就是这么一句话：心硬点，别管我，你才能活好。但儿子真把钱拿走的那一瞬，父亲多少还是挺难受的，一个孤独的、苍老的父亲在晨光中，看着儿子上路走了。儿子在麦地里一愣神，恍惚间好像还在收麦子，他拔根麦子吃。这里的表演状态有点不太对，不应该思考，只是愣了一下神而已，现在演员眼睛有点思考了，这就不对了。他拔这根麦子是一个美好的愿望，也许他这次进城，可能会往好的方向走，不知道。愣了这样一下后肯定是进城的，他绝对不会回头的。这次也许是一个开端，但是积累到什么程度他会有一个好的未来呢？不知道。

吴：除了父子，片子里还有一个做三陪的女孩儿，这样的角色在年轻导演的作品中经常出现，你希望她能给影片增加什么样的色彩？

蔡：儿子在青春期的时候上路了，这可能是他第一次出远门，跟着父亲，他的未来是无限的，他能面对的是什么？走向生命中一个未知的未来，也许很美好，也许更黑暗，他生活里可能会有这么一个萌动的有色彩的异性的东西，也谈不上爱情。其实爱情对他们来说是奢侈的东西，对城市年轻人来说是正常的，它可能无限发生，但对艰难生存状况下的年轻人来说，爱情是奢侈的。所以为什么父亲说根本没有什么爱情，就是过日子，两个人比一个人方便。爱情，那都是城里人找的感觉。我问过一些底层混社会的，他们说什么是爱情，能找一个过日子的这是最关键的，这个人不背叛你。如果你真是混社会的，你不会被那个迷惑，一旦被那个迷惑，你就完蛋了。但对这个小孩不一样，他是青春萌动状态，他可能会对爱情感兴趣，这个感兴趣产生的结果是当头一棒，或者是一次伤害，但是这个伤害跟他没关系，跟这个女孩也没有关系，对双方都是伤害。

吴：你觉得你这片子观察底层的角度和态度是什么呢？

蔡：从我个人来说，我不是在底层生活，所以要谈角度，我觉得从姿态上说，是不是还是所谓知识分子高高在上谈的那点东西，你不能否认这一点，这是客观事实。用电影表达是一种奢侈的事情，不像我们自己写文章、画张画。如果有这样一个的机会，可能我更多不是从直觉也不是凭青春拍电影，而是本能的一种对生活的认识，这是一种责任感。我可能传统点，这是一种责任。

吴：请讲得具体一点。

蔡：我觉得，中国改革开放30年来，我们这一代人是跟着国家的变化一路走过来的。现在咱们一点点受益了，但咱们也受到了一些变化的伤害，可能城里人少一些，但底层的人付出的几十年的改革代价更多。我去的甘肃那个地方，50多年了，真没觉得有什么变化，生活还是那样，衣服、被子还是那样，没有一点变化。沿海有些地方确实富裕起来了，但广大地区的农民利益牺牲太大了。这些人就到城里来了，但到城里面他们有什么？我觉得我是传统的，你真得是知行合一，你有了知识，你对社会得有点责任感，我觉得咱们平不了天下，你得跟社会有点关系吧。

吴：今年有两部片子放在一起看很有意思，一部是张杨的《落叶归根》，一是你这部影片。你们俩曾经合作过，两部影片内容又都是在一路上见到的底层人的生活，希望通过这一路上浓缩一种对社会和国家的理解。但《落叶归根》和《红色康拜因》却采取了不同的制片策略和叙事风格。

蔡：我不觉得那部片子特别好，我不是特别喜欢。但我尊重他的创作态度，张杨是个真诚的人。我不去比高低，没法比，只是比做到的是不是更好、更成功。他的投资也大，应该能做得更好。编剧王要跟我是好朋友，在里面他出了很多主意，我觉得这部片子太温情了一点。我不反对用赵本山，你能掌控这个资源，就一定要用。但要看你怎么用，如果用不好，也不是一件好事情，就看你的能力和纯度够不够，我觉得要拼这个。赵本山其实是好演员，他演那个角色也合适，但是没控制得更好。整部影片有点儿像《读者文摘》里的小故事，太小糖果了，舔一下，挺甜的，咱们再换一个颜色小粒给你尝尝，也是这种感觉，花哨挺多，我不太喜欢。影片本身的形式没问题，张杨也问过我，我看过开始的一稿，我说你走喜剧，不走地下电影那种苦皮根儿的路子，非得是警察小偷妓女那种，我觉得也挺概念的，只不过是以一种概念打另一种概念而已，不是在根儿上解决问题。他走喜剧路子也是挺好的一个方式，但是得在各方面跟得上，不能弄成一个小品，还停留在只是让大家看小品的状态。

吴：你有没有尝试把《红色康拜因》搞得有趣味一些。

蔡：我个人没想过，可能我这个人笨点，不太会这种方式。可能我个人在情绪上更喜欢重点儿的、掷地有点声的，尽管可能没那么大的能量，但是我希望砸出去的是一块石头。我以前做戏剧，是那种正剧和悲剧，个人情绪更浓一点。你看我平常乐呵呵的，其实心里对生活不是很乐观，我也在思考，能不能做到像小津那样对生活是平和的态度。这个很难，不是年龄问题，而是在认识上真正做到那样的境界，天底下没有什么新鲜事了。作为一个东方人，我们就生活在一来二往的人际关系里。我有时候更亲近小津电影里的人间烟火，没有很复杂的关系，但是每次都把你打动，这很难。我第一次看《东京物语》，看完鞠了三个躬，眼泪真是出来了，现在说起来还激动。真干净，人的灵魂太崇高了，跟人家比，我们都非常肮脏。小津电影里面那种至纯至善的力量，在风风雨雨里面，你真能慢慢感受到生活的味道。这个是我挺喜欢或者是试图想弄的。

吴：《红色康拜因》想往这种感觉上靠？

蔡：那是我内心的东西，但真要拍倒没想太多。现在拍完《红色康拜因》以后，有点儿像我第一次做戏剧时候的感觉。1998年做《保尔·柯察金》的时候，也是不懂，没当过戏剧导演，就凭感觉来，就凭那个劲儿招呼，弄完了一看，真累，自己看了都累。人家说这戏真

是憋了很多招，一招一招的。但只要那青涩的劲儿一过去，你就明白了，其实特别简单，再看任何一个戏都特别明白是怎么回事了。这也有一个转化的过程。我做编剧很多年，真正自己操作是要有一个转化的过程。

吴：做编剧的当导演，你觉得优势在什么地方？

蔡：我做编剧，但我不相信文字，我相信影像。所以，现在形容词多的文章我不看，名词、动词最重要。我原来考过美院、工艺美院，都考上了。那个时候我对电影很喜欢，对戏剧其实不懂，没怎么看过。归根到底，“谁”、“做什么”最重要，其他都是附加的，在这两个东西里面能绕出一大堆的东西来，但根上是这两个东西。画面是形容不出来的，谁都解释不了，它具备一种模糊性，接到这儿是一个效果，接到另一个地方是另外一个效果。基本上我大概知道故事后，就不靠剧本了。原来做编剧的时候强调每一个字都要琢磨，要琢磨词句的味道、微妙的节奏感，可能诗歌更强调这些，那是纯文字。

吴：你做编剧和你做导演的片子明显不一样。

蔡：可能下面还会变，我下面的片子在样态上可能更冷静，但会更激烈一点。

吴：怎么个激烈？

蔡：情节冲突是呈现的一方面，是表面的东西。主要还是指人与时间、社会是一个什么样的关系。咱们举个例子可能说得明白，比如《孔雀》里面，我觉得写得最好、拍出来最好的是弟弟的一段，他看到哥哥、姐姐的生活，到最后，他觉得太痛苦了，年轻的时光太艰难了，他让过去，直接奔快乐晚年，这是人生的大激烈。我现在跟60岁人一样活着，我多快乐，天天下下棋、买点菜……我把痛苦给让过去了。这是文学意念，你怎么用电影表达好，这是与你生命有关系的大激烈。

吴：电影的呈现是相对简单的，文学是相对复杂的，我们想象的电影的激烈跟我们文字提供的想象可能完全不同。

蔡：不一样。小津的东西，我看也挺波澜壮阔的。你看他的《晚春》，就讲一个老头和女儿的关系，但它是生命的感慨，是大激烈。不管你情节上复杂与否，可能都应该更往生命本质靠，别在外面耍花招。所以自身的修养，你对生活的感受，这些方面都得提高。题材没有高低之分，只看你的情感深度够不够，你的情感边疆有多大，人是多复杂的东西呀。

吴：生命的大激烈是靠创作者的感受而不是概念去实现。

蔡：我觉得带着概念去拍是有问题的，不贴心、不贴肉。比如你真正对一个东西特有把握的时候，真觉得心里的气是满的，那种自信是有物质基础的，不是存了多少知识，跟这些没有关系，你不行的时候真心虚。光知道外面的概念真不行，还得有感受，贴着人长出来的东西，才真正是回事。

吴：回到《红色康拜因》的故事，你的感受从哪来？

蔡：我周围没有这样一群人，但伤害是有的，我们受到的生活里的情感伤害，这个东西是共同的。这是成长中，我们的青春中都遇到的问题。父子关系我们也探讨了很多，你讲你的家庭，他讲他父亲的事情，其实都没有关系，但一听你能知道他们的问题在哪儿，有些东西是共通的，看你怎么挖出来。当然，这也有你自身的能力问题，你能不能把情感的深度深下去，你一定要敏感。有一段我真麻木了，在日常生活里看什么都不新鲜了，这个挺可怕的。这个东西就跟修炼是一样的，每天那个能量得是警觉状态，这时候你一棒喝，他才能明白。他不在这个状态里，你打他多少棒子都不明白，他怎么醒悟，怎么能看到纷繁复杂事物背后的本质呢？他怎么能把那个分别心去掉呢？他怎么能空出来呢？我觉得张艺谋说的是对的，最后一剑封喉的功夫是要修炼的。你在外面耍半天，没用，最后就是一下，甭来虚的，没有一下就给你刺穿的能力不行。年轻人花招也多，样式多，但真正一下子捅到生活本质的能力少。这个就看你自己了，别人帮不了你。

吴：这样的艺术片的市场问题你有没有考虑过？

蔡：有的时候不好考虑太多，或者你的主观印象和这个市场脱节得太严重。我找了几家，都挺艰难的，人家说一万块钱你卖吗？我说怎么低到一万块钱了！两集电视剧都不止这些钱。没办法，挺尴尬的。作为投资人来说，他也不是拿着钱随便玩儿的，他还是生意人。所以，我觉得拍电影是大家的事情，不是某一个方面主观想改变就改变得了的。

贾樟柯：寻找自己的电影之美

134 ⁄ 149

吴：今天的话题从国际电影节开始吧。因为从1997年到2007年的十年，我想你是参加欧洲三大电影节最多的人。对国际电影节的美学要求，以及他们看待影片的观感和角度，应该是有你自己很深的观察和体会。

贾：我自己很难讲清楚国际电影节和中国电影的关系，因为中国有很多种电影，面目也不是很清晰。所以，电影节到底对中国电影产生了什么样的影响，我很难讲，但是我可以谈一下我参加国际电影节的感受。我觉得电影节是在两个层面上让电影工业找到了面向世界的快速交流的途径。电影节很多都有60多年的历史了，像威尼斯65届、戛纳电影节61届。60年前，资讯没有现在发达，但是电影又遍布全世界，于是就找到了电影节这种方式，来邀请全世界电影工作者集中进行电影放映、进行交流和沟通，其实这是一种国际平台。我现在仍然觉得参加国际电影节是一个行业背景，让你了解行业动态，而行业动态是一个横向的观照。也就是说，作为当代电影的导演，我们进行横向比较的时候，面对的不单是中国的导演，而是世界各地的导演。所以我们要了解当代电影是什么，发展到什么程度，其他国家的电影又有了怎样的对人性的观察，又新生了怎样的热门话题？比如说移民的问题，战争、和平、环保问题等等。因为电影本身也是入世的，很多电影都会有它哲学层面的诉求。不单戈达尔是哲学家，卢卡斯也是哲学家，那么我们可以通过电影看到现在人类急需解决的是什么问题。参加国际电影节，我们就不会和全球话语脱节，也会有很多新的观点启发我们的创作。任何一个导演、创作者都有他的本土背景，我是中国导演，那么我的主体文化背景就是中国文化，但是任何一种文化都需要和其他文化进行接触，从另外一种文化来反观自己的文化。所以，电影节对于我的功能就是一个行业动态的交流。中国人更多接触电影节是从张艺谋、陈凯歌导演开始，那时候我们打开封闭的环境，中国电影登上国际舞台，成为国际电影的一部分。这其实也是一种话语权，如果我们有机会带着作品到三大电影节参赛的话，我们就获得了通过作品解释中国人当代情感、解释中国历史、解释中国当代生活的一种话语的权利。这是一个艺术和电影的峰会，你可以阐释你自己的美学，同时也可以将自己电影所代表的文化介绍给全世界。

吴：从信息途径和行业交流的角度来看，凭借你十年的观察，你觉得90年代中后期到现在，电影节中所表现出的世界电影的潮流变化是怎样的？

贾：就我参与电影节的这十年，以戛纳和威尼斯为例吧，因为我参加这两个电影节最多，柏林我只去过一次。首先，这两个影展为全世界的电影工作者发现了新的电影版图。我刚参加影展的时候，正好是“中国电影热”的衰落期，我赶上了一个尾声。从1984年的《黄土地》开始，第五代导演开始在国际上获得很多的认同，到我参与进来时，正好是国际视线逐渐从华语电影中移开。那时候，西亚电影开始活跃，尤其是伊朗电影，像阿巴斯、《白气球》的导演亚法·帕纳哈，我参加威尼斯电影节的那一年，他的《生命的圆圈》获得了金狮奖。伊朗电影之后就是韩国电影。2000年，我和金基德同时出现在国际舞台上，当时我是《站台》，他是《漂流欲室》。后来就是洪尚秀、许秦豪、李沧东，韩国电影也开始被国际电影节所接受。韩国电影之后就是泰国电影，泰国民族电影本身不是很发达，但是那时候出现了三四位导演，最出名的就是阿彼察邦。他的第一部电影《无边诱惑》参加了戛纳电影节的“一种注目”单元，后来又拍了著名的《热带病》。去年和前年以罗马尼亚为代表的东欧电影又开始重返国际舞台。从90年代初的政治转变到如今，东欧电影经历了那么长时间的沉淀，电影也再次爆发出很强的创作力，像《四月三周两天》。此时的罗马尼亚商业片也拍得很好，我在洛迦诺国际电影节当评审时看过一部电影，叫《其余的都是沉默》，拍得非常好。今年开始关注菲律宾电影。威尼斯电影节“地平线单元”拿奖的就是菲律宾电影。所以电影节首先可以为电影界发现陌生的电影文化和电影区域，以此让我们发现一种新的电影语言和电影方法以及新的社会现实。其次，三大电影节都努力跟踪导演的连续创作。比如侯孝贤，他所有电影都在戛纳和威尼斯首映，通过这些首映，我们可以跟踪这些作者，知道他们的最新动态。包括我自己的电影，从第二部电影《站台》开始，我所有电影也都是在戛纳和威尼斯首映。这对全世界的电影学者研究重要的电影个案提供了延续性和方便性。再次，是对新美学和新技术的肯定。像戛纳和威尼斯这样的国际电影节的公信力是很强的。2002年的《任逍遥》是我第一部数码作品。那一年，亚历山大·索科洛夫也拍了《俄罗斯方舟》。那是戛纳电影节第一次接受数码电影进入竞赛单元。那时候，人们一直在讨论数码技术的成熟性、它跟传统电影的关系，戛纳电影节可以很敏感地感受到这一点，并且挑选了两部电影，来拥抱这种新技术的产生，这是对新技术的肯定。那一年这两部电影在全球范围推广很快，很多电影学院和学会组织都挑这两部片子观摩，当作数码电影的样板。因为以前电影都是要分剪的，一定要剪接，所以戈达尔晚期就强调短切，强调素材的断裂性，以此强调摄影机的真实性。因为在美国电影中是通过剪接造成假的流畅性、不中断性，来制造一个梦幻。那么在戈达尔的电影中，他针对这样一种媒介形式，用大量的剪切和拼贴来告诉观众摄影机自身的存在。到索科洛夫，他就做了一部一个半小时的电影，一镜到底，就想告诉大家数码有一种长时间拍摄、连续拍摄的可能性。当然，这种实验本身不可能被推广和普及，但是这就是先锋电影，在艺术的媒介里面，如何进行一种形式上的拓展，是很有前瞻性的一部电影。我自己的《任逍遥》是另外一种数码探索，就是完全脱离制片工业规则的电影，剧情在真实的空间中展开，游走和流动的拍摄。空间、取景、演员的服装都是配合数码感，比如配合色彩还原的不准确，在后期调光也做了很长时间的实验增加它的对比度。从此，全世界都知道这两部电影代表了一种新的电影技术的可能性。第二年威尼斯电影节就接纳了《贵妇与公爵》，这是另外一种实验，把人物和17、18世纪法国的绘画结合在一起，实验了后期的可能性。所以，这是电影节的第三个重要作用——新技术的推广。第四，信息迅速被全世界的人分享。越大的电影节，媒体系统越发达。比如戛纳电影节每年注册的记者有3000多人，分布世界各地，包括很多电影不发达地区，古巴、印度、不丹等都会来。电影节的信息也就可以迅速被传递到全世界，这是一个最有效的媒介系统，而这个媒介系统成为电影节有机的组成部分。第五，电影节本身是一个销售平台，全球电影工业终端销售的人都会来参加。从记者场到首映之间相隔不到24小时，这是和买家签约的黄金时间。当然，这十年我还有一个很大的美学变化，就是类型电影作者化。我刚到电影节的时候，日本导演黑泽清、法国导演欧容已经形成了通过类型化的方式获得市场，比如他们的电影都有恐怖片元素、惊悚片元素、科幻元素等等。但是通过类型化获得观众，又通过类型化保留作者想要解释对现实的观照、对人性的观照。其实李安的《卧虎藏龙》在国际的评论里，也认为是通过类型化的方法来传达概念的，它不是类型本身，它不是动作，只是卖动作。在那部电影里也卖东方情感的方法，这是这十年里我观察的一些潮流变化。

吴：确实是这样。中国电影工业还有一些不够健全的因素，所以国际电影节对中国电影创作者特别是那些年轻的创作者，是一种机会、一种土壤。但更重要的是，国际电影节对中国年轻的电影创作者有很强的美学型塑能力，这种型塑能力要远远高于电影节所提供的工业性的支持。这些作品往往没有考虑到电影节也只是电影工业的一个环节，也是一桩买卖。比如《小武》是一部具有开创性的作品。但直到今天，它对年轻导演的创作还是有很大的影响。包括其他在三大国际电影节获奖的作品，都很快会在年轻导演的创作模式中得到反馈。关于电影节对中国导演的这种美学影响，你是怎么看？

贾：客观上讲，整个中国电影还处在劣势，从文化上讲，也不处在话语的中心。这种现象，在任何一个发展中国家，在文化不是很强势的国家都存在。所以有些电影作者追随影展的潮流是很难避免的。同时这也是一个误区。在这十年中，我也做电影节评审，我们首先筛选下去的就是那些模仿痕迹很重的作品，我们需要的是原创美学。当然，每个电影节的评审能力和选片人水准是不同的，可能有些电影节的选片人本身就是在模仿三大电影节的选片尺度。但是对于有水准的电影节而言，原创性是最重要的。电影节要做的就是发现新的电影版图、新的电影作者、新的电影类型和新的电影方法。

吴：作为一名已经被国际电影节跟踪和关注的导演，你现在进行创作时，对电影美学的追求，除了最初的那种自觉的原创力之外，有没有受到电影节带给你的影响？比如是不是会考虑电影节对你的美学诉求？

贾：完全没有，因为电影节不是一个人，而是一个系统、一个组织。你怎么能知道这个系统或者这个组织在想什么呢？所以电影节本身是不会发出讯息的。对我来讲，拍电影就是追求电影的原创性，寻找新的电影拍摄方法，但是这也跟写小说一样，需要灵感。而且，电影也不是孤立的，我会在我现有的资源中寻找创作的灵感。一般来讲，我的资源有两方面：首先是传统电影。这里所说的传统电影不仅是中国电影，也包括国外的。面对电影时，我头脑中不是一个国家的概念，而是一个行业的概念。不管是袁牧之、费穆，还是大岛渚、布烈松，我都可以从他们那里汲取灵感，产生互动。我曾经和阿萨亚斯讨论过一个问题，就是存不存在东方电影，我当时的回答就是我不知道是不是存在东方电影，因为我在东方，但是对我来讲不存在西方电影，因为我跟它没隔阂，我不觉得有对立和差异。所以，传统电影是我很重要的灵感来源。比如在拍完《公共场所》之后，我特别关注默片，因为默片时代的电影语言还没有形成，所以人们也不知道“电影是什么”。那时候电影呈现的可能性是非常大的。就好像一个孩子童年时候我们可以看到他的天性，所谓天性就是媒介特性。我们是不能切断和传统的关系的。我1999年曾经写过一篇文章，叫《业余电影时代即将再次来临》，有读者误解了那个观点，所谓“业余性”是指我们摆脱了这个行业的束缚，寻求一种独立性，但是并不是说要没有美学追求。我的另一部分创作资源就是当代电影，多了解世界各地其他的创作者，这是一种对于语言认识的互动，对人类生活观察的互动，是一种对话关系，而不是一种模仿关系。现在很多导演是缺少这两个方向的横向联系的。我参加电影节有一个很深的感受，所有在当代影坛活跃的、受到世界观众认同的当代电影作者，没有一个人不是理论家，没有一个人不精通电影史。马丁·斯科塞斯可以通讲意大利电影史，每天还会收到各个美国电影学校学生寄来的短片，并跟这些学生产生互动。

吴：刚才你在讲到电影节时，是站在一个行业的角度去分析。那么你参加电影节时，有没有感受到一种文化间的相互对视？如果有，这种对视对你来讲又意味着什么？

贾：在20世纪90年代末还有一点点，《小武》在柏林刚得奖，就有一个德国的媒体问了一个问题：“你从社会主义的中国来到资本主义的德国，你觉得有什么差异？”那时候的媒体还有观众，是认为你所在的意识形态体制跟举办国的这个体制是有巨大的差异的。现在基本就很少听到这样的评论了。通过这些年在电影节上看电影、做评审工作，我最大的一个感受是人类生活的差异其实是不大的。我们上世纪80年代最常提到的字眼就是中西文化的对撞和冲突，这与“冷战”还没有结束有关系。有时候这种所谓的冲突是被臆想化了。但是我们通过看电影可以发现，其实人的生活感受、生活过程、生活细节和生活经验是没有太大的差别。比如《站台》，它有独特的中国背景，就是改革开放，但是电影中讲到的年轻人对自由的追求，对生活的努力、希望、破灭到回到日常，从青春的放浪形骸到中年的回归家庭，这些情感都是共通的。生命的本质其实是相同的。当然，有一些时代和本土的文化代码是分享不了的。比如《站台》里有大量的流行音乐，对内地观众来讲只要听到就会有非常熟悉的感觉，这些太本土的东西是没有办法和其他国家观众分享的，但是这些独特的细节也没有必要去分享。有时候，我们甚至可以通过其他国家的文化参照发现原来浑然不知的东西。就像欧美摄影师到中国拍照的角度以及拍到的现实，总有让我们感到陌生的地方，而这种陌生是可以打动我们的。我们处在自身的文化中，就会有一种不自觉性，其他国家的人可以给

我们提供一种参照和提示。昨天和耶鲁大学的安德鲁教授交谈，他说从《站台》到《世界》再到《二十四城记》，在我的电影中一直飘着一个绿色的幽灵。确实，在我的很多电影中都使用了这种绿色，在后期时更是拼命加绿。只要拍摄空间是公共机构，我都会刷上绿色的围墙，因为这对我来讲就是一个很难挥去的记忆。我小时候的北方，因为没有装修，很多地方都是刷这种绿围墙，这对我是一种很本土的情结，但是它给了我一种反观我自己文化的可能性，所以这也是我一直需要的他国意识。从这一点来说，法国人就做得非常好，不管是小说的翻译还是电影的引进，他们在电影引进方面一直是有一些固定的制片公司，他们最敏感地去买全世界边远的、独特的、充满地域文化的新电影包括非洲电影，我们可能很少看。

吴：是否可以这样总结，其实我们要呈现的本土影像就是要提供一种和其他文化形成差异性的影像。

贾：不应该是一种自觉的提供意识，因为电影不是服务业，不是为另外一种文化的需要工作。从根本上讲，我们是为自己的需要生产。但是，只要我们是抱着这样的目的生产，那么生产出来的产品就必定会给其他文化提供一种巨大的参照作用。

吴：现在很多年轻导演是抱着这样一种提供文化差异性的心态在进行创作。特别是DV的普及，电影成像技术越来越便利。如果电影拍摄的便利性变成一种服务性，这对于电影创作是非常有害的。

贾：对，所以特别要强调的一点是，电影新技术的便利性不应该变成一种随意性。特别是在做文化研究的时候，很多研究者喜欢拿电影做文本，以此为文化研究提供一种例证。但是这个文本自身在美学上是非常有缺陷的。拍电影是尤其不能有偏执性的。导演一定要具备两种能力：一是有观察力，能找到新的角度观照生活，这一部分可以和文化研究者产生互动；还有一个就是寻找你自己认为的电影之美。黑泽明在领取奥斯卡终身成就奖时说过“我一生中都在寻找电影之美”，他停顿了一下又说：“对不起，我没找到。”我当时特别感动。电影之美说得更学术一点，就是你理解中的电影本体是什么。这一定没有答案，因为每个人进入电影和理解电影都是不一样的。但是，它会带给我们一种发展自己电影美学的方向。就我个人而言，电影这个媒介，从视觉艺术的角度来看，对物质现实的呈现的确是它的一个特点。从来没有一种艺术可以像电影一样，如此具象地表现人、光线、运动、质感、重量、状态，所以我在做电影的时候，就是想表现这种最自然的状态。我所有的电影方法都是在为这个美学气质服务，因为我觉得电影这样是最美的。比如王家卫，他从小就跟他妈妈看电影，他觉得银幕的世界就是明星的世界，那一刻是最美的，所以他自己做电影时就大量用明星制造一种梦幻，和流行文化结合，因为这就是他认为的电影之美，我觉得他这样也是对的。虽然导演创造的银幕世界很不一样，但是思路是一样的，都是在探讨电影是什么。我很喜欢巴赞说的，一部好电影其实中间是有“空洞”的，这个空洞是让观众把自身的情感投入其中。这是当代电影的一个特点，电影不应该是充满内容的、具有强加性的。

吴：应该说，你已经形成了属于自己的电影类型，那么我想延伸下去谈一下另一种电影类型，就是商业片的类型问题。因为今天我们谈到商业片直接想到

的还是好莱坞大制片厂化的一种形态。但其实商业电影在美国也还是有不同类型的。所以假设你要转型拍商业电影的话，你想复制的元素是什么？而你想改变的元素又是什么？

贾：一个导演的创作是线形的，是阶段性的。比如前十年，我一直都在跟踪中国的现实，并且形成了一种美学的风格。但这并不意味着这是我一生要去捍卫的东西。其实拍《小武》之前，我就已经准备了大量的类型电影，我很想去拍，只是没有时间。因为这急遽变化的现实实在太吸引我了。所以，我心里并没有一个界限，或者是对个人风格的设计。就像现在筹备的《双雄会》，我上大三就开始收集资料，到现在还在准备，希望明年能拍。所以我对类型电影和商业电影的准备是一开始就有的。但是，一个导演背后有他自身的环境和现实的情况，特别是我的理论背景对我影响很大。因为我知道电影历史上有很多影像的空白，比如"文革"，除了官方影像，没有其他的影像。所以当我90年代末开始拍电影，我很真切地感受到这个快速变化的中国的时候，我就想多拍一些，呈现一些影像的纪录。从创作的价值认同上，我认为商业电影和独立制作是平等的。反过来说，我并不是要寻找一种商业模式而去想象一种题材去迎合，而是我想要讲述一个故事，这个故事的一些元素只适合商业片的拍摄模式。比如《双雄会》，讲1949年男主角是国民党员，女主角是共产党员，他们在香港相爱了。他们都有自己的信仰，都不能告诉对方，在这样的情节线里面，他们慢慢老去，一直到他们趴在九龙的阳台上看到解放军的车开进香港。这个故事本身就很适合用商业片，你要营造一个历史的空间和氛围，从空间的角度看就已经是一个商业片的操作模式了。我借助谍战片的方法，两个人都是间谍，在香港那样一个有各种各样政治势力的地方，用谍战片的方式把当时激烈的政治冲突和人性冲突表现出来。所以我们是先选定一个题材，再去选择一个适合它的表达方式。我想讲的是，有时候一个很简单的东西到我们的电影文化里就弄得比较复杂，很简单地说，我这个题材是需要拍成什么样的电影。而那种为直接的商业目的制造出来的商业电影，很有可能效果不好。

吴：我们一般提到商业片，都会首先考虑观众喜欢看什么。但是在你对商业片的阐释中，并没有提及观众的因素。在你看来，观众在商业片创作中居于什么位置？观众是被动的吗？

贾：我觉得受众从潜质上来讲虽然不能说是被动的，但是他们是被引导的。在熟悉和陌生之间，从受众心理讲他们一定是喜欢看陌生的，因为新鲜。如果是高度原创的东西，这本身已经是一个卖点了。所以即使是在商业电影领域，要考虑的仍然不是追随别人的问题。就好像翻拍电影，翻拍是为了要找到新鲜的角度、新的理解，这才是卖点。比如《座头市》，那么多人拍过座头市，只有北野武的座头市是染着黄头发、跳踢踏舞的，这就是他的卖点，也是他成功的原因。

吴：你的电影中都会表现一种个人的现代性的自由，这是不是你塑造的人物一直秉持的最核心的行动宗旨？

贾：作为一个导演，我是希望遵循这个原则去拍电影。每个人有他自身的局限性。前几天参加谢晋导演的追思会，我记得我上学时期正好是批判谢晋模式的讨论。当然，那个讨论也是非常好，确实呈现了谢晋电影的特点，也包括缺陷。但是，如果用一个更加宽阔的视野去看，谁又没有自己时代的局限性呢？所以这就需要我们用一个更宽广的胸怀去看待这些局限性。另一方面，当代文化批判也很重要。有这些局限性，就要让别人知道，这不是对个人的攻击和评价，这是对一个时代造就的一种电影和导演的评价。我想我跟更年轻导演的区别就在于，我从出生到现在，经历了中国最急遽变化的几十年，所以我拍电影的局限在于我有很强的社会理想在里面。我想把我理想中的现代性拍出来，包括电影本身不强加给观众任何的结论，作者和人物之间的一种距离感，作者对人物的尊敬，作者对处在生存困境中的某一种人物的耐心的观察，以及一种持续的价值的坚持。这些都是来源于我还有那么一点点社会责任感。

吴:《二十四城记》好像跟你之前电影的拍摄风格不一样了，在我看来像是一部过渡性的电影。从《世界》《三峡好人》到《二十四城记》呈现出的是不是另外一个贾樟柯？更加国际化，美学更复杂，同时又想有更加宏观的表达？你怎么看？

贾:《二十四城记》在拍摄中更大的精力是放在了电影方法上面。这是电影题材给我提供的一种可能性，因为最开始是想拍一部纪录片，出发点是口述历史。我希望采访到经历过整个社会主义建设的人，这个背景不单是一个工厂从建立到拆迁的过程，它是中国整个社会主义实验的过程。今天已经市场化，计划经济体制已经成为过去，我想要记录下这个遗产。面对这个遗产时，了解是很必要的，我一开始约见了100个人，最后定了60个人做拍摄。在拍摄和采访这些人的过程中，有些人提供了大量的历史事实。当这些历史事实大量进入我的大脑时，我越是想记录，就越觉得需要虚构。那时，我对虚构艺术突然有了一种新的理解，当我们面对真实的资料时，资料本身会带给我们想象，只有通过想象，才能整合那些真实，才能整合这种最深层次的文化情感。历史就是真实和虚构共同形成的，历史不代表毫发无误的真实记录，历史是包含虚构的。当我认识到这个问题时，我就很想把它变成一种电影形式，所以这部电影就包括了两部分，一部分是真实的，一部分是虚构的。那么虚构的部分怎么呈现？有一种很简单的方法——“真实再现”，像侯导的《戏梦人生》也是真实呈现的，中央台很多节目也是这样拍摄的，这的确是观众接受的最便捷的方法。但我不想这么做，我采取了另一种电影方法，就是让所有的虚构还是讲述，仍然是采访出来的。这就有了很有意思的美学呈现，在银幕中表现出的一切都是“现在”，而银幕中的话语体系却都是“过去”，由此形成了一种时空感。其实在访谈中有很多个案性的令人震惊的谈话，在后期剪辑时我都把它剪掉了，我留下了一些在每个人的生命经验中都会遇到的情节，采用很多方法进行表现，既不是单纯的故事片，也不是单纯的纪录片，需要调动个人的情感经验去体会。

吴：从《世界》到《二十四城记》，你所表现出的现实质感和批判力跟之前的《小武》《站台》似乎削弱很多。相反，倒是情感部分表达更加的突出。说得不好听一点，煽情的东西越来越变成你电影中坚实的部分，《三峡好人》中韩三明寻妻也好，《二十四城记》中虚构部分的讲述也好。而现实环境的部分似乎更加偏于概念化，这算是你电影美学的一种转变吗？

贾：我有两部电影在美学层面的注意力是比较集中的，一部是《世界》，一部就是《二十四城记》。在这种情况下，我想在叙事模式和情感主题上不给观众造成困扰，希望观众有精力来分享我电影形式上的趣味。所以后三部电影更注重的是一种电影形式的表达，这并不是概念化了，只是更加抽象。我想表达的情感没有变，只是表达的方式发生了改变。我还是比较信服巴赞的理论，每个人其实都是电影的制造者之一，留一些空间把他们的感受互动到一部电影中。

吴：这些美学实验是否会带到你以后的商业电影中？

贾：这个很难说，因为电影肯定是有血缘性的，毕竟是一个导演的片子。当然，我不会铺一个商业片的架子，然后用艺术电影的语言来拍。我会在传统的商业片中寻找灵感，包括香港动作片的很多元素，因为商业电影也是有发展、有创新的。比如杜琪峰对吴宇森的电影美学就有一定的发展和创新。我希望可以在这些商业模式中寻找到一种新的可能性。

曹保平：商业电影——资本与智慧的博弈

150 / 165

曹保平，毕业于北京电影学院文学系。2001年编导电影《绝对情感》。2004年身为编剧、导演、制片人拍摄电影《光荣的愤怒》。2005年导演电视剧《十月怀胎》。2008年凭借力作《李米的猜想》荣获第56届圣塞巴斯蒂安电影节新导演单元最佳导演奖，第27届中国电影金鸡奖最佳导演奖。2015年编导电影《烈日灼心》，获得上海国际电影节金爵奖最佳导演奖。

故事：单纯与复杂的博弈

吴：《李米的猜想》是一部有追求的商业片。故事很丰富，每一个出场人物都有自己的前史、都有复杂的心理动作。从完成的电影可以感觉到剧本一定更丰富。特别是前面的悬念设置挺吸引人。但相比较而言影片的后三分之一部分就显得太匆忙了，忙着把各条线索交代清楚。这里面我好像能感觉到影片在不同方向上的挣扎。

曹：我砍掉了40多分钟，有特别多的其实是我不想砍的，有点心有不甘。我肯定是喜欢电影有一个商业的载体，但是我想让每部电影在这个商业载体背后都能有一点更深入的东西。这个故事本来想做一部探讨真实界限的电影、一部特别诡异的电影，而且后面的诡异特别复杂。原剧本中，马冰（邓超饰）后来变成了一个植物人，他到底是不是方文（邓超饰），其实是一个很模糊的状态。在原来的故事里，事实是无法证明的，除非他醒来。可是他现在是一个植物人。而且李米（周迅饰）又是那样一个很怡的人，整天懵里懵懂的，她也不知道到底是怎么回事。原来的片尾是周迅开车出去干活，一个横移镜头移过来，邓超戴着帽子在旁边躺着，李米每天带着邓超上班。这些都拍了，但华谊那边希望是一个单纯的、明确的故事，而我希望是一个复杂的故事。我本意是想探究真实底线的趣味性，然后可以在另外一个向度上把这部片子做得特别极致，其实是挺诡异的。但最后经过斗争变成现在这个样子。

吴：探究真实的趣味只是一个概念，电影需要有明确大方向上的故事，这部影片大方向上的故事是什么？是爱情吗？

曹：不完全是，你说的意思我明白，就是电影最结实的地方在哪儿。我写剧本的时候有四五十天什么都写不下去，考虑了很多可能性，每一种可能性都不够让你觉得特牛。有一天，我觉得故事不以概念为主，而以人物为主，倒过来了，我突然发现这个人物变成了那样的概念，它让你觉得有趣味，这个概念就是一个结构。我说的是剧本的原始构想，原来我是希望做一个结构上的实验性的东西。我使这部电影不断转向，它一开始，不到一分钟，让你觉得是特别个人化的状态，是部个人状态的电影。但迅速地，影片又变成了商业片的模式，几条线索非常紧张地穿插。马冰送票、裘天水和裘火贵取票，结果阴差阳错地遇见诗人自杀，这段故事在这一点上炸掉，呈现在剧本里，有将近四分之一左右的篇幅。然后就是绑架的故事。但马冰这条线和绑架故事很远地牵扯着。观众也不知道马冰在找什么，不知道故事的扣儿在哪里。绑架这一段就变成了一部公路片，两个人和李米斗智斗勇，最后李米在加油站跑掉了。公路片完成后，到了剧本一半的地方，这时候故事转向了，导入了我想做的类似大卫·林奇的诡异风格。想到这里，我突然觉得这个剧本可以写下去了，在一部电影里，是自然的人物命运带来的结构方向的变化，而不是先想一个把几种片子杂糅在一起，再把人往里装，那样会生硬，而这样是自然的流程。最早的时候，我也单纯地想过把它拍成一部公路片，两个人绑着一个人，从开始预谋到最后逃生的过程，但我觉得太薄，单纯公路片我不满足。然后就变成一个以后半段为主的很诡异的电影，你不知道真实在哪儿。但如果只是后半部分，我又觉得太挑战观众的智力了，中国观众接受这样的电影很难。于是就变成一个前半部分像商业片，以极其紧张的动作贯穿始终，观众可以认为它就是一部商业片。我觉得这样的形式挺好，可能没有人这样做过。另外，有一点我一直很清晰，就是你呈现给观众的是什么单说，关键你要清楚自己心里怎么想的。我自己心里其实就是想在这样的架构中讨论关于真实的界限在哪。

吴：这样的结构也有一点危险，每一段不同风格的段落所传递出来的信息，如何在不连贯的结构中，保证它们是有效的不对观众的理解产生障碍。比如，影片开始马冰去送机票这个段落，你在中间切进去的几次表的镜头，给了观众暗示，他可能担负着某种任务，但中间被绑架的故事一插，等你在影片最后再来圆这个故事的时候，观众可能已经忘了这个细节了。还有机票

的细节，也是这样。警察在马冰的住所搜到的机票，证明马冰是送票人，但那个镜头很短，距离后面马冰被追段落的间隔又长，大部分观众可能到后面都会感觉到有点突兀。不同段落的信息如何能有效地缝合在一起，我觉得是对你导演能力的挑战。

曹：我觉得我有做得不好的地方，而且可能只有你这样的观众才能这么精细地去缝合这些信息，一般观众都够呛。我觉得这有两方面的责任。首先的责任与我有关，可能我应该通过我的手段，强调得更清楚一点，包括刚才说的机票。但其实这个问题是始终纠缠的，就是你是让观众单纯地接受一个东西，还是复杂地接受一个东西。我一直坚持复杂性，而华谊那边在另一个方向坚持，始终在这样博弈的过程，最后带来很多的问题。另外一个问题是我一直有一种野心或者想法，我肯定希望它有一个强烈的商业表层或者是气质，这是我对电影的追求，它得好看和有趣味性，能够一下把观众吸引住，之后再说你想说的事，我一直是坚持这个态度。我也一直有个不满足，觉得中国电影太弱智了，太简单化了。好莱坞那种比较复杂的商业片，在单位时间段里面信息量的呈现比我们有效得多。同样10分钟的戏，它呈现的信息量的复杂与精细与中国电影相比，就像小学生算术和高等数学的区别，而现代电影其实是需要这种高负荷的信息量承载的。比如我之前的《光荣的愤怒》也是这样。我其实一直想做这样的事，有可能观众会漏过去一些信息。但是我觉得它会在潜意识当中影响观众，这就是整个电影的厚度。

吴：还有一个地方，因为只看了一遍，我有点搞不清楚，就是那个邮戳。故事是不是这样，马冰在做笔迹鉴定的时候，这封信已经从别的地方寄出了……

曹：对，没错。我拿掉了一段画外音，现在我想配回去。7月16日，都是同一天，这封信从广州寄出来的时候，马冰正在她面前对笔迹。原来的比现在还要复杂，应该交代得更清楚一些。

吴：其实我觉得你肯定不愿意给观众留下一个简单的印象，影片是一个毒贩和一个女孩的爱情。你要的那种关于真实的模糊性，可能需要有更合适的桥段和场景来体现。

曹：所以这个东西得总结，我现在搞不清楚，是我表现上有问题，还是从剧本到影像的过程中出现的裂差。

吴：另外，李米这个人物和今天的时代，或者往小了说，和你展现的具体环境之间有没有特别的关系？感觉李米的状态好像和今天的生活没太大关系，假定性很强。

曹：这是我第一要考虑的问题。这个故事的原始构想来自电视台“半边天”栏目的一个故事，两个人把女司机绑架了。后来他们把女司机给放了，女司机答应不告他们，但最后还是给告了，那个女司机特别负罪。我觉得这个故事怎么拍都会变成一个温暖的故事，就是好人好事，一个互相感动的故事，我觉得挺没劲的。另一方面，你要解决的问题是什么？当时，我想象中肯定不是要找一个四五十岁的女演员来演出租司机，那么，你碰到的第一个问题就是为什么二三十岁的小女孩会去开出租车。那段时间我在街上四处看，出去打车也很少看到小女孩开出租车。北京几乎看不到，外地偶尔可以看到，但是也很少。其实这个故事一步一步的深入与这个问题息息相关，你要解决的合理性就是让一个小女孩开出租车，她不能为了生存开出租车，这应该构成影片故事的前史。我现在的设计是，她开出租车是因为男朋友莫名其妙地消失了，而那个男孩之前是开出租的。我觉得，一方面是她自己心里的怀念，我也去开出租车去；另一方面开出租车可能是最容易碰到各种各样职业的人，包括在后座放一本照片，上来一个人就跟他说那些事，有点儿半疯，她就是想知道有没有人见过那个男的，这样她更容易找到那个男的。而且我附加了一层，就是现在她想放弃目前的生活了，觉得找了四五年没什么戏了，要把这车转出去，开始过另外一种生活。所以，你说的这个问题是首要考虑的问题，我是力图通过这些东西把这个人物的合理性建立起来，也是通过建立这个合理性的过程让观众了解人物的前史。

吴：我就在想，如果这个故事放在一个看不出年代感的城市，这样一个女孩，发生这样一些故事，会不会更符合你想要的那种大卫·林奇的气质？

曹：所以拍电影永远是一个纠缠的过程。你得靠商业投资的支撑，而商业投资又必然带给你的想象力和对电影追求的损害，创作者永远打不赢这仗。我当时想把这个故事放在喀什拍。为什么？有两个因素。第一是这个故事的合理性。必须是在一个毒品中转的地方，这个故事才合理，马冰的行为才合理。那帮人把毒品带过来，他给准备好机票直接就可以飞到广州，他在这里负责这件事。比如放到武汉、重庆或者说北京任何一个地方都是很扯了，干嘛要从北京飞呢？昆明是一个合理的地方，另外一个合理的地方就是喀什。第二个是那儿的地貌。我当时找了大量的图片，那种大阳光底下白色的感觉，而且到处都是伊斯兰建筑，伊斯兰建筑中又夹杂着非常多的汉族的东西，甚至包括伊斯兰建筑旁有一个麦当劳的标志，旁边有一面中国的国旗，还有50

年代的公房建筑，它们混杂在一起后那个地貌本身让你觉得非常诡异，那个环境也会让你觉得很诡异。喀什有很多老城，老城的小土街太牛了。

吴：而且在这样的环境中，观众会很快接受你故事的任何假定性。要放在北京、上海，李米这样的人物就显得不那么结实了。

曹：就是缺少直接进入的状态。我当时疯了想去喀什拍，结果当时的投资方他们一帮人都反对。因为去喀什拍摄太困难了，最后没拍成。所以诸多方面的消减，本来可以做一个和《光荣的愤怒》很不一样的，在另外一个向度上特纯粹、特极致的东西，但一点点地都被改变了。当时都在想，如果真到喀什拍了，那肯定是不一样的中国电影。因为你在那个环境没拍那个民族的东西，你在拍一个纯粹的汉族东西。我不太讲究民族地域的特色，那和我没关系，但是它就发生在那个地方。而且那个环境，镜头触及的每个角落都支撑这个故事的诡异感。

角色：明星与演员的博弈

吴：你觉得周迅是演这个角色最合适的人选吗？

曹：我觉得应该还是可以的，到现在为止我觉得还是比较满意的。

吴：她洋不洋？像周迅这样的女孩儿给人的感觉是很现代的。她如果在一件事情上很悯的话，那不是她在精神上有问题就是对方对她有特殊的意义，我

不知道你当时怎么想的？当然我也在想，如果不是她，谁来演会更合适？

曹：我努力在用“板砖”往回“拍”她。她有时候会不够土和朴实，包括有时候说话的劲都会有一点。其实，这个故事最简单的办法就是不用明星，因为一用明星就会有先天的问题。可是你用明星的话，还有没有比她更合适的？我觉得很难。其实我已经做了很大的努力，包括我给她脸上点了很多雀斑，拍戏那段时间把她故意折磨得很憔悴，让她天天狂喝酒，让她每天睡两三个小时，你得把她往糙了“打”。而且，我当时有一种野心，想让观众进来的头十几分钟认不出是她。我觉得周迅还是很配合，她也愿意和你这么玩，但是还有很多东西不是你能够彻底改变的。除非你像蒋雯丽演《立春》那样，完全从形体上改变了自己，除非是那种改变，可能我觉得会更彻底一些。否则的话你确实挺难达到的。

吴：周迅的形象，和你刚才所说的探求真实的模糊性，有没有内在的联系？

曹：从这一点上来看，我觉得周迅肯定还是合适的。因为她那张脸和状态有点儿挺神经的劲儿。而且她的那种身体状况，瘦小的那样，穿上一件肥大的衬衣晃来晃去，我觉得和这种状态是比较贴切的。在明星里面我觉得她是最好的选择。除非你放弃明星，可能我觉得那样更纯粹。当然更纯粹的状态，我也不会找一个五大三粗、长得特难看的那种，可能也不会完全往那个方向去。因为那个方向去很容易变成我们看到的地下电影。

吴：不论是这部片子还是《光荣的愤怒》，我发现这两部影片里的人物动作都是很紧张的，老是在跑，一跑就撞人，这让整部电影的节奏显得很忙乱、很焦虑。

曹：我是成心让人物处于焦躁的状态。我喜欢在我要拍的电影里面的每一个人物，在这个故事呈现的时间里，都是处于一种极其焦虑的状态。这种焦虑就是，每个人到了故事起点的那一刻就开始面临一个巨大的难题，他必须要解决困境。但是有的焦虑是一个现实的事件，有的焦虑可能是心理的焦虑，但是这个心理焦虑在我的故事里面一定会转化为行为，就是他要解决这个焦虑的状态。这个问题我想得很清楚，我故事里面所有的人物都处在日常生活中很难，或者隔很多年才可能碰到一次的事情。突然把你推到和常态生活不一样的失速的状态下，而且失速是因为长期的积累——自身的命运或者环境。说白了，我的电影就是要把人物放在极致的状态下面，然后解决困境。这样做，一方面能够造成最大的戏剧张力，以保证故事的好看和紧张程度，这可能是最原始的冬季；另一方面，这种极致状态可能把人的复杂性撕得更开一点。所有和我合作过的演员都觉得表演对他们来说是一个巨大的挑战，包括周迅，都被压得快崩溃了。我找到了一个我想到的特别有意思的方法。比如说，在紧张的张力和戏剧化推力的故事形态中，表演很容易进入正常戏剧化的表演状态。而我总是希望能够呈现不是符号化的叙事背景下的惯有动作，我希望产生另外一种方向。我的故事提供一个巨大的戏剧张力，而我又特别希望演员表演的时候，能在这个巨大的戏剧张力的情景下呈现一种自然主义或者写实主义的状态。《光荣的愤怒》我做得是最极端的。当时，演员被我折磨得够呛，一演就不对，因为他一进入那样的叙事语境，下意识就找概念的方向，流里流气那劲或者鬼鬼祟祟的劲，或者就是迅速进入符号化的状态，因为他大脑里面有这方面的记忆存储。可是一演就不行，演员当时都蒙掉了。我就会和他研究，什么样的状态是这种情景下最可能的纪录化的生存。然后我力图在一个戏剧化的背景下面让演员的表演回到另外一种朴实，我觉得会产生特有张力的劲。而那个劲我觉得一定是特别生动的。包括《李米的猜想》这部片子，像周迅、邓超这些明星很容易迅速进入情景，而那个情景对他们的表演是驾轻就熟的，他们演得太多了。但是在这部戏里就变成了一件特别痛苦的事。现在这个片子能够做到多少，那只能再说了。其实每一场戏我们都在做这个工作。

吴：你的意思是说，你想要的是人物的内心动作与外在动作之间的反差？内心动作是戏剧化的，而外部动作应该收敛、应该自然？

曹：我在这个剧本里面把人物的前史建立得特别复杂。因为只有这种复杂才可能让人物在这个故事要疯的第一刻状态开始。那些复杂的前史在这一刻处于分裂的状态，这个东西你是要特别细腻的。比如影片结尾看录像那场戏。因为是很重的一场戏，而且磨了那么长时间的剧本，对于演员而言，她知道这场戏的重要性，心里有充分准备。所以拍这场戏，第一条拍下来，周迅就很好了，感情全部调动起来，哭得稀里哗啦的，而且都是从内心涌出来的。但拍完那条以后我觉得特别不满意，但当时她那种状态，你要是否定她，会觉得特别不忍心。但后来我跟她聊了很长时间，我说这个东西一定是过了，你的细腻缺少层次，因为是这样一场戏，你有心理准备，于是把情绪一股脑地都堆出来了，李米在那看到录像里的自己，那种疼和泪都是含在里面的，不会一下子涌出来，它得有一个渐进的层面。那场戏拍了两条，第二条你就会感觉到一层一层的东西。我觉得这是我想要的表演的东西，就是它会拽回到很朴实的、很实实在在的状态。有时候，这可能是些琐碎的细节，包括说话语调的控制、下意识惯有的动作。邓超让我说了好几次。现在采访的时候，他还会说，我有时候直面说他装，他就特别感激。比如影片开始那场戏，他从桥上下来，回头一看突然跑了那场。他那个跑我一看就完蛋，他演跑，我想不是故意装，是长期以来的生活反馈到身上。以后觉得那样跑是很牛的，所以他可能从小就开始那样跑步了。两个手都是直的那种跑，而那种跑我觉得不适合，人物在那种状态下不可能是那种跑法。我想要的是最土的那种跑。但他可能因为长期做演员，帅已经变成了他的记忆，他一跑就想那样跑。这时候就需要你拿刀子像砍树杈一样给它砍了，我就需要那样的东西，表演的时候需要这样的状态。

吴：张涵予在你片子里的状态好像和我们习惯的他的表演也不太一样，比如李米从派出所出来，在街上找马冰那场戏，张涵予穿着警察制服，居然很窝囊

地摔了一跤……

曹：这个是在剧本中就有的，最早的一稿比这个还要夸张，撞完了以后，镜头切到医院，周迅在里面站着，还是气汹汹的，张涵予张着嘴，他的腰给戳了。我是希望片子里出现的每个主要人物都符合我要的状态——极致环境下的焦躁状态，哪怕是一个警察。比如张涵予演的这个人物，陈国富(华谊公司艺术总监)之前跟我商量了好几次，希望这个人物简单化，他就是一个警察，没有那么多历史，他就是过来完成这个事，作为一个符号式的人物存在。但我极力不愿意，在这一点上你可以感觉到创作者和商业体制之间的博弈。我规定张涵予进来第一场戏，这个人物就和我们熟悉的警察不一样：他老婆给他戴了绿帽子，让他给发现了，他现在处于一种焦虑的状态。甚至一开始和张涵予谈的时候，我设计他这两天痔疮犯了，一走路老是特难受，很焦虑。他说这个可能有点儿不好表现，或者有点儿太过了，现在设计成张涵予永远点根烟，特焦躁，永远是那样的状态。我希望每个人物都有这样的历史，他是这样一个戏剧化呈现的故事里面的一个生活化的人，他是有根生长出来的那样一个人。我希望给所有的人物这些前史，他们才可能在你的故事里呈现出你需要的状态。要是没有那些历史，他们只作为一个符号，那后面的事就不成立了。

吴：还有像王宝强找小香这个事情，在你的剧本里是很重要的吗？还是单纯出于为增加王宝强戏份的商业考虑？

曹：这个事很重要。有小香那样一段历史，才有王宝强行为的驱动力。因为后面删了很大一场戏，所以你可能感觉不到小香的重要性。李米后来真的找到小香了，她又去监狱看望王宝强。李米说，我见到小香了。王宝强特疯；特激动地说："你跟她说没说我现在什么情况？"李米说："我跟她说了。"王宝强一愣，傻了。李米说："但是她说她会等着你，她希望你好好的，她会一直等着你出来。"李米说的时候，自己泪流满面，说完后不忍再看。起身就走了。在原剧本中，当时还没有决定让王宝强来演的时候，小香这个人物就已经很丰富了。一直在说小香，最后这个人物真出现了，长得不是特别漂亮的一个小女孩，而且是让你觉得有点儿贱的那种女孩儿。

吴：在现在的影片里，小香这个人虽然没有出场，但是是最现实的一个人物。她的身世带出了一种残酷的社会现实。但这些好像和这部电影不太搭调，完全就是一个通过语言展示出的社会形态。把这些放到这部电影里有意义吗？

曹：这个和我的电影观念有关系，我希望一部电影最后说的，一定不是简单地说这个电影讲了一个什么事。好的电影一定是在每个段落都让你觉得有惊喜，都让你读到了另外的东西。我肯定是有这种野心，而且希望这种野心是不动声色地呈现。包括裘火贵，因为他和乡长的老丈杆子住邻居。乡长老丈杆子把装修好的厕所的排风通道安在他家的厨房里，他天天闻屎味，他就和乡长老丈杆子急了，打了乡长老丈杆子一下，正好老头脑溢血死了。他撒丫子就跑了，在外面流浪好几年不敢回家。现在乡长说，这事了了，但你要交4万块钱就可以回家，他为了这个事必须挣到这个钱，然后他后面行为也就复杂了。说白了，我是想把每个人都摁到现实中，恨不得是从泥土里面拔出来的，而不是我凭空想的一个戏剧化的人物。人物的前史可以让这个人物回到现实中。如果做一部纯粹的商业电影，是不需要这种复杂化的，前面的历史根本不需要。商业电影的机制就是它的简单和单纯。商业电影作为一个载体可以让电影好看，而我力图通过商业载体的戏剧化的好看故事，在背后不动声色地呈现我们俩刚才所说的这些。

周期：成本与质量的博弈

吴：这部影片的影像好像介于那种非正常的世界和很纪实的世界之间，影像这块作为导演你有没有什么想法？

曹：其实我在影像上有很清晰的想法，原来影像上的想法是希望把那种诡异和捉摸不定贯穿于每个角度和每个构图里面。但到最后实现的时候，因为资金支撑的问题……

吴：这个戏花了多少钱？

曹：将近1200万元。我觉得最失败的地方就是选景，选昆明是最不好的，它让影片的影像风格变成了一个不伦不类的东西。那个城市和全国其他城市没有任何区别。我原来脑子里一直想要的那种暴晒的阳光完全拍不到。去了以后天天下雨，都要烦死我了。如果雨天，我拍湿的劲也行，可又不是那个劲，下一会儿有两天很阴，然后出一会儿太阳，又不出了。天气本身不理想，环境本身也不理想，你就很难实现你想要的扑朔迷离的鬼劲。我为什么特别迷恋喀什呢？我觉得喀什有可能支撑我的所有影像风格上的想法。所以，这部片子在影像上其实是让我觉得挺沮丧的一件事。

吴：1200万元可以有很精致的制作了，为什么还是不理想？比如，绑架那段，有大量车上的戏，可以拍得很帅呀？

曹：是，我曾经就是想做车这块，我想研究一下怎么能把公路片拍得很极致，特像一部公路片，这样可以在形式感上拉开一点。车的那部分，我们付出了很多辛苦，我们专门做了拖车。前面拖车，后面做一个低的拖车，把戏里那辆车放上去，就是这样，我都觉得是一个工程，不是一般的资金可以支撑的。到最后你发现拍一个镜头太困难了，几乎一天拍一到两个镜头，你又没有经济条件支撑这事。比如说，我们的发电机放在前面货车的后斗里，后面拉着平板车，发电机一发电，所有的摄影、录音就没法儿干活了，尾气很大。但是你把发电机拿出来，挪到车顶上，让尾气从空中走，那你还要用被子给它捂上，因为还要收音。诸多的技术问题到最后变成了你完全没有能力去研究很多车的镜头，比如怎么拍空间的压迫感和开阔感，用18毫米的镜头还是25毫米的镜头，在什么样的位置。我们在旁边都留出了轨道的位置，现在的影片里还有几个横移的镜头。这些很复杂的技术问题，必须要有资金支撑才能够完成。到最后，你会发现这些实现起来根本是你承受不了的。我们的预算算下来只能拍50天，这个戏又没有夜戏，除了周迅那一场没有夜戏，所以每天晚上无法工作，只能白天干活。当你一天只能拍一两个车的镜头的时候，你都快要疯了，这个活肯定没法儿玩，最后你就得放弃很多原来的设想。而且这部戏的困难是什么？是它真的是需要制作的戏，它不像《光荣的愤怒》，找一个合适的村，往里一扎，你就可以玩了。这部不行，所以我们再约个时间好好聊聊。我觉得这部片子是一个特别好的案例，从剧本到最后完成影片的过程，我觉得有很多经验可谈。我可以告诉你，中间的过程是在哪些地方，是怎么样一点点放弃，最后变成了这样一个完成品，这里面挺有意思的，永远都是你个人的想法和商业的利益之间的博弈。

吴：我们认识的商业电影有时候挺概念的，落实到制作上会发现都是一些很实的东西在起作用，把这些编成一本教材，其实对于你的学生明白商业电影是怎么回事，要比那些理论来的实际得多。

曹：对，都是实实在在的事。比如最简单的，我刚才打的那个电话，说现在没有任何钱支撑做有想法的字幕，你只能最做简单的字幕。可最简单的字幕你就会觉得这个电影整体的品质下来很多。没办法，华谊那边没钱了，因为我也是制片人，我在这里面要想办法挤出几万块钱，才能保证在三维电脑上做出片头字幕的各种效果，而这几万块钱对一部电影的品质判断可能就会差很多。

宁浩：讲故事是一门技术活儿

166／183

宁浩，男，汉族，1977年9月9日出生于山西。先后毕业于北京师范大学艺术系和北京电影学院摄影系。2003年编导影片《香火》，2004年编导影片《绿草地》。2006年，宁浩导演拍摄的小成本喜剧电影《疯狂的石头》斩获台湾金马奖最佳原创剧本，并获得包括最佳导演等在内的多个提名奖项；2009年，宁浩执导的电影《疯狂的赛车》以1000万投资成本取得过亿的票房成绩，成为继张艺谋、陈凯歌、冯小刚之后第四位迈入亿元俱乐部的内地导演，这也使宁浩赢得新生代“鬼才导演”的称号；2011年执导电影《黄金大劫案》；2013年电影《无人区》、2014年电影《心花路放》都获得票房成功。

叙事技术

吴：昨天又把《疯狂的石头》看了一遍，我个人觉得还是《疯狂的石头》更好，除了有叙事技术层面的东西，还有可以回味的人和社会的东西。《疯狂的赛车》在叙事技术上走得更远，但眼花缭乱之余，好像缺少点满足感，而且看到

后面觉得片子长，没完没了的，也许这只是我个人的观感。

宁：这可能与片长限制有关系。受片长限制，我剪掉太多人物的戏，最后在人物和故事中间做选择，我只能选择故事，把相当多的人物戏剪掉了，只留一个框架。其实，每次拍电影之前我都喜欢给自己一个命题，我到底要在影片中解决什么问题。这部影片主要还是想做一个纯粹的叙事技术的训练，所以选择了三个故事：一个葬父的故事，一个杀妻的故事，一个贩毒的故事。三个故事平行进行，互有关系，先定下这个格局，然后从这个格局出发先入为主地去做。这样做必然产生两个问题，第一是时间容量的问题，杀妻、葬父、贩毒每个故事都可以拍一部电影，要讲清楚，每个故事的容量必然会占一定的时间。第二、第三个故事还产生了视点问题，视点不跟着一个人走就违背了传统的叙事习惯，节奏和带入感都会有问题，观众的移情作用到底怎么产生，你要观众把情感放在谁身上，跟着谁去发展这个故事。我拍到一半的时候就在想，也许这本身就是三线故事的毛病。那么，到底选择不选择呢？后来我想，既然是做技术训练，就不要想那么多了，这些毛病我都接受，你要强调的就是事件之间那种碰撞的感觉，并且尽量在技术上完成它，把它做得更强就行了。单线故事比较容易找节奏，哪儿松哪儿紧，哪儿人物多一点，哪儿事件多一点。但在三线故事中是很困难的，三个故事都要有结局，那么高潮感怎么控制，这些都是很困难的。

吴：中国的主流电影导演在我看来比较文学化，注重情怀和社会性的东西。而你的出现让观众和评论界看到了另一种电影的气质，你比较敏感的电影的技术性是什么？这个东西是否是你创作的一个方向？

宁：我以前主要是拍MV。MV特别强调技术化，就是你服务的对象是谁？他们的需求是什么？而且，从我个人喜欢的电影和看电影的习惯来说，我是这么看待电影的。电影可以有多种形态，但是按照统计学的“二八定律”来说，肯定有主体和非主体、主流和非主流。“二八定律”中的80%和20%的电影是什么呢？80%的电影主要继承戏剧，用新的技术办法表现戏剧。也就是说，80%的电影应该是戏剧的、讲故事的，就是故事片。剩下20%的电影应该是纪录片，或者散文电影，等等。西方戏剧继承的是史诗和神话，而史诗和神话在社会中的功能就是讲故事，就是要在人的社会需求里面讲故事，与社会现实形成交换的意义。所以，电影必须得有故事讲。在这个问题当中，我比较喜欢干主流的事儿，所以我觉得电影应当讲故事。那么，故事片就应该有它的规律，从古至今，故事已经讲了几千年了，从没有文字就开始讲故事，你能比这几千年来讲故事的人更出奇吗？我觉得这很难，前人已经总结了很多的讲故事的道理和规范，什么样的东西，什么样的符号会产生什么作用，对观众能产生什么刺激，掌握了这些东西你就学会了规规矩矩地讲故事。所以，讲故事肯定是一种技术。

吴：你觉得中国电影讲故事的问题出在哪里？

宁：80%的人在干20%的事儿。对市场的要求来说，也许只有20%的人需要看那种电影，80%的人不需要，但是为什么没有人去尝试做那80%的事情呢？这80%也就是服务于市场的影片。这跟美国一样，市场上的80%都是故事片，80%都在讲故事。这是相对良性的，而市场也对那20%的电影保持着某种宽容度。但是如果调过来，让那

80%的人非要买那20%的账，他们是不会买的，最后变成两种电影都没有生存空间，无论商业片还是艺术片的生存空间都特别小。我们现在仅仅靠着电影的一种效应在生存，没有意识到电影还有另一种效应。任何东西我觉得都有两种属性，一种是教化功能和故事功能，另外一种是社会功能。由于电影艺术的接受形态是一个聚众观看的形式，聚众起到一个社会交际功能，交际功能就要把大家聚拢在一起。所以，我的电影满足的是一种社会交际功能。我只是比较规矩地站在电影的本体功能去思考。就是说，电影的本体功能是应该干那80%讲故事的电影。

吴：在讲故事的技术中，你重视的是什么？或者构筑戏剧冲突，并且在冲突中建立起有感染力的人物，这样的事情对你意味着什么？当然这里也有传统和现代之分。

宁：我觉得没有分别，包括我现在做的这两部片其实是非常传统的戏剧构建方法。而且所谓荒诞主义，也只是建立在现实主义的基础上稍微改变了一些，屋子还是这间屋子，只不过可能是换了一种颜色。而且荒诞派这个东西也不是现在才有的，好几百年了，放在戏剧历史上看其实也挺传统的。只不过换了一种方式，强调了偶然性和必然性之间的互动关系。到底世界是偶然还是必然的？世界永远是两元的，强调必然性的时候忽视偶然性，其实偶然性也经常起到特别关键的作用。如果你换个视点，站到另一面去看，还是同样一件事，最关键的是你得弄清楚本源是什么。包括戏剧构建的时候具备的那些元素，无论从人物还是事件入手，人物即事件，事件即人物，两者是统一的。

吴：是不是可以这么理解，你故事的技术性，其实是在强调故事的动作性，而其中的偶然性又占了很重要的位置？比如《疯狂的赛车》，它的独特性就在于全部都是动作的偶然性。

宁：偶然性不是随便用的，偶然性是有一个必然推导的，你在计算故事的时候，会发现偶然性最终还是必然的。世界上的很多偶然都是有必然原因的。像《疯狂的赛车》，剧中人都是奔着这个比赛来的，最后当然就撞在了一起。这是具备的先决条件，不是纯粹给你一个偶然就偶然了，我觉得要平衡这种动态的能量，要不断地想，清楚到底是偶然还是必然的。用偶然的时候要特别小心，要反复想这个偶然对不对，是故意安排的，还是不是故意安排的，只有自然生长才有可能撞在一起。

吴：在这个过程中，你怎么来把握时间感？

宁：我觉得时间在每个人的纬度上都是一个从前往后的线性的物理时间。不过，戏剧的时间可以比较自由，但是这个前提是对故事的线性时间有一个非常清楚的摹本。这件事情第一天、第二天、第三天怎么样，把这个弄得非常清楚，然后再去倒装它，这个时候观众就不会乱。这是一把尺子，必须按照线性时间先把故事写完。

吴：也就是把每个故事的开始、中间、结局弄清楚，然后再打乱……

宁：对，然后再进行修整，我可以选择这样说，也可以选择那样说，不是故意的，而是有道理的。比如说，《疯狂的赛车》剪完第一版的故事是三段故事各讲一遍，按时间顺着讲，但这样产生了一个冲突。顺讲故事是对的，但在前面，故事会比较松散，观众接受人物比较慢，故事的进入感也特别慢，而且观众没有建立起情感。但是，影片一开始就先给你出主人公，先让观众知道跟着谁走，然后再讲别人的故事，这样做虽然节奏也会慢，时间长度没有变，但观众脑子里不会乱，知道跟着谁的戏走。当然在安排三个故事的时候，你要清楚观众的移情作用会在哪个人身上，不能没有主次，主要人物当然要是好人。观众由于有他的社会需求才来看电影，这种社会需求的代表属性就是善。善良人作为主线，多给他两场的笔墨，观众自然就会跟着他走。不过，下一部不会再做这么复杂的事儿了，算得头疼了。

吴：其实，仔细分析《疯狂的赛车》，虽然你希望把故事的高潮放在赛车场，但就整部影片来看，空间似乎不像《疯狂的石头》那样能把观众的兴奋点都集中在最核心的戏剧冲突上，而显得有点散。

宁：我觉得问题根源还是出在三个故事上面，如果是一个故事就很简单了。这个当然也没什么借口。我后来仔细分析研究过，还不是空间的问题，它的问题就是三个故事的并列存在。三个戏剧冲突同时存在，没有同样的着力点。《疯狂的石头》则不一样，三人都要找一个东西，就是石头。虽然线索很多但都围绕一件事，围绕一件事情做出80条线索都行，大家是一个目的，那么这个时候就有一个凝聚力。但是，三线故事就是我要干我的事儿，你要干你的事儿，他要干他的事儿了。因为我当时做赛场的这个场景就想通过空间解决问题，但后来发现空间解决不了这个问题。时间和空间反映的是一个技术上的表象，不是最根源的问题。实际上，出现问题的根源还是在人物的动机上，真正凝聚一个东西的力量是每个人物的欲望，这是一个故事的核心和动力，也是传统叙事所讲的，一切的出发点源于人物的动作。

当时做故事的时候也是从这个出发点思考的，但最后还是掉在这个坑里了，就觉得处理得不好，我后来发现科恩兄弟的电影也有这个问题。但科恩兄弟的电影有一个明显的优势，不像好莱坞电影，没有一上来就营造一个特别强的戏剧冲突，每个人的出发点都不太一样，但是有趣的是能让这些不同的出发点相互碰撞，然后构建一个奇怪的故事，这个故事不太正常，所以科恩兄弟电影的结局是最难处理的，以至于他们最后把两千年前用的一个手段，就是戏剧舞台上的一个手段——“天使的结局”都使用上了，突然天神下来说你是好人、你是坏人，而这也构建起了他们故事的魅力。每个人发展方向不一样，但是最后又能编织成一个故事，实在没法在一个点上解决所有的故事矛盾，就干脆给你一个好人有好报、坏人有坏报的简单结局。这虽然看起来戏剧的本身不太成功，但是在观影过程中又会给你不一样的体验。我觉得这种荒诞戏剧到最后最大问题还是解决人的问题。严格地说，《疯狂的赛车》比《疯狂的石头》更具荒诞性，但是《疯狂的石头》还是传统单一戏剧框架结构之内的故事，而不是极端强调世界无极的多元素故事。

吴：所以，我特别想知道在耿浩这条线索上你都删减了什么情节？

宁：删减了很多情感戏。实际上，这些在这个故事空间中已经撑不下来了。而且我本来想出字幕以后再出结局。但是我后来发现这也有点问题，如果结局在字幕之前出观众会更舒服一些。因为观众有一个观影心态的问题，坐在家里看碟与坐在电影院看电影的接受状态不一样，因为在家里看碟的话我会有一个淡出的感觉，大结尾小结尾。电影院里一亮灯，或者一出字幕就有散场要走的欲望，这个其实反而破坏了观影的完整性。

吴：我看的时候，基本上是在亮灯的情况下看完的结尾。

宁：那才是真正的结局。所以心理状态已经不一样了。这应该是这部片子的一个失误，应该将人物的结局完成，再出字幕。

草根人物

吴：刚才我们谈到了有感染力的人，你怎么看你影片中这些草根人物的感染力？

宁：就是不能做得太现实了，但也不能太离地，要在这两者之间找到一个擦边的缝隙。所以，我还是主要从戏剧人物开始。这部片子的戏剧建构本身就不太真实，现实没有那么热闹。而这种故事建构本身就决定了人物的高低，其实你选择了一种什么样的事儿也就选择了一种什么样的人物，比如选择了家长里短，老头和老太太要离婚的事，它自然就离生活很近了，落在地上。但是如果选择“007”这种人物，自然就离得很远。所以这就是画人与画鬼的关系。

吴：商业片人物的感染力常常是来自某种挑战，无论挑战是成功或者失败，都会带来某种感动。《疯狂的赛车》中给人物的这种挑战是什么？所有人都在忙着自己的那摊事儿，这可能跟你删掉一些戏份有关系。

宁：其实没有直接关系，我觉得问题基本上出在剧作上，就是写得不

好吧。忙着应付事件，这事儿到哪儿了，那事儿到哪儿了，所以，在电影当中就损失掉了很多东西。

吴：我看过一些对你的采访，实际上，你电影中人物的状态，有你自己的哲学或者形而上学的思考，你怎么看你电影中出现的这些人物？

宁：我觉得应该是受各种东西影响形成的自己的文化人格。从我来说，可能那些在山西的经历啊，或者身边的人，像我父母都是工人，我接触比较多的都是工人子弟，是他们的智慧。包括影片中的黑帮，实际上是从电影中来的，是概念中的黑帮，我们内地所有的黑帮文化都是来源于电影。

吴：香港电影？

宁：对，就是解构香港电影。基本上都是由你以前所接受的这些文化符号而来的，所以就从这些文化符号开始。我所熟悉的人都不是什么层次太高的人，但他们都很生动，我觉得他们的小智慧、小聪明都是这样的。

吴：实际上，你的电影中出现的这些草根人物，不仅出现在你的生活中，其实大多数人的生活中也都是一些小人物。我想说，你觉得这些人物能成为中国娱乐片的主体人物吗？

宁：我觉得，中国在文化形态上，或者说整个社会结构形态，还是比较落后的。咱们现在做的事情西方三百年前就完成了。人家从很早的时期，就已经从农耕文明转型到都市文明，而我们国家到现在为止还处于农耕文明的阶段，或者说现在才开始从农耕文明向城市文明发展。要真正达到国际化的城市标准，还有几十年甚至更长的时间。所以，中国所谓的城里人，推三代以上也都是农民。因此，绝大多数地方的城市人口还处在以农耕文明为代表的文化中，或者后农耕文化，没有进入到城市文化为主体的时代。为什么春节联欢晚会每次赵本山出来都最受欢迎？为什么全国人民都乐？其实这种心态印证了我们还不处于一个城市文明的范畴之内。所以，这反映了这个阶段内的一种文化主体结构，那么在这个文化主体结构内，有共鸣有感染力的是什么？所以我觉得在这个特定的历史形态下，这些人物还是一个特定的代表。

吴：是不是可以这么理解，你是希望通过你所谓农耕文化范畴下的这些人物讲一些可以被尚未完全城市化的观众所接受的故事？

宁：我觉得是这样的，故事可能是一个超越文明的东西，你现在读神话故事，读一个时代的故事也一样会感动。因为故事给什么人都可以看，我不觉得故事有特别的界限，但是艺术接受特别重要。它受时代局限，受类型的局限。比如说你拍的是荒诞喜剧，荒诞喜剧本身就带有特别草根的属性，像盖伊·里奇的、昆汀的，他们拍的所有那些黑色喜剧片，几乎都建立在小人物身上。他们的出发点都是建立在很多底层小人物身上，才能反映出那种独特的气质，这是受题材局限的。如果拍警匪片或者爱情故事就不一样，相对就比较宽泛，你可以选择底层的爱情，可以选择白领的爱情，也可以选择王侯将相的爱情，都可以。

吴：实际上，你影片中出现的这样一群人物所构建的是一种独特的类型，在这个类型中，这些人物是合适的。

宁：对，观众为什么会发笑？幽默出自哪里？笑是一种批判，笑是一种态度，是一种对批评的释放。其实观众看的喜剧越多，释放得就越多，心态就越好。为什么听相声大家会乐？因为相声是建立在讽刺的基础上，就是批判，所以大家就乐。你拍人性特别光辉伟大的那一面观众不乐，有人舍己救人，甚至付出生命，可能会肃然起敬，但那是另外一种情感。人的丑恶的那一面表现出来以后，观众才会乐，笑实际上是批判，笑的永远是人性负面的东西，是坏的东西，而这种草根人物受教育少，负面的多。如果选择受教育良好的人物，起码那种东西相对较少，就局限了喜剧和笑料的产生，所以选择这种层面的人物会比较有趣。

吴：伍迪·艾伦的片子你喜欢不喜欢？

宁：我还行，我觉得他的片子建立在两个基础上，第一是建立在西方哲学和西方文化系统之上。第二，他比较小资，他的幽默很多是建立在接受过教育人群之上的，是非常理性的那种调侃的方式，但这一定会局限他的观众群。我觉得艺术不可避免有一个特别重要的文化情感因素，一些软的东西在里面。这个文化情感因素是根本无法逾越的。比如说，我知道中国文化有很多问题，但是有一个道理：她再丑也是你妈，你还爱她，包括你自己有时候也会变成她。看西方电影的时候，在理性和逻辑上会欣赏，但是永远达不到一下就感染了你，马上拥抱你的感觉，他跟你握手而不是拥抱，你没有那么强烈的共鸣，所有大师的作品看上去都是这种感觉，你不会觉得你被热烈地拥抱了、熔化了，你只能是理性地说这个挺好的，就像中国人看芭蕾舞一样，真正看明白的没有几个。

吴：你觉得像盖伊·里奇或者昆汀的电影和你的电影共通之处在哪儿？你怎么看他们的电影？

宁：不是拥抱，起码是拍拍肩膀。比如说他们电影语言的部分，对于我来说肯定是不理解的。比如说台词。昆汀的电影台词量很大，必须有个翻译才行。你看的时候可能并没有太直观的喜剧效果。但是，当把这名杀手翻译成中国的一个小痞子，没事儿满嘴仁义道德地讲《论语》，你就觉得有意思。但，这还是不直观的，这种不直观的东西是我们看电影的时候无法逾越的。所以，我觉得语言层面的东西是不理解的，但在戏剧构建的层面上你是理解的，就是戏剧本身没有界限，戏剧对全世界人是共通的，是可以被人直观接受的，就像“黄金分割”摆在那里就好看，这是没有界限的。实际上，昆汀和盖伊·里奇的电影都是强化戏剧冲突构建的方式，这种幽默是全世界人都看得懂的，所以我选择这种方式。

吴：换句话说，你理解的昆汀和盖伊·里奇的电影实际上还是从人物的戏剧性动作入手，找到的一种幽默的方式。

宁：对，因为人家讲的《圣经》咱们也没读过。但那种行为方式是在全世界的文化系统中都会发生的事。

吴：你觉得这样的电影在中国会是一种什么状态的电影？会成为一个有生命力的电影类型，还是只是现阶段产生的电影？

宁：如果拿类型来说，这种电影只是多种类型的一种，只占很小的市场份额。但并不是说，一种人只看一种电影，因为作为一个人来讲，人的复杂性比我们自己认知的要复杂得多得多，人的精神需求有太多层面了，欲望无止境，在能力允许的范围内，人总是希望接受更多的，一个人不见得只喜欢看喜剧，也可能喜欢看悲剧、动作片、爱情片。因为每个人都在社会中生存，每个人的成长都会经历很多问题，所以就会有市场。这种类型我个人认为不算很大的类型，只算是一种电影类型，在中国是相对独特的。喜剧在中国的需求量，我觉得大于周边的国家。

吴：你是不是一个擅长拍喜剧的导演？

宁：其实我不是擅长拍喜剧，我也没有按照喜剧的办法构建我的电影，能达到这种效果不一定就是喜剧。我其实是一个幽默感不太强的人，我只是喜欢纯技术化地去研究喜剧。观众看这儿笑了，他为什么会因此而发笑，他的戏剧构建关系是什么；观众哭了，为什么会哭，为什么被感动，被哪一块感动了。其实我是特别技术化的人。

吴：是不是可以说，你其实是致力于拍类型电影的导演？

宁：对，我很喜欢类型电影，其实我觉得所有电影都是类型电影，类型不是电影中的一部分，而是电影的一种分法。按美国人的说法所有的电影都是类型片，连艺术电影也是100多种类型片之一，这种影片叫小结局故事。我觉得这是一种区分办法，我个人觉得是相对科学的。

吴：在你看来，类型片完全是通过计算观众的情感反应来结构故事的电影吗？

宁：应该可以这么说，而且我觉得艺术片也是一个道理。你总是要给别人看，甚至做到极致就是给自己看，自己拍给自己看，其实你也在计算你自己这个观众，你为什么感兴趣，本我和自我应该分离开，我对什么感兴趣，纯粹的东西是不存在的。所以，商业片、艺术片二元对立的分法我不是很赞同。

吴：在目前中国这样的电影市场中，你感兴趣的故事类型是什么？

宁：我觉得挺多，其实不完全是类型的问题，是话题。你对什么话题有兴趣。比如我下一部片子想谈关于欲望的问题，就是每个人都拼命地干活，其实你在满足自己的私欲，你这个私欲披着一件规则的外衣，每个人都挺奇怪的，每个人都觉得很疲惫。然后，每个人都在抱怨时间过得太快了，时间过得快是因为你把时间都交给社会了，交给别人了，其实应该更多地留给自己。但是你为什么都交给社会了，是因为你的私欲，你要拿更多的时间换回钱，换回社会地位，有各种各样这样的问题，这种可能会影响多少人，这些人是不是我的观众。

中型成本

吴：《疯狂的石头》现在已经被当作一个低成本的典范，你觉得成本对于你来讲意味着什么？

宁：就是能干多少事儿。我一般不从成本角度出发，不会先想我下一部要拍一个五千万的东西。我是写完了再算值多少钱，多少钱能拿下，多少钱能达到我要求的各种效果，我基本上是这么考虑的。从战略上讲，我是希望做中型成本的电影。

吴：中型成本是多少？

宁：一千万到三千万。

吴：不超过这个界限？

宁：对，因为我觉得说责任心有点大了。如果可以比较的话，美国电影市场是最好的一个市场，日本市场也不错，从他们市场来看，每年市场机制的产品70%都是一千万到三千万的电影。因为这跟餐馆一样，街上家常菜是最多的，进去挺干净，也不丢人，这样的饭馆应该是70%。然后15%或者20%是大片的份额。这就跟社会形态一样，枣核形的形态是一个稳定的市场。

吴：这些钱你会花在什么地方？

宁：主要花在制作费用上，《疯狂的赛车》是一千万。关键还是从我的手艺出发，你需要多少钱来完成你的戏剧。所以，我觉得如果做一千万到三千万这个区间的产品和开拓这个区间的市场是最有价值的。但是我们国家是一个哑铃形，70%的投资都用在大片，剩下30%至40%用在小片上，中型成本没人敢进，当变成哑铃形状的时候，市场就不稳定了。

吴：你认为中型成本是完全可以满足一个优质电影的制作？

宁：完全可以，而且完全可以赚钱，要不然就会变成两极化，就会变成永远的消耗明星，但却没有制造明星。真正的明星是要靠中型成本制造的，一部一部小片子、中片子、大片子，然后把明星培养出来。现在，全国有票房的明星就那么几个人。国内就算葛优了，葛优还只有放在冯小刚的电影里值钱。因为没有那么多的中型成本的电影，演员得不到训练。其实，演员现在生活得很悲惨，没有那么多机会。中型成本是最能满足投资老板的，钱花得掉，赚得回来。小型的，我有两千万的钱要投资，我只能投200万，剩下1800万投到哪儿去，满足不了投资欲望，然后也赚不了什么钱。但大片子又进不去，也不敢投，这样问题就产生了，如果把中间成本弄开了，大量投资可以进入这个成本，也解决了大量演员的就业问题，也会创造出明星。

吴：你在做剧本的时候有没有考虑中型成本带来的选择，中型成本电影应该

是一个什么状态的剧本,比如明星、场景、周期等等?

宁:肯定是有的,这些都要考虑。包括跟演员的协调、沟通都要考虑周全。现在我们还在消费香港二十年前造就的明星,他们多大年纪了,电影中依然没有年轻人,银幕上见不到年轻人是件挺吓人的事情。未来怎么办?总靠明星支撑,没有明星,观众怎么会买票看电影呢?这是一个招牌,我们需要不断地更新换代,不断地有大明星出现,我觉得这个还是需要去努力的。

吴:你对国外市场有没有野心?比如说各种电影节或者商业片的市场?

宁:那是投机主义者,我不花时间和精力去干那些事。我觉得最需要做的是本土市场,自己家的地还没种好,就先惦记到人家地里收麦子去,你家里这么大片荒地为什么不去种?要先把自己地里的麦子收好了。人的精力是有限的,好高骛远没有用。

吴:你觉得目前中国电影工业存在的问题是什么?

宁:问题挺多,方方面面的,因为刚刚起步有问题也正常。中国电影工业化才七八年,当然各方面经验都很欠缺。比如市场还不规范,发行系统怎样能够建立一个良性的体制,回收的票房怎么透明?现在,发行商自己都拿不回成本,怎么再把资金回到投资方手里?只有投资方赚了钱才能继续投资。一锤子买卖,就给人坑了,下次谁还会再投?还有从业人员的素质问题,外国都是大学生拍电影,咱们这儿有大学文凭的导演没几个,鱼龙混杂的太多了。比如,我们都面临没有编剧的问题，好编剧都当导演了，说明对编剧的社会地位尊重不够，你给人家吃饱饭，给人家名声，为什么人家改行要做导演呢？问题就是没有建立起有效的系统，没有保证编剧的收益，不能保证拿到分账和版权。

吴：《疯狂的赛车》这部片子用了七八个编剧，下部片子至少三个编剧？

宁：对。

吴：你认为这种集体创作是不是一种很好的电影创作方式？

宁：比较适合我吧，我比较懒，喜欢多找几个人聊聊。但是也有一句话：成大事者不宜众谋。

张一白：孤单是一种都市的告白

184 / 195

张一白，重庆人，1991年毕业于中央戏剧学院戏剧文学系。1995年成立“同志工作室”从事MTV、广告拍摄。2001年组建“深度光线文化传播公司”。2002年拍摄电影处女作《开往春天的地铁》。此后，相继导演《好奇害死猫》(2006)、《夜·上海》(2007)、《秘岸》(2008)、《将爱情进行到底》(2011)、《匆匆那年》(2014)。

我和张一白算认识，没正经聊过艺术，闲扯的时候比较多。我认为他是一个善于表达的人，神侃大约是导演的必修功课。记得有一次，在饭桌上，他口若悬河，“素的”“荤的”把进餐气氛搞得像盆麻辣火锅。但这一次，当我们面对面，把录音机打开的时候，他却看着我：“这么正式。”长时间的对视与沉默，成了我们谈话的主要状态。他的表达似乎在被什么干扰着。我艰难地拍打着他电影思维的大门，但不知道他是否打开，可我确定，门后一定不是空房子……

吴：当导演诱惑挺大的，实际上当真正深入这个行业的时候，会发现导演的掌控力其实是有限的，不知道你同不同意这个观点？

张：导演是弱势群体，别看在现场挺威风的。电影实际是两半，一半是创作，一半是推广发行。一部电影作品不仅要拍好，还要卖好。如果这两方面做不好的话，这个电影可以算是失败。你拍得再好，口碑再好，但发行没有实现预定的市场目标，那么你所有的劳动最后可能只成为一张碟，而且是盗版碟，你的劳动会被很多人看到，但却是很可悲的。

吴：其实你的这几部电影——《秘岸》《夜·上海》《好奇害死猫》，还有《开往春天的地铁》，如果从商业角度来讲还是有很多卖点，明星有徐静蕾、刘嘉玲、赵薇、莫文蔚，从故事上讲，都属于软性情色电影，都是可以大做文章的。

张：这些影片确实是软情色电影，应该具有一定的商业价值。但是，我现在这些电影其实没有做任何宣传，又仅有那么一点拷贝，所以不可能有好的票房。

吴：前段我和几个年轻导演也在谈，现在中国电影市场对年轻导演的作品来说挺残酷的，特别是一些文艺片，中低成本的文艺片出路很窄，一方面被大片挤占了绝大部分的市场空间；另一方面又缺少文艺电影的营销方式。

张：所以说，得有一批专业的、懂创作的、又具有营销想法的制片人存在。然后，当他们具有某种实力的时候，才会出现成功的作品。比如冯小刚，他能拍《非诚勿扰》这样有文艺色彩的片子，而且还有两亿的票房信心。其实，中国电影一直以来深受文艺片的影响，“文革”前、“文革”之后，中国观众实际是有文艺片基础的。当香港电影以录像带方式在内地流传的时候，其实大家也深受文艺片的影响。因为，香港电影在20世纪80年代，文艺片具有很大的市场，口碑也是在那个时候拍出来的。比如，陈可辛就是拍文艺片的，他为什么那么火呢？因为在他那个时代，文艺片具有主流化倾向。如果陈可辛不幸生存在现在这个时代的话，咱们很难预料会有什么样的结果。但是，文艺片确实是需要有人做。如果发行不好，那么我就自己来做；如果还是失败了，那我只能跟观众说声对不起。

吴：你觉得你是擅长拍文艺片的导演？

张：我不认为我是擅长拍文艺片，其实我拍的片子挺商业的。

吴：但你那种商业好像不是今天观众需要的动作性、高节奏的商业片，你的电影中有一种说不出来的诡异。

张：某些时候我也在反省自己，要么你做纯粹的商业片，要么你做纯粹的文艺片。我经常在想，自己在商业电影中是不是不应该加入那些文艺片的因素？

吴：如果建立一个强大的文艺片发行体系，让文艺片找到出路，找到喜欢文艺片的观众，你觉得文艺片能成为中国电影的主流吗？

张：文艺片不是主流，我每次拍的都是商业片，到最后都成了文艺片。

吴：其实，你的电影还是具有某种“准品牌”的意思。大家一提到张一白的电影，都能想到是比较文艺、比较抒情、比较状态的电影。在我看来，你把自己

的电影经营得挺好的。你内心的冲突在哪儿？

张：我马上要做一个自己的投资公司，我不但要经营自己，我甚至还要经营别人的片子。我在想，我的创作或风格，在商业和文艺中间，在大片和喜剧的夹缝中有没有机会。这种想法其实挺普遍的。纯粹的商业导演、纯粹的商业片也没有生存的空间，甚至连创作的空间都没有。你说咱们拍类型片，除了喜剧片，还能拍什么呢？你能拍警匪片吗？你能拍鬼片吗？现在唯一的空间就是爱情片。但是爱情片又有问题了，从政策层面来讲，中学生不能谈恋爱，所有中国人在电影里都晚熟，都得在20岁以后才会去谈第一次恋爱，这样一来，你想要的那种感觉就完全没有了。从市场层面来说，发行会告诉你爱情片不卖钱，你还需要把爱情片附加到其他类型片中。所以，商业片空间很小，喜剧又是一个少数成功的类型，是极少数有天赋的人才能做出来的。所以，能拍的恰好是在文艺片基础上进行商业片包装的影片。我们生活在一个最好，也是最坏的时代。电影作为一个工业来说，票房是硬道理，但是电影有时候又成为艺术，于是中国电影就在商业和文艺之间徘徊了。

吴：你怎样看爱情片？你的片子在某种意义上讲，都应该是爱情片吧，包括你拍的电视剧也是都市言情剧。

张：我始终觉得中国电影在等待，一个是等待小成本的成功电影，这个片子出来了，就是《疯狂的石头》。但是，中国电影还在等待另外一部电影，20年来，甚至是30年来都在等着一部纯爱电影，这部电影没出现，就像《情书》《甜蜜蜜》那样感动全民的电影。我不知道上天会恩宠于谁。

吴：你在这方面做了尝试吗？主要感兴趣的部分在哪儿？是纯爱？

张：我的每部电影都存在于纯爱和纯欲之间，都是在用其他类型的影片来包装爱情故事。比如，《好奇害死猫》是用悬疑惊悚故事包装一个爱情故事。甚至为了写一个保安和一个贵妇之间那种脆弱的、遥不可及的“爱情”，我还必须写另外一个故事，就是胡军和宋佳之间的情欲。我们可以在廖凡身上看到一个卑微者为了爱情的执着和献身，我觉得那是一段纯粹的爱情，我感兴趣的是这个东西，但我需要类型化的包装。而《夜·上海》则是异国情调的，我觉得算是比较纯粹的爱情，但是发行不好，因为他们没有信心，所以投资和宣传也保守了。

吴：我看完《夜·上海》，觉得那是个不可信的故事，有点荒唐，这显然不是爱情片的感受。

张：这部影片的问题就在这里，年轻人就喜欢，对他们来说，他们需要这样不同于常理的爱情故事，它如果有逻辑性、有合理性，那么浪漫、感人以及梦想就没有了。从内心来说我更喜欢《好奇害死猫》，但很多人又告诉我，《夜·上海》是你拍得最好的片子，我也茫然了。

吴：我觉得你创作的出发点还是有非常明确的商业考虑，如果是纯粹的文艺片，故事可能就不是你现在的讲法了。从现在你的几部电影选择的叙事角度来看，你好像不太满足只是讲一个煽情好看的故事。比如《秘岸》，这部电影最吸引你的地方在哪儿？

张：仍然是一种关系，就是一个女人突然来到一个家庭里，将这个家庭的关系搞得那么扑朔迷离，那么神秘莫测，弄得大家都在思索自己的隐私。在剧本创作过程中，我自己知道应该经营哪个人物，或者经营哪种人物关系，但我不知道是否可以经营下去。比如莫文蔚和男孩的关系，甚至莫文蔚与男孩父亲的关系，这是影片中最有趣的。但是，在创作中你却发现这样的人物关系很难经营。也许，这部影片的拍摄有些不合时宜，拍得再早点或者晚点也许会好些。但是，我在反省中也发现没有经营和营销不下去的东西，作品都是靠卖的，靠吆喝的。一是你有创作的把握，此外，还要从营销角度考虑，有没有另外一种方式把它卖得更好。

吴：《秘岸》也是这样，观众看到最后，想知道到底是一个阴谋还是一次车祸？但最后你没有把这个事交代出来。

张：我是有意回避。

吴：你希望通过这种回避给故事增加一些你想要的东西，这个东西是什么？

张：《秘岸》这部影片还是想文艺气质重一点。其实，原来有一个父亲活着的方案，也写出来了，但是最后还是比较喜欢模糊一些，当这个女人讲完故事之后，儿子又把这个故事推翻了，这也许对我来说更有吸引力。其实，我对影像环境气氛的重视，从技术上来说还是很感兴趣的，乐此不疲。我觉得这也是构成我自己的一种美学趣味、创作习惯，否则对我来说，作为导演的吸引力又在哪里呢？

吴：那故事呢？

张：故事对我来说也很感兴趣，我挑的故事都不是普通的故事，都具有很奇特的关系和一种奇特的情景，或者说是一种奇特的情感来作为故事的基础。第一部戏《开往春天的地铁》，实际上是一种很普通的人物关系，但是，我尽可能更多地运用影像的手法，在影像上用MV或者音乐这样的手段来增强影片的叙事。希望可以在一种异常的关系中去寻找情感的抒情性，然后在一种日常的、民间的生活之中去找一种美感，对我来说这可能是最有吸引力的地方。

吴：我特别想知道你在经营故事的时候，你的重心在什么地方？有个现象很有意思，你们这拨中戏毕业的电影导演，对人物状态的兴趣要大于对故事的经营，你有没有思考过这个问题？

张：这可能是一种习惯。讲一个故事，或者讲一个好看的故事，应该有很多的切入点，选择这样的叙事方式讲故事，都是经过导演深思熟虑的，当然会有很强的个人喜好在里面。但是，从另一侧面也可以说明，我作为导演首先还是对故事感兴趣的，而且在想尽办法把故事讲得不一样，避免那些家长里短的东西。

吴：以《秘岸》来说，儿子这条线索在整个故事当中，你觉得他跟母亲是一种什么样的关系？我觉得他们不太像母子，包括蒋雯丽的气质，也觉得不像母亲。刚才你说喜欢另类的人物关系，那么演员的选择也是建立在这样的考虑之上吧？你希望以独特的行为带出一段独特的经历，但如果没有经历，人物似乎就一直处在混沌的情感状态中了。当然，这也许是你理解电影的一种方式。

张：我觉得在《秘岸》中蒋雯丽的母亲形象还是很清楚的，在蒋雯丽处理表演的时候，我跟她讲，一个女人的丈夫死了，是很悲哀的事情。但在生活的重压之下，我觉得更多的应该是一种麻木。然后，当小易出现的时候，她的生活才一点点发生了改变。在情感的撩拨下，女人内心深处的东西一点点被挖掘出来。所以，我们在整部影片的设置上也是从单色调慢慢艳丽起来。其实某种程度上是在写一个女人，写一个很普通的女人，这未必是一件坏事情。对她来说，这种压抑生活的情感排泄口还是在小易身上，我对这个女人的兴趣其实是在心理。蒋雯丽扮演的母亲形象也挺落魄的，她对小易有一种感情的流露，最后她还是把钱拿出来，看得出他们是天涯沦落人，这几颗孤寂的心灵碰在一起，都想找一个出口，但是这个出口是找不到的。在拍摄前，我没有意识到。在拍摄过程中，尤其是在黄昏拍摄的过程中，我才发现我的电影很多是在寻找情感的出口，这是很艺术的说法，但是，这确实是我特别强烈的感受。那时候，我意识到，我电影中的所有人都忙忙叨叨，又是制造杀人，又是制造各种浪漫，忙活了半天其实都挺孤单。所有人都想沟通，所有人又都沟通不了。这就造成每个人的误导，每个人都想把自己表达出来，但又都无法表达出来。但这是一种潜意识的东西，我是带着写人类的孤独来拍我所有的电影。我的每一部片子都在想人与人的沟通，人与人之间的表达。我记得印象最深的是《秘岸》中有一场戏，镜头从父亲的遗像、母亲一直摇到儿子，最后是父亲望着自己的老婆。那场戏拍完以后，录音师挑了一段音乐我们看回放，那时候我自己觉得很伤感、很寂寞。如果我能早一点意识到这种孤寂，效果也许会更好一些。

吴：是不是跟你个人或是你生活的环境给你的感受有点关系？

张：可能跟我成长过程有关。我记得我读大学的时候，有一种特别强烈的黄昏恐惧症，一到黄昏就惶惶不可终日，我对那种情绪印象特别深。我想这种情绪在我大学生涯之前也出现过，那时我在深山里教

书，这种情绪就好像一道鸿沟，应该是那时候就产生了这种情绪，非常强烈地害怕孤独。

吴：说到这儿，我想到《秘岸》里那个六神无主的儿子，其实他的朋友也不多，又不善于表达，又不明白女孩对他的感情。我觉得《秘岸》最好的角色就是那个戴眼镜的女孩青青，最出人意料的也是这个人物。

张：我觉得这是《秘岸》这部影片最得意的地方。我觉得自己应该去拍青春片，我影片中的青春段落都比成年人的戏好，那种感觉状态特别好，一种朦胧的感情，那种青春片的质感拍得特别好。

吴：所以你的电影是段落化的，一段有一种情绪。也可以说是风格，不完整也是风格，不流畅也是一种风格，你在现场是不是有些独特的方式来创造这种风格?

张：会有这种东西存在，周星驰曾跟我说，看你拍电影，你感兴趣的地方就行，你不感兴趣的东西很容易就过去了，可能就是你说的段落性。

吴：看你的电影让我想到90年代香港UFO电影人公司的作品，比如《流氓医生》之类的作品。我觉得在某些方面，你的电影跟那个时期的香港文艺片有些近似。

张：我挺喜欢那些电影，特别喜欢《难兄难弟》，那种很文艺的、民间的东西，或者是浪漫的、情绪的东西，它们相互结合在一起很舒服。

吴：你在中戏读书的时候，对你比较有影响的电影是哪部，现在回想起来，依然能让你产生情感上的共鸣？

张：《末代皇帝》和《阿飞正传》。《末代皇帝》令我挺震惊，大时代背景下描写个人的、细微的、灵魂中的渺小与孤寂，这很容易产生共鸣。这部电影不是写一个大时代背景下的皇帝如何变成普通人，而引起共鸣的好像是一个人在路上孤独地骑车，一个人在监狱里笃守，那是一种很冷清的东西，而且微不足道的，很脆弱。《阿飞正传》也是这种类型的感触。

吴：《阿飞正传》你最喜欢哪段？

张：刘德华和张曼玉那段，两个人在街上无聊地走，那个段落我印象特别深。但是不是太文艺了？

吴：听下来，你心目中的文艺片杰作就应该朝这路子走。不过，王家卫的电影

也是工业体制内的作品，所以，中国的文艺片权宜之计似乎还是需要些商业因素，需要有类型的壳来装文艺的核，比如明星的使用。

张：说实在话，现在再回过头想《秘岸》，如果钱少一点的话可能是一部很不错的电影，这部电影的整体效果会更强烈。因为，钱少一点就可以不用明星了。如果都是一般的演员，大家就不会去分辨到底是不是艺术片的概念。影片可能更有质感，包括刚才你对影片故事的质疑。因为，一旦用了明星就成了商业片，你就必须把故事讲清楚。所以，如果我不用明星，用一些演技很好、没有名的演员，影片中的生活质感会更加强烈。而结尾曾志伟是死是活，也就变得不重要了，完全是一种状态的东西。

吴：可能有你说的原因，但我觉得问题的根本在于，你必须给观众清楚地交代你在影片中传递的信息的意义，故事可以含而不露，但得让观众感知到你含的东西是什么。比如说，曾志伟死与不死的问题，如果按照你前面说的，你想要一种扑朔迷离、神秘莫测的人物关系。那么，我宁可相信他是死了。因为这样一个开端是典型的文艺电影、艺术电影的开端，一个人的死带来人与人之间关系的微妙变化，莫文蔚和少年之间、莫文蔚和蒋雯丽之间以及蒋雯丽和少年的母子关系都会有很多故事发生，否则，莫文蔚在曾志伟家里的戏，她的人物状态是不对的。现在的片子状态有，事件却很单薄而且没意思，缺少人性的张力，也许是影片中性的意味不方便更大胆表现的缘故。但倘若曾志伟没有死，这是他和莫文蔚设的局，那么观众一定要知道这个局到底是什么，就像那部叫《非常嫌疑犯》的美国电影。而你给了观众这个信息，又希望把它搞得模糊些，以增加文艺气息，那肯定谁都不会解渴，不论是来看故事的还是来看状态的。所以，我觉得不完全是明星的问题。当然，这是我自己的感觉，

可能有我看得不细的地方，或许还有什么隐藏的东西在你的表达之中。

张：我自己有一个反省，一部电影如果没人看明白，你不可能要观众把你的电影看三遍，这就是我的问题了。但是，一直以来，每部电影我都会发现有这样一个问题，某些段落你会特别去阐述，想尽办法让叙事明白，然而当下一部电影出现的时候，这个问题解决了，别的地方又出现了叙述的歧义。

吴：我觉得这可能是你一直以来的追求，含而不露，希望复杂一点，却又不说清楚的风格。

张：那不是风格，这就是破绽，但是，永远都是破绽可能就变成了风格。

吴：很多分析你电影的人都会提到都市感，你的感觉是什么？

张：其实，我也没有说非要拍都市，其实是跟我的"好逸恶劳"有关系。去那些偏远的地方拍摄，心里总觉得不踏实，所以还是尽可能地把周边的事、周边的情绪拍出来。

吴：你刚才说你喜欢民间性，不光是在《秘岸》这部电影中，在其他的电影中，这种民间性的东西都可以找到表现的段落，这算不算你特别的追求？

张：这是我下一部电影要做的，就是具有市井色彩的民间性。现在有两个题材在选择，其中一个就带有强烈的民间性和市井色彩。

当按下录音机停止键的时候，张一白探向我的面前："你说我的电影问题在哪儿？"我说："你应该做自己电影的老板。"

高群书：局与刑

196／213

高群书，1966年出生于河北，毕业于河北大学新闻系，导演、监制、制片人。2000年执导的电视剧《命案十三宗》被评为年度北京十大热门电视剧之一。2003年执导警匪剧《征服》，随后导演了黑色悲剧《蜕变》。2006年执导的历史纪录片《东京审判》获得第8届中国长春电影节评委会特别奖 。2008年执导的电影《千钧一发》获得第11届上海国际电影节评审团大奖，并获得第5届电影频道传媒大奖最佳导演奖。2009年与陈国富执导的谍战电影《风声》获得第17届北京大学生电影节最佳影片奖，并提名第30届大众电影百花奖最佳导演。2010年自编自导电影《西风烈》。2012年执导的电影《神探亨特张》获得第49届台湾电影金马奖最佳影片奖，第20届北京大学生电影节评委会奖，第15届上海国际电影节最佳导演奖和第13届华语电影传媒大奖最佳导演奖。2013年执导根据海岩同名小说改编的电影《一场风花雪月的事》。2014年监制了都市情感剧《新闺蜜时代》。

吴：咱们聊聊《风声》,《风声》剪完以后，你感觉怎么样？

高：专家和领导看完以后，还是很满意的，也提了一些意见，比如剧情逻辑上的事情，所以重新做了一些修改。我刚刚看完了修改的拷贝，我觉得还行，在国产片里算是缺点比较少的大片，基本达到原来设想的大片标准。

关于“局”

吴：你是什么时候开始参与这个项目的？

高：我是从中间开始参与这个项目的，因为《四大名捕》的项目跟华谊谈合作，就认识了陈国富。当时他没跟我说什么，就想聊聊天。第三次聊天的时候，他给我带来了剧本。《风声》的原小说我看过，觉得有些东西很好，可以改成电影。改编的剧本与原小说有一定的差异，包括叙事逻辑。剧本是陈国富改的，所以剧本台湾味比较浓。说实话，初看剧本没有特别动心，又看了一遍小说，再看剧本的时候，就找到了我想进入的东西。还有，我从来没有跟别人合作过，完全是自己的一种路子，我不知道我与陈国富该怎样合作。后来，我就问国富：第一，剧本可以不可以改？国富说可以。第二，咱们怎么联合？国富当时说：主要是你拍。于是，我就开始着手修剧本，修剧本的过程中就进入到剧本的人物里面了。原剧本叙事中的闪回特别多，是一种环式结构，铺垫得特别细，特别巧妙，基本上都是先出现一个结果，再说因果，基本上是一种连环的形式，以剧本来说是非常好的剧本。但我认为商业片不太适合环式结构，还是应该以正叙为主，出现一个事件，这个事引起了什么事？这个事有什么布局？再破这个局，基本上是按照正叙来拍，要照顾大多数的普通观众。其实，在剧本修改中我没有做特别多的文字修改，主要是在拍摄过程中解决。剪完以后把好多闪回去掉了，尤其是前15分钟。

这部电影特别感谢国富当初的大胆、放纵。因为《千钧一发》是一个低成本的东西，所以国富问我在这么一个投资框架下能不能把这个事做好。我看看剧本，又看看预算，我觉得是够用的，起码比以前拍戏的资金够用，我这么一说，他心里就有底了。做事没问题，但是我提出来必须改变一些以前的设想。因为以前很多设想是根据演员的架构，再将制作构思放上去的。但是，我说这个戏就是一个袭庄的场景，在一个别墅里拍来拍去，谁知道你是大片啊？所以，第一要搭景，原来已经选了很多景，但这些景都在城市里面，全是现代建筑，所以要重新搭景。第二要扩展，物理空间的扩展，这样才符合大片的基本要素，然后再配合大场面的拍摄。这些东西有多大用呢？没有多大用，但却是大片必备的基本要素。好莱坞大片中一辆汽车在盘山公路行驶，很多是用航拍的，实际上就是一个视觉上的放松，告诉你另起一段了。所以，视觉上的不断改变必须有，否则你的影片就只能在楼道里面转悠。比如，影片开头就是一个大场面，汪伪政府的国庆，这是必须要有上万人的大场面，造成一种摩肩接踵的气氛，就像正月十五闹元宵的感觉。而且，当时汪伪政府刚刚成立，汪精卫也是踌躇满志，他肯定有自己的想法，要显出自己的繁荣，自己怎么跟蒋介石不一样。所以，在逻辑上应该是一个大庆，一个盛大的场面，光这个场景就花了100多万。除了别墅的主场景之外，我们要把空间尽量拓展开，电影是一个视觉的东西，如果视觉上不舒服，就很容易憋在其中了。

吴：刚才你说看了小说之后，慢慢找到了拍这个故事的感觉，这个感觉是什么？

高：我喜欢人物，关心人物有没有意思、有没有价值，对整个社会是否有可启发的东西。后来我觉得剧本中的七个人物，每个人都具有代表性，所以重新梳理这些人物的时候，把这些人物清晰化了。顾晓梦到底是一个什么样的人？什么来路？什么出身？是什么原因造成她去执行这个任务？人都是有根的、有来路的，要把所有的人物都具体化。

比如，李宁玉是宾西法尼亚大学物理系毕业，后来到青岛海洋学校，又上了两年民用通信特训班，再进入汪伪政权。吴志国这个角色，他在上西西里军事学校的时候，是什么系毕业的？又当了什么职位？要把每个人物拓展到社会上，让这个人物和社会有联系。包括武田这个角色，他是武田家族的后裔，后来这个家族衰落了，衰落之后，武田就想重振自己的家族。所以，我们就把每个人处理得都特别细。王志文饰演的王田香就是汪精卫，这是一脉下来的，他做这个工作有特别坚定的职业感，他的工作手段很残酷，但这又是必需的，不残酷怎么让你说实话呢？我怎么能抓老鬼呢？每个人的内心都既有他的性格，又有理想和信念。而所有的冲突又都是这些因素构成的，每个人内心相互碰撞的时候，激发了你什么？你又应该怎样面对这些东西？

以前在拍电视剧《保密局的枪声》的时候，我有一个概念，就是在那样的环境中你要想生存，你就得陷害别人，你不陷害别人你就得死。实际上这部电影的人物也是这样，我对这些很感兴趣，人和人之间的关系，人和社会的关系，这些人在这个环境下是怎么成长的，怎么堕落的，怎么毁灭的，最后怎么胜利的，这个东西特别有意思。而且这个东西放到哪里都能让人感动。最后能感动的就是人和人之间的关系，这个关系因人而异，因社会而异，因国家而异，因民族而异，但最终他们都是相通的。我对这些特别感兴趣。我对谁是老鬼从来不感兴趣，我关心谁能活着，谁会死，又是怎么死的。它是对每一个人现状的考验，假如你遇到这个事情怎么办？它是一个人性的黑暗与光明的写照。因为我有这个信念，我要救别人，宁可牺牲也要把情报弄出去，这是一个责任，而在那个年代的那些人就能做到这一点。现在社会已经不太注重这些了，但是，社会还要有这些东西，不管做得到或做不到，我希望有这样的人存在，给大家一个仰视的机会，让我们的内心还充满希望，这就是一种理想化的东西。

吴：以往，我们在做这类反特片的时候，人物的立场和色彩是有倾向性的，我们的人和敌人的价值观是对立的，这既是创作问题也是政治问题。但在《风声》中，你把所有正反面人物都放在一个“局”中间，人物成了中性的符号。完全靠他们自身的背景和心理状态来结构故事，完成剧本所要求的动作。这好像是今年国庆献礼影片的一个很显著的特点。

高：我拍戏从来不把人进行道德或者政治的划分，还是要从人本身出发，不管你做的事情是正义的还是非正义的，你一定有你的逻辑观、你的理念，否则你就不会坚持你所做的一切了。大多数人都是，我知道，但是，我并不认为我干的是错的，就像我杀人了，但我并不认为是我杀错了，我觉得这个人该杀。自身的逻辑性对每个人都是这样的，我们没有权利来给任何人定性，这种权利只能来自于法律和历史。所以，每个人都有自己的逻辑性，而逻辑也是一种很坚定的。我们不能先给人家定性，这是不真实的。实际上我做戏就有两点，一个就是人有没有意思，我相信没有一个人是没有意思的，没有一个人是不可爱的，每个人都很可爱，每个人都有很招人喜欢的地方，你就要对身边这些人具体化处理。第二是叙事，我特别强调叙事，好莱坞电影是一个趋势，好莱坞电影中的人肯定不如中国电影、欧洲电影那么丰富，那么有个性，但是好莱坞电影的叙事是见效的，虽然是格式化、规律化的东西，但是它的规律是有效的。我们再注入一些新的气质，对人物进行细化，将好莱坞叙事逻辑的僵硬感打破，这是因人而异，但是因人而异也是在规律之中的。

吴：原来剧本是不是没有那么丰富？

高：我要让剧本沸腾起来，燃烧起来，要有激情。我觉得看电影要讲痛快，残酷有残酷的痛快，惊心动魄有惊心动魄的痛快，要达到极致。对于那种阴郁的感觉，就要想办法燃烧，拓展开放。我觉得作为大片就要更外化一点。写一行字，最后就能成为一个浩大的场面，就像有很多火种在燃烧。这样大家在看的时候就能产生激荡的感觉。因为电影就要让人情绪达到饱和，情绪达不到饱和，那么进入电影院就不痛快。而且，我对视觉效果是特别关注的。我刚看剧本的时候，脑子里就在问：这个裘庄在哪儿？第一它在北方；第二，我想到一部欧洲的老电影，在海边峭壁上有两栋古老的别墅；第三，就是视觉风格。我们对景的要求细到什么程度呢？这个城堡你一看，就会想到城堡前主人的出身是什么？城堡有几年了，五年了。好，城堡建筑和家具都要有五年的时间感。还有城堡原来的用途，这里不是行刑房，是为了防止土匪的避难所，有暗道、地下室、卧室、洗澡间、医疗室，这是可以在里面待两三年的避难所。所以，后来被日本人征用以后，这里成为了行宫，也包括审讯的功能。行刑房是澡堂改的，另外一个行刑房是医疗室改的。要让原来的城堡功能与现在的功能进行结合。停尸房是酒窖改造的，每个场景都给予逻辑性和真实感，才能做出真实的气氛！

吴：你有没有明确的类型上的考虑？做成悬疑的、反特的？

高：在做剧本以前有很多类型化的要求。首先是谍战，就像《黑皮书》这样的电影，主要是在写人，而不是在写局，实际上写了一个女孩的成长。我们的影片实际上走的就是《黑皮书》的路子。当时我们找了很多这样的片子，这种类型化电影是一个谍战的外壳、谍战的载体，表达的是人在那个特定年代下的状态。所以，这部电影还基本上走欧洲电影与好莱坞电影的结合，不完全是好莱坞电影的形态，将剧情布好局，将人放在局的前面，实际上还是写人在这个世界上惊心动魄的过程。

吴：在你看来，你在类型电影创作和好莱坞叙事中借鉴最多的地方在哪儿？

高：实际上，我觉得这是特别简单的事。我听过一位台湾教授讲好莱坞剧作，他认为好莱坞电影的起源就是希腊戏剧。希腊戏剧是按照人的出生、成长、成事、最后死亡的过程体现的。而好莱坞叙事就是这样，开始、逆转、大逆转、最后结局。这个规律为什么好呢？因为希腊戏剧是按照人的规律去走的。所以，观众接受得就比较舒服，符合人的心理逻辑。我们加入新东西，但是规律性的东西是不能变的。现在标新立异的太多了，但是实际打动人的还是符合规律的，大家耳熟能详的，同时又焕发新的生机的。包括表演也是这样，就像王志文，我感觉他在表演上有无限的能量，王志文演的电影、电视剧特别多，但是这次演的最好的就是王志文，他完全焕发一种新的东西，这就是能量。实际上考验人最好的是什么？就是在旧东西中创造新意，而不是离奇的想法。现在大家都回避这个，往往建构一个奇观，当奇观建立了，就不太照顾规律了，这是一个最大的问题。好莱坞的套路谁不知道，但是为什么不去做，就是太想出新意，再一个就是在旧的方面出新意是很难的。

吴：你觉得这样的故事放在今年的气氛中，这个“局”本身的意义在哪里？

高：对我来说不管拍什么，还是给现代人看的，要在情绪上有一种沟通，希望还是有理想的、高尚的东西存在。我觉得那个年代的人要比现在的人坚强得多，对一个事情也专注得多，这种专注是现代人所没有的。共产党为什么能成立、能胜利？实际上共产党是让每个人都燃烧起来，燃烧得自己受了那么多罪，你看赵一曼、杨靖宇那些人的牺牲都是真的，但是共产党坚持下来了，谁能坚持下来？当时拍的时候大家都崩溃了，人要到这个地步太不容易了，在这个时候还能反败为胜，还能把这事情弄成，这是现代人无法做到的。我们的民族还是要有这种东西，这种精神的高点是需要建筑的，实际上这个东西是最让我冲动的，我拍的实际上就是这些东西。顾晓梦就是老鬼，她一进来的时候就知道完了，因为情报误发出去，把情报误发出去之后人家设了一个局，情报出不去了，而那边同志们就要开会，那么开会就有可能被包围。在这种情况下，就这么几个人，你还能最后冲出去，这需要多大的毅力，多大的生存技巧，多大的斗争技巧，人家就是要抓你，你要逃出去太难了，这个故事的困境就是怎么突围。所以，我必须要加入感性的东西，要活生生地把这些人的无限的魅力、耐力、能量释放出来。她自己不害怕吗？她也害怕，为什么不跑？就是因为觉得这个事该干，这是感性的。她必须要做这件事情，无论理性或感性，利用别人把消息转出去，最后归结到就是人的那种耐力，还有智慧的无限性。我就是要把这些东西凸显出来。

关于"刑"

吴：我觉得在叙事上，《风声》做局的意义要小于行刑的过程。行刑是影片的主体。酷刑结束，这个故事也就了然了。我跟你一样，对捉"鬼"不感兴趣，我倒希望看到你怎么处理行刑中的人物关系和行为，以及它们与故事核心之间的关系，对这些问题，你跟陈国富导演之间有没有交流？

高：这个东西没有具体交流，实际上这部片子最大的成功是表演。

表演不是像与不像的问题，这已经排除在我们的表演要求之外了。我们最基本的要求是，你是谁？人有复杂性，比如说老鬼，按照真实的视角来看的话，你不能看到他另外一个层面的东西，你只能看到他现在的身份，译电员或是科长，他每天都在演戏，如果你不演戏就暴露了，不能一上来就让观众识破了。所以，你首先要是这个人物，还要不断地释放，你又不是这个人物，这是很难的，也是很微妙的。演员对于观众来说，在戏中是一个演员，但是对于演员自己来说，你既是演员，又是剧中的人物，而剧中人物又有双面性，身份的双面性。英达饰演的是一个小职员，一个永远升不了职的处长，那么他会怎么办呢？他肯定留着后路，包养两个小妾，走私一点军火。苏有朋饰演的白小年，张司令的秘书长，他的隐私就是他与司令的隐秘关系，这个司令包养了男旦。包括李宁玉，她的男朋友这条线是后来加进去的，这并不是简单的感情线索，这个男人也是一个共产党，本来就是来争取她的，但又不仅是事业，他们真的有了感情。所以，每个人身上都有很多层面的东西，有些是不为人知也不能为人知的东西。你出招的时候不能让观众察觉到你的意图。要让观众看完才明白何其阴险，从一开始就在陷害人了。这种东西特别有魅力，对演员表演也有难度，这是好几层的东西。我是这个人物，我又不是这个人物。这种表演，第一，要有真实感；第二，对身份的认同感；第三，要有新意，有表演的层次。在处理演员表演上，我是非常骄傲的。实际上我以前也特别排斥明星，因为他们身上自我界定的东西太重。这么多年来的表演方式已经是被所有的投资商和观众认可了，永远都会听到颂扬的声音。每个明星都是有这种心态。这次不同在哪儿呢？首先，导演要认清每一个人，他身上到底有什么东西，我再把他培育出来。所以，对于表演来说，不是简单的指导，我也从来不会指导表演，所有东西必须是演员自身具备的东西。其次，我一定要看到演员身上有什么东西？然后他这种东西跟叙事情境怎么结合在一起？当你在监视器前看的时候，就是你对演员审视的时候，我觉得有没有感染力是第一位的，能不能让人家感到有一种气场，有气在流动，要是演员没有这种气，那他就是在那里晃。所以，我的工作就是怎么剥离演员身上的这些东西，怎样认识这种东西，挖掘演员身上那种特别感性的东西。演员一旦进入这个东西之后，他自然就沉浸在戏里面了，他自然知道要释放哪一部分，而这种释放又必须是部分释放，不能全部释放。这种部分释放对于演员来说就是一种个性，包括你当下恰当的心理活动，此时此境你选择哪种表现手法，此时此境脸部的表情怎样，这种东西是特别重要的。

吴：能不能说这部戏最让你头疼是两部分，一部分是怎么处理行刑，一部分是怎么把明星本身的气质融入到你的戏里面。

高：三分之二的力量放在了明星身上，而行刑没有作为一个重点，因为对我来说不是问题，剧本写得也比较好。另外一个还是在视觉上的处理，镜头怎么用？场景怎么布置？既要体现奢华的东西，又要在资金架构下进行。

吴：《风声》里面有很多酷刑，从导演技术处理，你觉得酷刑在剧本和影片里的作用是奇观吗？

高：为什么这次酷刑能够通过，张宏森说的特别好，不要问我你能拍什么？我要问你怎么拍？这种酷刑奇观，还是为了人物命运服务，或者是为叙事逻辑而做的。《风声》里的酷刑好在哪儿？首先故事是封闭的，在封闭的空间中你要找出老鬼来，这些人都不是一般人，敌人肯定知道老鬼是特工，在情感、肉体上受过特殊的训练，所以如果不是超乎寻常的摧残，怎么可能最后说了实话呢？酷刑是剧情当中必须的过程，这个过程重点放在人面对酷刑的心态和变化上，我给你酷刑了，结果是什么？招了还是没有招，说了还是没有说？这是酷刑的指向，酷刑不是玩弄的噱头，而是对人物情感的一种残酷性的展现，《风声》中的每个人物都让人心疼，而心疼就是建立感情的基础，他们承受的是非人的折磨，但是最后什么也没有说。

吴：严刑拷打革命者的戏其实在我们小时候看的很多，《风声》与以前的老片子在这方面有很大的分别，你是怎么在导演把握上体现这种区别的？

高：今天再拍酷刑的时候，首先，是有效性。这个有效性在某种程度上是以前不可比拟的。其次，实际上是一种对真实感的扩展。不仅是老虎凳，还有更多让人家受不了酷刑。我们现在再让观众惊心动魄的话，那么酷刑必须是有效性的，让你绝对是忍受不了的。所以，这种程度和方式与以前的表现手法绝对是不一样的。我们看过那么多的电影，那么多书的介绍之后，你仍然感受到这是惊心动魄的，是难以忍受的，而这就是当时真实的写照。

吴：我关心的还是叙事功能。过去那些酷刑逼供的叙事功能，体现出一种坏人的残酷、好人的意志坚毅，相对概念化而不展示酷刑。但是，在这部电影里面酷刑的叙事功能发生了变化，不是简单地说好与坏的二元对立，而是有更多的叙事细节在里面。

高：叙事功能的变化是人与人之间关系的变化，包括自身的情绪的变化。故事要引人入胜，而“胜”是一种境界，这是一个无穷尽的东西。怎么达到这个“胜”，这就需要一步一步地推进故事，实际上酷刑与故事叙事是拧成一股绳的，酷刑是一种手段。当对方要把老虎逼出来时，首先要敲山震虎，震出来谁了？谁最经不住震，就把谁震出来了。震出一个无辜的人，无辜人没死，再利用无辜的人打草惊蛇，蛇还是没有出来。最后，酷刑就开始了。一进入影片后半部分，就进入酷刑了，酷刑针对每个人的弱点、出身、经历、性格，进行各种各样的分析，来采用各种的刑法。比如对付铁血硬汉的刑法是最惨烈的，一开始用电，敌人知道用电你肯定不招，但是用电可以摧毁你的意志，再用真刑，你的意志已经不受你的控制了。而针对李宁玉，则是也不打你，也不骂你，你不是觉得自己很干净、很圣洁吗？就采取一种攻心刑罚，让你赤裸地站在那里，用标尺量你的身体，然后告诉你，量你是为了分析你，一个人赤裸，比强奸你还难受。所以，针对每个人都由不同方式来做的，不同的方式作用在你身上，你肯定会有反应。第一反应是先忍住再说，能挺住之后再是反击，当你在反击的时候是要需要更大的忍耐力和毅力。所以，这些酷刑都是需要的，是一种试验人的反应、毅力的悬念。每个人都是痛苦的，被行刑的人肯定是痛苦的，而行刑的人也是痛苦的。王志文饰演行刑的人，他认为对顾晓梦的行刑绝对是见效的，虽然他没有试过，但是他必须去做，这一做他自己也崩溃了，所以，害人与被害人都是痛苦的！

吴：我曾经看过一部德国电影叫《最后的绞刑师》，是讲执行绞刑的。当我看了《风声》以后，我想如果片子向另外一个方向发展可能更震撼，但在现在的语境下不太可能。

高：主要的目的还是要有票房和适合观众的口味。

吴：在摄影方面你一定也有完整的考虑？比如刑房的光、气氛、颜色、景别等？

高：对，色调主要分成四大块。四大块之一是外景，包括两个楼和一个地下室。一个是功能楼，功能楼体现出宏大壮阔，还有一点冰冷的感觉，其中重点是壮阔、高大、石制的，但因为它有光，还会显得有一点温暖！生活区则一定要温暖，一定要灿烂，一定要舒服，一定要显得特别的豪华与奢靡。那么，人一到这个地方会消磨你的意志，突然到刑讯的地方以后的反差会让你崩溃。地下室则是阴冷、特别暗、经常滴水，很多东西是铁制的。这就是几种层次的设计，真实感跟随着情绪，使观众跟随着受审者感受一种气氛，让你到这个地方自然就会产生一种不寒而栗的感觉，这些东西都需要设计。这一次风格化的影像都是用手持摄影。因为我善于手持摄影，也喜欢手持摄影，我们整部戏都是手持摄影拍摄的，斯坦尼康都很少用。我觉得斯坦尼康一定要慎用，因为它会有一种飘的感觉，没有那种呼吸感，而手持摄影的结构感和气氛的制造都特别好。

吴：你用手持拍2.35∶1的画幅吗？

高：不是，是那种老式的超宽银幕，镜头焦点都特别浅，特别难跟焦点。我们给摄影师找了几部参考片《惊爆内幕》《谍影重重3》，摄影师也擅长手持拍摄，所以，影片基本上都是手持摄影。当时我设置的功能就是主观视角和客观视角的转换，这个转换是有机的。比如，我现在拍你，你一看他，镜头转过去就变成主观视角了，再回到客观视角，主观和客观经常是这样换来换去的。但是，一定要跟着人的情绪走，我想看你了，你在干什么呢？既要符合心理视觉的逻辑，又要具有风格化，这种视角的转换不是随意性变化，而是适当适时的变换。而且，手持摄影有利于演员的表演。我们在拍摄的时候，首先把光全部布好，演员走到哪里，都要有焦点、有光。摄影师的任务就是把所有人拍下来，另外，要把所有情绪和关系的变化拍下来。实际上，摄影师就像眼睛一样，在捕捉这一场戏里的整体变化。这样，就让演员在一个没有打扰的空间下肆无忌惮地去表达，表达他的情绪，我们不要插入或者是截断。所以，这部戏的场景全部是一条拍下来的，很少切开拍。

吴：这对摄影师来说算不算是个挑战？

高：非常有挑战，摄影也特别兴奋，这对摄影师是一个非常大的挑战，也完成了摄影师的愿望。同时，手持还有一个问题，就是放到大银幕上的时候，观众可能会晕。但是，你一定要做到不晕，虽然我们要求晃，但是镜头不能总是在晃，而这种稳定的晃则是一种感觉。

吴：整部戏的摄影风格其实跟《风声》的故事气氛还是比较切合的。

高：我很喜欢这种摄影风格，因为有一种自由，其次有一种随机的变化。你现在想看到谁就可以看到谁？这部电影是一部群戏，群戏的每一场景都有功能性。比如，王志文说我知道老鬼就在你们中间，那么，每个人反应是什么样的？观众就会想看下面的戏怎么发展？每个人的反应是什么样的？这种功能性就需要一种适合的表达方式。

吴：特技多不多？主要做在什么地方？

高：还是在景上，我们不可能在海边搭一个真实的景，实际上只搭了一个架子，在里面做一些装饰，然后用特技镜头合成。但是，我认为特技不是炫技，特技是要人看不出来的。观众知道这个东西是不可能拍摄的，他就会想象这是怎么做的？这就是特技，就是让你看不出来，造成一种真实感做的特技，而不是炫技。

吴：《风声》是你第一次做高预算商业片，说说你的收获或者遗憾？

高：收获还是更多一点！我不计排名、不计酬金来拍这部电影，并不是说我没活干，主要是想做一个试验。实际上是对以后做大片积累一些经验，做一些试验，我的极限在哪？实际上这是对我的一次测量，我知道了我有多大的油水？我的长处在哪？我的短处在哪？这是这个片子我最大的收获。就这部片子从电影本体来说还是比较到位的，也有遗憾，但这是没办法的，这与整个电影的体制状态以及电影整体从业人员的职业状态有关系，不是谁能够改变的。

吴：你现在做的《四大名捕》整部片子的预算和制作规模与《风声》一样吗？

高：比《风声》的规模要小。《风声》当时没有想到过亿的企图。我刚进入项目的时候，曾经问国富：咱们这个片子是大片子吗？他说是大片子，但实际上是一个中片。我说："心理预期是什么？"国富说："8000万就行。"他从来不做这种预期，他就是拍电影。但是，我说，要做这种预期，这个东西不过亿，这个对我来说没意义，我来的目标就是要过亿，现在还好，目标已经是两亿了。

王岳伦：网络文化与快餐电影

214 / 229

王岳伦，1973年9月24日出生于北京，毕业于中央美术学院。1998年，前往美国纽约电影学院进修导演专业。2000年开始从事音乐录影带与广告导演工作。2002年拍摄的MV《三分之一理想》获得了2002年美国VIDEO MUSIC AWARD亚洲最佳音乐录影带。2008年拍摄古装喜剧电影《十全九美》，2009年拍摄古装喜剧电影《熊猫大侠》，2012年拍摄电影《乐翻天》。2014年主演综艺电影《爸爸去哪儿大电影》上映。2015年导演合家欢喜剧电影《爸爸的假期》。

吴：我知道你在当电影导演之前，拍了许多MV。2007年拍《十全九美》的时候，正好赶上中国电影的红火年，在这样的气氛下，你开始准备做自己的第一部电影，对做一部什么样的电影有没有方向上的考虑？

王：当时大部分人都在做所谓的多线叙事的电影，其实就是学《疯狂的石头》的路子。因为这种类型的影片成本低，又能体现导演的想法。我的很多朋友，都已经拍出了那种类型的电影。其实，我本人也喜欢看多线叙事的片子，因为像我们这代人，接受西方电影比较多，从昆汀到盖·里奇，有这样一个观影的过程。稍微爱好文艺的观众，也都会喜欢这种东西，再加上《疯狂的石头》的成功，所以大家都想搞这种类型，这是一种心态。可是，后来我觉得自己不能这么弄：第一，这种类型不见得适合中国的土壤；第二，我希望搞原创的有自己的想法。而且，现代的东西比较危险，搞得太真实，怕审查过不了；不疼不痒，观众又不认可。所以，我们就想搞一个过去的事情。就拿《十全九美》来说吧。当时很多人觉得这部片子不会大卖，包括我的制片人也这么认为，预期是600万票房。但当时，他对市场和类型片的认识还是停留在五六年前的认识状态，他会把我的剧本顺着某个类型去梳理，比如顺着香港喜剧的类型去做，虽然他认为港喜已经没有什么营养了，但是对于年轻人来讲，票房还是不错的。但是，我拍不出港喜的味道来，所以，当时希望能够结合内地的元素，一种比较新颖的、适合年轻人口味的东西进行尝试。其实，当时我对票房也没有什么真正的估计，就是希望不要赔太多的心态，但是后来效果还不错。这部片子的票房很成功，也许会找到很多原因，比如档期啊，没有强劲对手啊，反正有很多很多的原因。但是，我是觉得有一个最重要的原因，那就是电影本身。这个原因是被大家忽略的，以当时来说，这种类型的片子还是比较新颖的。我想，我们应该是最早将网络文化结合在电影中的，但是，到了今年，就有很多这样的电影了，尤其是古装喜剧与网络文化的结合。但那时候，我们是最早的，很多年轻人都很喜欢《十全九美》这种形式。我们见到一些真实的普通观众，他们也不是谁的粉丝，就是真的喜欢这种类型的喜剧，说看了十几遍，而就电影本身的魅力，我觉得它会给年轻观众娱乐的感觉。这种原因造成了很多人的迷惑，文隽也曾问我这样的问题，他觉得不太理解，为什么这种类型的影片会大卖。

吴：《十全九美》"无厘头"的喜剧风格是当时定下来的吗？

王：对，一定要拍一个让大家很娱乐的片子，我觉得大家活得都很累。我平时第一是看动作大片，然后就是喜剧，最后找一个心态各方面都比较好的时间，去看一两部比较闷的文艺片。在国内拍这样的喜剧就是让普通观众觉得开心，所以不能太深刻，叙事也不能太复杂了，尽量多找一些具有新鲜感的东西。《十全九美》换了两个编剧，一位是网络小说作家，我是看过他的小说，觉得这位作者很会写故事，但是写出来以后感觉不太对。后来制片人换了一位编剧，年龄比较大，有电视剧写作经验，很会编故事，最后他也写不下去。他写的东西，情感的东西比较多，但不知道怎么写出我们要求的东西，不是港喜，也不是真正的黑色幽默，更不是纯历史剧，所以他很难把握这个题材。最后，换到现在的编剧。他一开始写出来的《十全九美》要"飞"得多，从头到尾完全没有故事，都是纯桥段的东西。我觉得有点意思，如果把故事整理清楚，可能会很不错。我们的制片人很讲究故事性，他强调桥段一定要为故事服务。但是，编剧不强调故事，觉得老百姓看的就是桥段，我夹在两人中间，相互融合他们的意思。所以，是在很矛盾的情况下创作的《十全九美》的剧本。但是在编故事的时候，我们都跳出了故事本身，而是站在普通观众的角度去思考，看到这里大家会不会乐。我们曾经找了一些80后的年轻人，把故事跟他们说，让他们看文学剧本，询问他们觉得哪儿好、哪儿不好，所以，写作的时候永远会从不同观众的角度思考，这个故事有没有意思？哪儿有意思？哪儿没有意思？这种创作方式也许跟其他编剧不太一样。

吴：你考虑的观众是哪一拨儿？他们是不是主体观众？

王：基本上是给没有太多的观影经验的普通观众看的。

吴：没有观影经验是指什么？

王：就是说这些观众没有太多文艺片的观影经验，完全把看电影当作娱乐的观众。我们的电影离不开每天都上网的这批观众，每天都上网的观众，年龄从十几岁到四十几岁都有，但是，最多的是从十几岁到二十几岁。其实这与湖南卫视的受众群是大致相同的。在做剧本的时候，李湘已经在想宣传的内容了，她想我们这种电影应该在什么样的载体上宣传，后来其实发现在湖南卫视上做宣传最合适，因为湖南卫视的观众群是最年轻的，也是经常上网的，对网络文化的理解也是最透彻的。

吴：是不是可以说你的电影观众群基本上是湖南卫视的受众群？

王：我觉得可以这么说，尤其是这种类型的片子，湖南卫视的受众群不能小看，他们的确代表了目前中国年轻人的一种时尚，或者是兴趣的风向标，如果一个节目收视率高，肯定有节目关注的点，它会让我们去想现在的年轻人关注什么。湖南台不是一个粉丝台，说李宇春一出来就收视率高，其实不是这样。李宇春的粉丝是固定的，就那几万人的铁杆粉丝。但是，几万人不能代表收视率，更不能左右一部电影的票房，她能给《十月围城》带来多少票房，我认为最多带来200万的票房。所以，换算到我们的电影《十全九美》，可能连20万都没有了。所以，你用的是演员，绝对不能打粉丝的主意，一定要看类型和故事本身与演员是否适合。

吴：你的电影与香港喜剧的区别在哪儿，仅仅是网络元素吗？或者还有别的？

王：我觉得最重要的还是电影本身，不说技术层面的东西，就说主题吧。我们的主题想表达的还是一种情感，包括人物的命运，而这些东西其实是很内地化的东西。比如说我们提倡的“真善美”吧，还是符合现在年轻人的价值观和生活态度，而影片中太子对于情感的问题，都是现在年轻人遇到的情感问题。在这种类型的影片里，我愿意把年代模糊掉，为什么呢？其实，我讲的可能是明朝或者宋朝的事儿，但我创造的情景却是希望让观众感觉到一种陌生感，我没必要让观众回到历史中去，因为这部电影本身就是纯娱乐的，而不是一个正剧，不是一部史诗剧，我希望观众回到现实生活之中，觉得影片中的人物就像他身边的某个朋友。而港喜则是很独特的另外一种方式，它的很多笑点是我们学不来的，包括港喜在语言上的特色，我们现在大部分看到的影片都是翻译过来的，变成了国语，但如果是广东话，我想影片又会有很大的不同。比如，我们现在认可的周星驰，很大的成功取决于他的配音“石斑鱼”，他为角色提供了很多色彩。而周星驰搞笑的方式也是学不来的，是很独特的一种。

吴：评论界基本上还是把你的电影归为香港无厘头喜剧这一类，你怎么看待这些评价？

王：其实，我个人看香港喜剧真的不多，上学的时候都是看西片长大的，看了很多大师的电影，香港电影看的最多的是武打片，至于周星驰的喜剧只看过个别几部，而王晶那种类型的喜剧就更少了。拍《十全九美》之前，也没有恶补一下，倒是看了很多日本和韩国的喜剧，我更喜欢他们的那种风格，在喜剧中加上一些黑色元素，就像美国或者欧洲的黑色喜剧那样，我希望在我的电影里能够做到一种结合。

吴：在日本和韩国的喜剧电影中，你抓到了哪些对你创作有帮助的东西？

王：其实，日本与韩国的喜剧逻辑性并不是特别严谨，他们有时候并不在乎故事的完整性和结构的严谨性，他们更在乎的是桥段，可能某个桥段就会占据很长一段时间，故事的叙事就停下来了，等桥段结束，再继续故事的叙事。但是，他们的故事大部分都只有相当简单的一条叙事线索。所以，我一直很矛盾，如何将桥段和叙事做一种相对舒服的结合，我进行了尝试，但是到最后大家觉得还是有问题。当你侧重于故事，桥段就很难做得充分，要了桥段，那么故事就很难做得充分。我的类型与宁浩的类型不一样，他基本都是在叙事，完全依靠情节来构建荒诞和离奇。我一直想能不能创造出一种属于我们的独特的喜剧方式，所以，我将网络的东西放进去，这都是在尝试。其实，编这种故事挺难的，《十全九美》原来是关于古代“超女”的故事，2006年就开始着手，因为2005年李宇春等“超女”火了以后，我们觉得如果古代有类似的故事会很有意思，但是写了一稿剧本，我不是很满意。因为，我觉得这种东西与现实太接近了，观众一看就知道你想说什么。我不想让故事像现实的事件，我希望在你真正进到故事中以后，才发现故事中处处都有现实的迹象，这是我想走的一条路。所以，后来我们想到一个皇帝爱木匠的故事，故事点在于现代的很多人都在干我们不想干的事儿，这会让很多人有一个梦想，就是我一定要干我自己想干的事儿。但是，《十全九美》讲的不是草根，讲的是贵族和草根之间的结合，一个贵族渴望草根的生活，渴望去民间做草根的事。而到了《熊猫大侠》遇到的瓶颈会更多，这是一个命题。《十全九美》以后，我很想拍些其他类型的影片，因为这种类型的故事不好编，《十全九美》编了好久，很多东西发挥得也不是特别的完善。

吴：《熊猫大侠》是命题作文？

王：《熊猫大侠》这四个字不是内容的命题，而是类型的要求，而且时间有限。编剧写了差不多20多个不同的故事，然后一个一个被否掉。我们最早想的故事很有意思，与《三枪》有点接近，但是人物设置不一样。最早的故事也是在西部的客栈，阿拉伯商队、波斯人等等元素都有，但后来我们感觉难以操作，放弃了。所以在创作上我们遇到很大的瓶颈，写不下去了，就停了一段，我和编剧关在宾馆里，上网观察有什么新鲜的事情。后来我们就发现了一张照片，一名穿着入时的少妇，牵着一只被染成熊猫一样的小狗在街上走，引来很多人的围观。当时，我觉得这件事情很有黑色幽默，明明是狗为什么要弄成熊猫呢？这个人又是什么心态呢？这时，编剧突然有想法了，他通过这张照片构成了一部电影的雏形。一开始是很爱情的，现在则变成爱情为辅了，以送镖为主。原来写的是一个人为了爱情装扮成一只熊猫，但是操作上比较困难，所以后来就把熊猫作为了一个活道具，而不是主要的角色了。这就是创作历程。我们真是纯原创，没有任何所谓的样板，或者说故事结构可以参考。不像现在很多电影，比如张艺谋可以买《血迷宫》的剧本，宁浩可以参考盖·里奇，我们真的没有任何参考，都是一点点想的。当然，我们也会找职业编剧来参谋意见，但是，后来我发觉很多职业编剧进入不了我们的情境之中，因为他们肯定会要求剧本的一些技术指标，比如故事、逻辑，这些东西一放在那里，很多有意思的东西就没了，很多所谓的点都没有了，因为那些点都是不合逻辑的。

吴：你们创作的时候是不是构思的桥段更多一些？

王：我的编剧是属于桥段性的编剧，他可能一开始就设计好几段桥段，但是我认为还要把这些东西落实在故事上。我们制片人经常在说这不是故事而是桥段，这种话几乎每天都在跟编剧说，所以，我们有时候会找职业编剧，先请他们梳理出一个相对完整的故事，然后再加入我们编剧的桥段。

吴：其实，你的这两部电影给大家印象深刻的并不是故事。

王：对，故事都是很简单的。

吴：你说没有太强的故事性，也没有什么逻辑，也不塑造人物，印象深刻的是有意思的无厘头桥段，这是不是你的创作特色，围绕桥段来组织你的电影？

王：我觉得这两部基本上是一种特定的类型，虽然有人说这不是电影，其实我觉得说什么都有他的道理，因为不是按照一般的电影程序和方式去做的，是比较反常规的东西，只不过我们把它们放在了大银幕之上，拍摄方法是用电影的方式完成的，长度也是电影的长度，在情节段落里也有电影的元素。但是这两部电影不是很完整的电影化的东西，有很多出戏的东西，这些出戏的东西是我特意安排的。我觉得，某些时候出来一下，会更加让戏剧元素饱满起来，《十全九美》略微严谨了，想得太多了，太规矩了，所以，我就希望《熊猫大侠》能够禁忌少一些，不太注重所谓的叙事，甚至还要过一些，网络文化的内容再广泛一些。

吴：你刚才也说了，这两部电影是有意识地把网络文化与电影相结合。你觉得网络文化对于你的电影来讲，是一个什么状态的东西？

王：网络文化就是一个快餐，转瞬即逝。《熊猫大侠》2009年不上，2010年上的话，票房可能500万都不会有。因为它是一个特别时效性的东西。在美国好莱坞也有类似的影片，比如时尚类型的电影、恐怖系列的电影等等。必须快上，如果隔了一年，片子就过时了。这种片子的存在也就没有什么价值了。所以，这种东西时效性很强。我跟很多媒体说，可能五年以后，我再看这两部片子，也会问自己为什么要拍这种片子，这是成长的过程。但是，现在我作为青年导演，从这种类型的影片入手，其实也是看看市场反馈的情况，然后，再去寻找新的方向。对于年轻导演来讲，拍电影就是要创新，别走老路。如果我们再去拍别人都拍过的电影类型，或者是叙事方式被限定的题材，你让观众花几十块钱进电影院看电影，那么，你一定要给观众一个充分的理由，如果没有充分的理由，观众是不会进电影院看你的电影的。如果我是抱着专业心态，那么，我一定会去看碟。比如，我想研究一下《南京!南京!》，我就不会去电影院看，而是看碟，反复研究。而我去电影院看电影，一定是作为普通观众的心态，比如《阿凡达》，现在就必须得去看，因为很期待，包括《赤壁》《十月围城》，都是抱着普通观众的心态去看的。而这些就是通过影片宣传，给了你一个兴奋点，导致你去看电影的理由。我一直在想，青年导演如果走市场的话，中国国内，首先要想观众凭什么花5块钱或者30块钱看你的电影，你一定要先想好你的理由是什么，当然这个理由最后具体化以后，就会落到题材、演员、宣传点等等具体的元素之上。

吴：作为年轻导演在今天这样的电影环境中，你觉得你想坚持的是什么？

王：我觉得好莱坞肯定是学习不了，为什么？别说《阿凡达》，就说《2012》，其实也有很多的诟病，包括《变形金刚》也是硬伤百出，但是在视觉欣赏的时候完全会忽略掉，这就是他们的技术环境，还有从

业人员的素质，这是我们很难追上的，因为这是在充分工业和发挥想象力的大环境下形成的。所以，我觉得首先要找到一条自己的路，有些东西你是学不来的，永远也学不像。就像韩国电影那样，学习了一阵子，辉煌了几年，现在又不行了。说明这其中还是有问题。观众的口味在变，现在观众的口味在不停地变化。比如说古装喜剧，说《三枪》之后古装喜剧就很难做了，因为观众审美疲劳了。其次，国产古装喜剧还怎么发展，我们已经达到了一定的程度，你还能往里面加什么东西呢？形式感还能怎么做呢？我觉得很难再做了，更别说观众对这种类型的期待值了。《风声》这样的谍战电影也是如此，观众的期待值已经饱和了。观众的口味在不停地变化，所以导演就要不停地找到这个兴奋点。其实，好莱坞也有这样的问题，像《阿凡达》这样的影片以后会更多出现。所以，我就在想，难道中国人永远只看西片吗？不看中国电影吗？肯定不会，只要我们不出现台湾的那种情况——美国好莱坞八大电影公司把台湾所有的院线都收购了。我觉得中国电影的发展还是比较正常的，中国人还是会看自己的片子，不可能每天都在看西片。当所有的电影大片都同步的时候，中国的好电影还是会被认可的。香港电影为什么现在没人看？就是因为香港现在这代观影的年轻人，许多都是加拿大、英国留学回来的，他们接受的文化基本上是很纯粹的西方文化，他们可能认识的好莱坞明星会比本地明星更多。

吴：你的意思是说，港片不受欢迎不仅是因为跟内地合拍了，主要是观众的审美也发生了变化？

王：我觉得是观众的问题，因为我在香港看了几场电影，发现观众都是年轻人，25岁以上的人都很少，而且是夜里12点的一场，也是一部纯粹的动作片，80%的上座率。而香港本地的电影则没有什么观众。所以，我觉得还是观众的问题。现在的观众，大部分还是在国内的生存环境里长大的，而且都是在网络的环境里，他们的资讯量很大，大家会关注自己身边发生的事情，国外的事情也会知道，但是渗透得不是那么深，除非有些人就是特别喜欢西方的文化。现在我觉得不是占主流的。大家还是被视觉效果所震撼，你看《2012》还是视觉上的问题，还是它的制作让我们觉得很到位。

吴：中国年轻导演应该在电影的视觉化方面有所进步。

王：我觉得这是必须的，为什么？因为你肯定做不到那么好，但是尽我们所能做到一定的程度，我们是东方的视觉，我们有自己的世界观，我们不能学西方的，学西方的东西肯定被别人笑话，因为你没那么多钱，也做不出人家的效果。所以，就要有我们很独特的视觉方式，要美，甚至有冲击力，这是必须的，这是电影最基本的质感。除去纪录片以外，正常的叙事电影，无论是古装，还是现代，视觉效果都非常重要。同时，还有最重要的一点，就是能不能把住观众的脉，能不能找到观众的兴奋点，能不能让大家看到心里去。所以，无论什么样的影片，只要能抓住这个点，我觉得就成功了。观众看完以后觉得这部片子值得看，这就够了。我觉得，现在的年轻导演是很想进入市场的，经受市场的考验，然后，希望自己的电影能够得到市场的认可，这样后面就会有第二部、第三部。哪怕你后几部的电影趋向文艺，也会获得一定的融资空间。这里存在一个信任的问题，不是大家不认可你的能力，而是大家不相信你在市场上会获得认可。这主要是来自投资方，因为现在大家对电影的判断力不像以前那么明确，以前我们有很多专业的前辈、发行公司以及经验丰富的院线经理，他们能够确定这部电影能卖或者不能卖。但是，现在他们不能那么确定，他们看好的不见得卖得好，他们不看好的，反而会卖得很好，观众的口味也在发生变化，现在即便是很多有经验的电影人，也不能做出准确的市场判断。

吴：电影明星你怎么看，在你的创作中，明星意味着什么？

王：这是一个很矛盾的问题。我个人觉得，现在的明星大部分都在为宣传服务，比如我们前期做宣传的时候，有一两个明星做宣传就容易很多了，媒体看到有明星，就愿意给你做，因为人家有点可说，有人可说。

吴：这个"点"就是新闻的"料"。

王：对，也算是有"料"。但是，实际上，明星对于观众可能起不到特别大的作用。除非你用的明星是真正的一线明星，就是我们在电视上看不到的，他的形象大部分都出现在电影里，而且每次出现都让大家觉得很不错。现在的明星一年可能要拍五六部电影，你再用他，其实已经没有什么意义，其实，我认为最重要的还是要找到与角色相符合的演员。但这也是个矛盾，投资方会觉得如果不用腕儿，到时候做宣传很难做，他们会在这个层面想，而我们就在创作层面上思考，他适不适合这个角色，他能不能表现出这个角色。

吴：还要考虑明星与角色的关系问题。

王：对，这是第一步，第二步如果投资方有要求了，那我可能还要平衡，相对他们所愿，找到能够贴近角色的明星。

吴：换句话说，在你的电影里明星不是你主要考虑的因素？

王：对，起码目前是这样的。因为真正能拍着胸脯说我值多少票房的明星还没有几个。

吴：你谈了这么多，是不是可以这样认为，你将来不再会创作《熊猫大侠》或者《十全九美》这样的类型了，但是创作方向还是要从青年观众的兴奋点出发，依然会跟网络文化有关，还是喜剧、浪漫的创作路线？

王：我想不一定会跟网络文化有关，因为网络是一个传播的途径，但在这一两年，出于一种普遍的心态，网络成为了某种娱乐文化的方式，但是可能过两年这种方式就会被取代，因为大家每天都会看那些恶搞的视频，娱乐一下就完了，只是一种新的方式，两年以后可能娱乐的方式又不一样了，网络是瞬息万变的，我不会把网络作为一个永远的创作源泉。我觉得一个打动人的故事才是最重要的，我会换一种类型，做一个很严谨的故事，会跟以前的片子完全不一样。

吴：现在大家都在讲类型，惊悚、爱情、史诗，你今后的创作有没有类型创作的方向？

王：没有，现在有很多类型都是混合的，并非单纯一定要什么东西，首先是故事要打动我。

吴：你以后的电影，故事会比桥段更重要了？

王：必须的，我的前两部电影只能代表我的态度，不能代表我的水平，我在这两部电影中表现了我做电影的态度。但是后面的创作，想做一些比较严谨的故事，桥段一定要为故事服务，故事还是最重要的。

吴：通过两部电影的创作，你可以做你想做的电影了，能这么说吗？

王：从投资来说，大家肯定会衡量你的能力，比如，我现在要一亿的投资肯定没人给，但是要两三千万的投资，我觉得没问题。只要有好剧本、好故事，只要在这个范畴之内的，是没有问题的。其实，我觉得并不一定非要拍多么大制作的东西，我觉得小有小的好处。现在，我拍一个三四千万投资的电影，那么我的票房就必须得过亿，如果票房不过亿，连成本都收不回来。所以，在你的创作过程中，你的压力就来了。但是，如果我拍八百万投资的电影，票房两千万就差不多了，那么对我来说也就没有了那么大的压力，在前期我拍摄的时候，我的状态就会很好。所以，我愿意在现在的水平上一步一步地往前走。

张一白：作为商业项目的《杜拉拉升职记》

230 ⁄ 245

吴：《杜拉拉升职记》已上映了，从现在的情况看，好像破亿没有问题。

张：《杜拉拉升职记》4月15日就在全国上映了，我们组织了36条院线的看片会，院线的反映还可以，都要追加拷贝。现在中影内部的目标是奔1.5亿元，对我来说，能过八千万元已经是打胜了，当然过亿更好，因为这部影片的性价比就是这样子的。

吴：我记得去年你曾经对我说，《杜拉拉升职记》的运作并不单纯是一个电影的创作，而是把一个概念和题材变成一个具有商业性、具有话题性的项目来运作的。

张：这部电影从一开始就被当成一个商品或品牌来打造，看有没有可能做成一种模式。从运作这部片子的角度来说，从小说到完成影片制作，在制作模式上，算是画了一个圈，这个圈还算是画得圆。现在，希望在后期营销上有一个好的票房，使这个项目从拍摄到营销成为一个完整的模式，成为可以借鉴的、可供拷贝的制作方法。我一直觉得电影实际上是由两个部分组成的，一是把影片做出来，一是把影片卖出去。现在大家都使足了劲拼制作，但是往往卖不出去，或者卖不好。就造成了“做的”跟“卖的”互相推诿，互相指责，这是中国电影的一个普遍现象。曾经在一次座谈会上，院线就指责制片方，你们老说片子没卖好，片子拍得不好，我们又怎么会卖得好呢？所以，这几年我在这件事情上也很纠结，我想，我们能不能换一个角度，退出来，从头到尾将一部作品看作是一个项目来做。所以，在做《杜拉拉升职记》这个项目的时候，我就想在推广和营销中，把我的一些想法实现。

吴：你当时是怎么考虑拿《杜拉拉升职记》这部网络小说作为你试验的项目呢？

张：用这个小说是很戏剧性的。当时它已经畅销了一段时间，有一天我在朋友家里吃饭，饭后就随便把他家的书抄起来翻翻，我就拿了这本书，居然看进去了，然后我把这本书拿回家，到下午六点钟就看完了。那么多年，我还从来没有一口气看完一本小说。于是，我反过来就想，这个小说没有文学性可言，但我为什么会一口气看完呢？第一，我对白领不了解，这本书中的白领的人际关系很令我开眼界。第二，确实是可操作的，故事提供了人际关系和职场中某些可供操作的技术性东西。后来，又过了一段时间，有个朋友因为没拿下《山楂树之恋》的版权觉得很遗憾，我随口就说，你可以把《杜拉拉升职记》买下来。其实，那个时候我已经开始在找项目了，碰巧又有人找我做公司，于是，我就找到了出这本书的书商，他说电视剧和话剧都卖出去了，就电影版权没卖出去，没有人觉得这是个电影的题材。说实在话，我非常清晰地记得，在那一瞬间，我突然觉得为什么不把这个事情拿下来自己做呢？随即我就想到了要找徐静蕾当导演，我来做制片人，做监制。后来，一切的工作都是围绕这个最开始的原点来进行的，徐静蕾做导演，我做监制，我们一起推动这个项目。其实，当时我是为一个公司来做这件事情的，作为这个公司的第一个项目来做的。所以，我要借鉴之前《夜·上海》和《秘岸》在发行和创作上的经验，带着探索制作和发行模式的意图来做这个项目。

开始做的时候，也是想要控制成本，如何把广告植入影片之中。所以，我们一边创作，一边跟原来的老板经过好几轮的谈判和资本博弈，直到开机前20天才确定了与中影和DMG的合作，形成了现在的格局。对我来说，这首先是对电影市场重新认识的过程，也是一个学习的过程，学习资本运营的过程。项目运作的开始，我们是在低成本的情况下做的，但我们依然会遇到很大的阻力。因为，投资人面临着传统市场和平台资源对他的指引，人家会拿着这个案子去问发行人，几乎所有人都告诉他，这种类型的电影没有成功的，在电影发行市场中，都市片和爱情片肯定没市场。

我记得大概在去年春节前后，我还在给投资方进行资金分析，比如，票房过不了一千万，你要赔多少，如果过了一千万就可以打个平手。结果，反而让人家更没有信心了。大概在去年4月份的时候，在融资过程中，我强烈地感觉到有一批新资源、新平台开始对这个行业感兴趣了，一批做广告、做公关、做新媒体的人开始介入电影行业，他们都带着新的融资观念、新资源和新平台。坦率地说，我们闻到了这个味，所以，当原来的投资方犹豫的时候，我们就提出来，我们要把这个案子拿走，于是我们就和徐静蕾成了一个团队。我们拥有版权、知识产权以及我们的资源，我们将这些打包，占有这个电影投资的一部分，然后再去融另外一部分资金，当时就确定了这么一个思路。这个思路一出来就很受追捧，我们的胃口就更大了，在融资中就提出来，你光有钱不行，你有没有广告？你能不能带来上千万的客户？你有没有宣传资源？比如，上海的一家公司就出来了，他们有地铁、公交与户外的广告资源，这个成本核算出来价值几千万，于是我们就开始谈这件事情。所以，在这种背景下，我对这个案子抱有强烈的信心。我承认《杜拉拉升职记》小说自身的品牌价值，它是一本畅销小说，而我们发现了这个品牌。坦率地说，剧本是在开机之前才做好的，我们是拿着一个故事去谈投资的。

这个项目里面有两个品牌，一个是徐静蕾，一个就是小说。我们在市场上博弈的时候，每当一轮谈判结束，我们就会发现，我们的条件在不断地变化，知识产权开始溢价。同时，我们也都深感电影创作中对知识产权的贬值。常常为了得到一个拍电影的机会，我们不惜把自己剧本的创作权、著作权和版权不断贬值。所以，现在一些剧本费要高一点，投资人就会不高兴，其实剧本是最赚钱的。而在这个项目过程中间，我们则是拿着这个权益，不断溢价，这是应该的，也是正当的。其实，现在电影行业不缺钱，各种热钱、傻钱、假钱都有，值钱的就是项目，就是案子，就是你的创意，你就要拿这个东西在市场上博弈，争取更大的利益。于是，抱着这个信念，我们搞了一系列的公关活动，我们制订了一整套宣传思路，到底谁演杜拉拉？怎么拍？当资源整合差不多的时候，我们搞了一个启动派对，加速运作。十几天以后，韩三平先生和DMG打电话来，说他们要做这个项目，而且看好市场前景。那时候，韩总已经提出来要保过亿，这个时候的选择就会很难，因为提出的票房数据足以诱人。从票房一千万到一个亿，其实项目溢价已经不重要了，而是对导演已经有了足够的诱惑。塑造中国第一个真正过亿的女导演，我们需要共同的努力，这可能比真金白银更重要。于是，和中影合作就完成了这个项目的融资。

吴：在溢价过程中，你最核心的东西是什么？

张：核心价值就是这个项目。

吴：为什么觉得徐静蕾会对这个项目有帮助？没有想到其他的人吗？比如，你自己来做这个事情？

张：直觉。其实，就看我想要什么，我一开始想做幕后，对我来说，我需要一个成功的监制或者制片人的资历，而不是一个导演的资历。如果我来导，这个电影项目的影响未必会那么大。徐静蕾的加入带来了很多资源，她是功不可没的。在这个项目的融资过程中，我会强烈地感受到这个行业需要一些新的冲击，就是新的资源、新的平台和新的视野。并且，我们有没有聪明到或敏感到去接受这个东西，去改变旧有的东西和概念，在这当中如何带着自己的项目、自己的知识产权成为资本的一部分。这个过程是我们应该考虑的。原来咱们拍电影的赚钱赚什么钱？这是一个很公开的秘密，就是灰色收入，省吃俭用地拍戏，去挣影片投资的差价。然而，在这个项目当中，我们将所有的账目公开，因为我已经是资本方，我的利益在于最后的分红。知识产权的溢价已经不是多少钱的问题，是我占有多少股份的问题。所以，我不怕任何人，不怕合作公司派人来监管，因为我不去挣那点灰色收入。所以，工作中跟投资方的矛盾也没了。当我们积极调动自己的资源去拍片子的时候，成本也控制住了，而利润也更高了。进入这么一个状态的时候，反而片子的影像质量也得到了提高，所以，你看这部片子不像花一千多万元拍的，还有点貌似大片的感觉。用我们的话说就是假国际。好像这部片子有很多的国际因素，我请了一个PATRICIAFIELD(时装顾问)来，她肯定不会比汤姆·克鲁斯贵，是你请得起的范围，但一下子片子的关注度和时尚度就够了。加上泰国旅游局的支持，去泰国一拍，好像是一个特别大的片子。

吴：这个模式就像我们常说的好莱坞那样，你的酬金实际上是最后的分红，你是拿你的期权、资源和片酬作为投资。徐静蕾也是这样？

张：对。

吴：其实整个融资过程就是资源的整合和互换。刚才你说这个方式是可以复制的，但我听下来觉得还是不可复制的。比如说，最原始的资源是一本畅销小说和徐静蕾，在这个基础上不断对项目进行包装和溢价。不管怎么说，这两样都属稀缺资源，对其他的都市题材影片来说，如果缺少这样的稀缺资源的话，这种模式还是不可复制的，顶多是一种观念的更新。并且，对于知识产权的维护，需要有足够的实力才能将这个权利抓在创作者手中。可是，拍都

市题材和爱情题材的人大多是初出茅庐的青年导演，他们缺少资源、实力和话语权。你觉得这个可复制性是在什么地方？

张：说句特俗的话，叫作“与时俱进”。我有这个资源，但我还缺少其他的资源，也许你就有，那么我们就可以合作。现在有很多年轻导演，基本上都是从MTV和广告的路上走出来的，其实这就是他们的资源，就看他怎么利用这个资源。这是其一。其二就是你有没有足够的坚强和你吸引人的潜质与资本进行博弈。如果说，我们是在找寻合作伙伴的话，那你有没有聪明到敢于放弃那些或者接受那些真正能够帮助你的钱。你要清醒地意识到哪些资本是应该放弃的，哪些资本是应该接受的。现在很多年轻导演为了一二百万元的资金，可以放弃一个更好的平台，而去将就一个不好的平台，只为能把片子拍得像自己想象的那样，但是失去了一个操作上更好的平台，实际上这就是你的观念问题，哪个更重要？其实，把影片做得好一点不重要，而是推广得好才更重要。

吴：现在产业观念都在变，实际上对很多人来讲，这种观念还仅仅停留在创作层面，我希望拍一个观众爱看的电影，希望拍类型片，希望我的电影好看，仅仅停留在创作层面。但是作为一个电影项目来讲，不仅仅是创作。同时，电影拍出来之后，还要能有更多的观众，我觉得这可能是另外一种工作了。

张：就是刚才说的，我就把电影当成一个项目来做。我和徐导演的合作也是在这个基础上的。她没有那么固执去做这件事情。坦率地说，这部电影至少在创作和制作上达到了她的目的，赏心悦目，制造梦想。但是，这部电影有没有达到更高的要求，我不敢说。因为，我们做这个电影一开始就没有这种奢望。

吴：刚才你说到，去年有一批新兴的投资者开始关注电影，一方面带来了钱，一方面带来对电影新的判断。他们喜欢什么样的电影？其实更早之前，在我的观察中，其他行业的钱也进入了电影业。为什么在这一时期，对你的触动特别大？有什么特别的地方？

张：这股势力的来临，与这几年的电影市场有很大的关系。现在，电影已经成为一种生活方式，电影银幕数不断增加，各种过亿的影片不断出现，大片模式在形成。而以前票房过一千万都很难，没有钱愿意投资。过去，我们是靠嘴去说服一些很冲动的投机者。那个时候资本是被动的，我们是主动的。但是，电影这个行业是很奇怪的，整个行业的产值才100个亿，但因为电影是一个媒体，是一个平台，社会效益在那里，于是引起了这么多的关注和热点。其实，我一直以来都觉得电影行业是不太有文化的一个行业。我们这个行业的人对外界的资本、金融、融资是不懂的，想的还是扎钱赚差价，永远把自己当成一个特别不光彩的角色。从资本的角度来说，由于这个行业产值太低了，才使一批优秀的人远离这一行业。导致资本市场不关注你。而在去年，我感受到这种情况发生改变了，有一批其他行业的人帮你出主意了，我就把他们做资本的那些思路直接往影视行业里套，尤其是与各种资本进行博弈的时候，我就可以用资本的观念来谈判。为什么我的项目要这个价钱，因为稀缺，你没有买到这个版权。其实，说穿了，还是要把新的知识引进来。

吴：与这些人的合作过程中，他们对你们的创作有什么影响？

张：他们不关心创作，他们都是欣赏者。我觉得最难办的，就是原来干过这个行业还没干出来的人，他们又喜欢关心创作，还喜欢告诉你他们的各种思路，永远把他们没有成功的教训当成经验来告诉你。所以，我现在特别愿意鼓励年轻导演，这是一个最好的时代，因为有一批人永远告诉你什么能拍、什么不能拍。于是，在电影类型的创作上留了太多的空白，现在就是占山为王的时代，不要怕，也不要听，哪种片子火了你就不要拍了，哪种类型的影片不火你就拍哪种类型，这样你就出来了，因为起点太低了。比如，《杜拉拉升职记》是60分，你要超过《杜拉拉升职记》的职场类型影片就要70分，那你为什么不去找另外的题材呢？我觉得不管是做项目，还是做投资、做创作，应该判断和观察这样的形势。现在一个个空白都在被刷新，低成本能不能赚钱？《疯狂的石头》回答了。都市电影能不能火？人家《非常完美》成了。职场电影能不能火？有没有市场？《杜拉拉升职记》出来了。现在有很多的禁忌，其实跟政策无关，我们是被所谓的市场所左右的。很多人认为，现有的投资有两种类型是赚钱的大片和喜剧。大片模式在春节档期已经证明了是最危险的。我也遇到了很多相同情况，有投资人问我为什么不拍大片，我支持你拍大片。我说，我不拍，其一我没找到大片的题材；其二，我拍两千万投资的影片能赚一个亿，为什么非要拍七千万元投资的电影也赚一个亿呢？到底哪个赚钱多？他们认为只要拍大片就能赚钱，但实际上大片赚不了钱，为什么之前能赚钱？因为大片模式是稀缺的，只有三个导演拍，张艺谋、陈凯歌和冯小刚，这样的大片是能赚钱的。现在，连我都有机会拍大片了，大片肯定要破产，它不稀缺了。然后是喜剧，喜剧是更不可能的，喜剧是天才做的事情。如果喜剧唾手可得谁都能干的话，赵本山上春节晚会就不值钱了，因为那是只有天才才能干的事情，所以赵本山才值钱。所以，我觉得还有很多类型可以拍。

吴：这些业外的投资者，对他们自己准备投资的电影有什么样的诉求？

张：在接触过程中，我们拿着三页纸就可以谈融资了，就可以谈广告植入了。这是因为，他们对反映自己生活的故事很感兴趣，充满关注，这一点毋庸置疑。因为，投资者和消费者实际是一批人，消费者恰好是你的投资者，资源在他们手中。我们做宣传，宣传是给谁看的？宣传不是给固定看电影的人看的，宣传是给那些有可能看电影的人看的。冯小刚的电影是一个节日的礼物，你不做宣传，人家过节全家都去看。但是，徐静蕾的电影有些人是可看可不看的，为什么要强调职场性？其实，目的就是要去影响一批职场上的白领的意见领袖，让他们把影片的口碑传出去，所以，我们宣传是针对这一点的，针对时尚和职场来做的。回到你的话题：第一，投资人觉得这个项目是反映他们的生活的；第二，就是作为投资，他们完成了一种对新行业的启蒙，他们原来觉得这个行业门槛很高，很神秘。我说，电影业的门槛不高，你就投你喜欢投的电影，你喜欢看什么电影，你朋友喜欢看什么电影，你就做这种类型的电影，好几亿的买卖都能做，怎么就不能做这几百万的买卖呢？

吴：刚才你谈的另一点我也觉得比较有意思。在拿着你手里的资源与合作伙伴谈判的时候，你希望除了钱，他们还能带来其他的资源，能让片子进入市场的其他渠道。我想知道，这个谈判过程你怎么把握？你怎么能够控制住人家？除了拿钱，还得有其他资源，这是很有意思的事情，我甚至觉得，如果可

复制的话，这个思路真的是可复制的。

张：这个很好操作，正如我刚才说的，我把我的资源也放在项目中计算，我们算是利益共同体，因为大家都是投资方，风险共担了。这就是一个资源的置换，你有这个资源，你没有项目，我有项目，我没有资源，我把我的项目给你置换资源，这个事成了，大家都会受利。如果没有这种合作模式，我们都不把资源拿出来，每个项目都会有很大的风险，这是必须要告诉投资方的。所以，现在已经从扎钱的时代变成了要共担利益和风险，进入到了真正的融资时代。首先，人家是来赚钱的，不是来赔钱让你一将功成万骨枯的，人家看到的是利益，这就是利益驱使。

吴：这部影片你的植入广告有多少？植入广告的费用能不能收回制作费用？

张：可以占到成本的一半吧，因为植入广告合同价和最后的实际价还是有距离的，不是签好多少你就能拿多少。从我观察来讲，至少这个项目中的广告植入没有出现一边倒的现象，我觉得媒体和观众还是在慢慢接受这个东西。而且，在面对广告的时候，我觉得不要把它道德化，不要觉得自己干的是一件不道德的事情，这是正常的。你一道德化，就与老百姓和观众形成了一种对立的情绪。也不要庸俗化，不要弄个跟剧情和剧作毫无关系的大特写。对于植入，我觉得生活本身就离不开品牌，所以，可以自然而然地设置一些剧情，适可而止。

吴：创作过程中有没有迁就广告的时候？

张：一点都没有那是骗人的，但说真的一味迁就也没有。确实忍无可忍的时候，我真的是放弃了。比如说，非要在台词中加广告语的，我宁可放弃也不要，这种广告出现在影片中挺丢人的。这种植入广告的度只有到了现场你才能知道，不到现场找不到参照的标准。但是，假设这个片子没有广告，那更丢人。因为，人就是吃喝拉撒睡，日常生活离不开电脑、手机之类的商品，如果出现在银幕上，人家还是说你用了广告，而这时候，你还没有拿到钱。我觉得这种片子没有广告挺丢人，而一味迁就广告，拍成一个广告片，就更丢人，这是一个度的问题。同时，我想说另外一个话题。其实某种程度上，广告植入还是新的资源整合，你能不能用各种资源来推广你的片子，植入广告的钱不算多，至多几百万元的费用，更重要的是推广。其实，所有的植入方都是未来推广电影的平台，这是最重要的。很长时间来，电影界都在喊，电影的推广费跟电影制作费应该一样多，但是，真正有几个投资方真金白银这样做？我们还是得用资源置换。现在我们谈的这些广告，植入费用是小头，更重要的是植入方在未来电影发行过程中的推广。当你把这些折合成费用的时候，那是非常巨大的。比如，马自达的附带平台相当于四五千万元的投入，强生则是将近四千五百万的电视广告的投入，还包括一些日常生活品牌的店铺、海报和商品，他们都把自己的广告平台拿出来，我觉得这一点是最吸引我的。而且，在所有谈判中，我最关注的也是这一点。

吴：植入的观念应该放在平台的置换和利用上，而不是冲抵制作费用的多少？

张：对，广告费用不仅仅是冲抵制作成本的。比如没有泰国旅游局的植入，一千万元的成本去泰国拍摄根本不可能。但是，你去了泰国，就让这个电影品质不一样了，这就是广告植入的作用。同样，泰国旅游局在所有往返泰国的航班上，都会播出这部电影的MTV和预告片。这还不算最成功的，冯小刚的《非诚勿扰》上映以后，几乎造成了今年日本北海道旅游的瘫痪。

吴：好的植入其实是双方都受益的事情，我觉得这是可以复制的模式。但是，当制作者的资源没有那么强悍，你能置换的东西也就相对要少很多，能够产生的影响也未必能有那么大。我觉得对于广告的利用，也是在特定的影片之中的，对于其他影片应该还得有其他的模式。

张：我觉得在于制作人，我们要动脑筋去想。

吴：看了电影，我觉得整个题材很新鲜，而且内地的白领年轻观众需要有反映他们自己生活的电影，这是为年轻人做的电影。但从创作的角度来说，如果跟《非常完美》相比，我觉得《杜拉拉升职记》稍微保守了一点，新鲜的创作思维少了一些。在创作上，你有没有更多的介入？

张：在这部片子的创作上我几乎没有作用。当然，在创作过程当中也有反复的经历，比如说当第一稿、第二稿故事出来以后，有的投资方看了不满意，甚至对投资动摇，这个时候我非常坚定地相信，徐静蕾会写出一个我们需要的故事。编剧是王芸、赵梦和徐静蕾，但是中间我们换过好几个编剧，从作家到资深的编剧，最早还找过香港的编剧。

吴：当时与投资方的争议在哪儿？不够职场？还是不够爱情？

张：就是觉得不可笑。但是，这个稿子徐静蕾确实下了很大的功夫，她在北京和上海采访了500强企业的很多高管，她是非常认真地去做。我觉得这是一个亮点，一个明星导演踏踏实实地去采访，而我的任务就是把这个过程“秀化”。我只看了剧本的第一稿和最后两稿，我几乎不提意见。因为，不是让她拍一部张一白的电影。我曾经做过一部电视剧的监制，有很惨重的教训。后来，我反思发现，没有一个人能拍得出你想要的东西，别人拍的肯定跟你想要的东西不一样。我找徐静蕾来导，是要她拍自己的电影，徐静蕾的电影，我相信。我为什么相信她呢？因为她已经拍了几部电影，尤其是《我和爸爸》，我很喜欢。在她拍电影的过程中，我也观察得比较深入，我相信她能把这事情做完。第二，就是利益共同体，她不是来玩票的，她已经三四年没有拍戏了。我相信她的艺术创作和人格。其实，她在创作上有她的挣扎，现在为什么是一个爱情片？其实，最初我们也想做一个职场和爱情兼顾的片子，但在一个半小时内，是做一部职场的电影？还是做一部爱情的电影？有一稿剧本把后面情节的职场戏变了，写了一个真实故事，写得还挺好。但是当你去读的时候，你发现，讲不清楚公司职务和人际关系的微妙之处。作为电影只有情感才能打动普通观众，徐静蕾就做了一个取舍的决定。我也很支持。徐导演在做片尾的时候，为了把感情煽起来，把情感调动起来，结尾剪了无数遍，最后在音乐的帮助下，确定了现在的故事结尾。我最后看片的时候，发现这个事成了，因为我身上的鸡皮疙瘩起来了。所以，我的精力还是放在项目的运作上，创作上的事情基本不管。

吴：营销这一块完全交给中影做吗？你有参与吗？

张：从一开始我们就在营销，营销项目、植入广告以及每一次的宣传活动，我觉得整个宣传的节奏感和创意点还是可以的。我们跟中影谈宣传的时候，他们也很惊讶，说我们第一次碰见宣传公司已经拿出了完整的宣传计划，细致到从开始到发行期间每一个阶段，甚至每一个星期该做的话题。于是，我们将一个完整的案子交了给他们。

吴：《杜拉拉升职记》的运作方式把过去电影传统的产销方式给改变了，它让投资人、制作人、发行人能够形成一个利益共同体，大家能在这个项目上都得到自己想得到的那一份，这可能是这部电影比艺术经验更重要的地方。在今天这样一个产业化的声势中，大家还没有把做电影这件事儿放在资本与资源整合的系统中去操作。实际上，主流电影业是一个与社会经济系统密切相关的行业，它不仅仅是艺术创作。主流电影如何进入市场，如何产生价值效应，这一点是比提倡创作更重要的环节，当我们在这样的平台上思考电影的生产与营销，其实也能带出好的内容来。假如没有资本，好的内容也无法带动，创作就会变成自我的东西。

张：观众见不到，创作就没有价值。

吴：主流电影就是这样一种状态，没观众的电影叫什么商业电影。对于你来讲，这部片子的运作已经形成了自己的模式，你真的认为它是可以复制的吗？

张：别人不可复制，我可以复制自己。

李芳芳:《80’后》——绝望地渴望被爱

246 ⁄ 261

李芳芳,女,15岁起在《北京日报》《中国青年报》《经济日报》《北京青年报》《语文世界》等报刊发表多篇作品,计三万余字,并多次获得国家级作文竞赛大奖。其中,《妈妈的手臂》《真爱》两篇散文分别选入《1992年度全国中小学生精短散文集》和《1993年度全国中小学生精短散文集》。1993年被学校推荐为中国青少年名人,收入共青团中央编撰的《中国青少年年鉴》。16岁时曾写出青春小说《十七岁不哭》,并改编成十集同名电视剧,获得飞天奖和金鹰奖的一等奖。后到美国纽约大学电影学院研究生院深造,其导演电影处女作为《80’后》。

吴:当初做这部电影的时候,对这部处女作拍摄完成之后有没有什么预期?

李:三年前,我回到国内,就并非只想做一部电影,我想做一件对整个电影产业有意义的事情。为什么说想做一点对产业有意义的事呢?因为我是年轻人!年轻人是整个产业的支柱,所以,我就要用年轻人,给年轻人机会!这是一个年轻人的摄制组,我是第一次拍摄长片，我们的摄影师也是第一次拍电影。我们没有灯光师，都是自己打灯，你看到的电影里面每一个机位、每一个构图都是我选择的。演员全部是新演员！当时投资方问我如何收回成本？我说，我一定有办法。因为，我觉得这个产业不能是我一个人获利，而是所有人获利，导演、投资方、发行方，还有最重要的就是所有参加影片拍摄的年轻人，这不仅是利益方面的，最重要的还有机会，给年轻人机会，让他们施展才能，以博取更好的发展机会。所以，如果对产业有益，那么就必须让大家赚到钱，让所有人各得其所。

吴：我有一个感觉，这部片子希望通过时代的变迁，看到人的变化和情感的波折。所以，以年代感写青春故事，是不是创作这部片子最初的理念？

李：我想说，这是我的处女作。在处女作中把持锐度是非常重要的！在剪辑的时候，有些段落从一个成熟作品来说，可能拿掉会更好，但对于我来讲，在第一部电影中保持锐度和张扬，对我的吸引力远远超过保持它的成熟度。所以，大事件的把握来源于两点：第一，我喜欢有历史跨度。这是导演个人的偏好。但是，喜欢有历史跨度，能不能把大事件都放进去？恰恰是我把持锐度的东西。中国人有一句话——因为懂得所以慈悲，我觉得特别好。历史大事件为什么要放进去？如果不放进去是不是它还能承受一个故事？大事件的展现是一个锐度的把持，这个锐度的点是什么呢？并不是我要做一个多么宏大的主题，而是我们这代人经历的大事件特别多，我们的人生在自觉和不自觉中被改变了。当经历申奥成功、国家遇到“非典”、汶川地震救援以后，这些事件会激起你内心的碰撞，让你产生某种自豪感，这是我要表达的。第二，这是一种对青春岁月的缅怀，大事件在自觉和不自觉中改变了你的人生。现在，我在收集五四运动的材料，我发现一个人不管在政治的洪流中是多么翻滚，当你面对你的亲人、家庭的时候，你的快乐、你的喜悦都是实实在在的。爱情、亲情都超乎了你的存在!就像《80’后》中当申奥成功，五环旗升起，学生们没有欢呼，大家坐在那静静地看着五环旗升起，这是一种时光的流逝，这是一种成长。这些大事件你能否定吗？哪个“80后”没有经历过这些大事件？每个人都经历过，你或多或少都会被其中的大事件影响。也许是“非典”的时候，学校出了什么事情，也许是张国荣去世对你有什么刺激。这些大事件中有一些你觉得是离你遥远，但有一些会让你不自觉被卷到其中，当时光流逝，你会发现最重要的还是心底里那种感觉。其实，我也听到了一些批评，当第一版剪完的时候，有人认为影片注定不能流芳百世，因为这些大事件左右了影片，使影片变得狭窄。我不会去解释，因为我有我的坚持，这部电影也是这样的，它一定是这代人的电影，我没打算50年后还有人看《80’后》这部电影。我也没想把影片做成一个符号式的，是真实的感受，大事件我经历了，甚至我为之雀跃、欢腾了。但是，大事件与我的生活有什么样的关系？这是个人情感的私密，每一个观众都会有不同的体会。

吴：在我看来，这是处女作导演不自觉流露出来的野心，希望把自己所经历的感动都放到作品中。但我个人觉得，如果大事件过多，也许就会让感动削弱。

李：为什么所有处女作都是那种锐利的？并不是导演把所有感动都放进去，而是说它非常真实，它在每一个点上都保持了真实和锐度。那么这种真实和锐度就很容易被观众感知，所以影片呈现出一种多点的状态。可能找另一个人来重新剪辑《80’后》，会成为一个更完整的作品，但这并不是我想要的。它是我的第一部作品，第一部作品一定要保持影片的锐度。

吴：你怎么理解影片中“80后”的爱情故事？

李：我特别讨厌完美的女孩。我想写一个有个性的女孩子、不一样的女孩子，就像这个电影里面的所有人物。我对自己有一个要求，就是展现以往中国电影中没有表现过的性格人物。年轻人有时候是这样的，我喜欢一个人，或者我不喜欢一个人，并不是按照天平上的砝码去放的，而更多的是感觉。我知道我心里的人是谁，在我看来就足够了。所以，这就是明远的选择，他知道心里的人是谁就够了。而且我一直认为，如果一个女生高中三年坐在你身边，你都没有喜欢上她，那么说明这个女生对你没有吸引力，为什么？有可能是因为你不喜欢她的脸形，有可能是你不喜欢她说话的方式。所以，你会选择一个爱你的人？还是选择你心中始终放不下的人？我觉得沈星辰具有特别独特的地方，比如，影片中上课点名这件事，很少有人禁得住老师那么叫自己，她就可以做到，直到明远看到自己，她才喊“到”。还有当明远跟闻清跳舞，明远是没什么感觉的，但是，他跟星辰跳舞不一样，他有感动。这一切的一切是自发的选择，虽然最后你做出了特别打动我的事情，但是你心里的感觉，依然告诉你，你心里的人是谁。

吴：这里面有没有宿命？明远与星辰小时候就有一段相似的经历，都是不幸福家庭的孩子。这种宿命感是否注定了两人的情感归宿！

李：我在大学的时候有一个非常用功的朋友，沉默寡言，家是甘肃的，属于是我的纯兄弟，周围好多女孩子都喜欢他。其中一个女孩家境很好，人也漂亮，对他特别好。但是，有一次我却看到他与另一个女孩告别，那个女孩长得瘦瘦矮矮，他目送着她走了，他就站在那里。我曾经问他，你喜欢她？我记得很清楚，他没有说话，拿了一个本给我看，上面写了一句话，大概意思是那个女孩能够理解他，因为他们都是从一个地方出来的！我当时很震撼，原来相同的背景有这样大的震撼力。所以，我想明远应该觉得星辰是能够理解他的，因为他看到了星辰的幼年是什么样的。其次，从人物来说，很难用典型性来界定。什么叫典型性？以往来说一个人物是奸的，另一个人物是恶的，还有一个人物是不奸不恶的，这是以人性来区分；我们也可以设定一个人物是穷的，另一个人物是富的，还有一个人物是不穷不富的，这是按阶级区分的。但是，对于“80后”这一代却不是这样，他们也有区分，比如星辰是对于爱人要离开她的态度。星辰说我无论如何不能让你离开我；陈墨则说，你离开了我就不要回来；而明远的态度是在你离开我之前我一定要离开你。这是对于情感的区分。所以，时光到了这一代，在创作的时候就不能用以往方式建构人物。“80后”的人物不能建构在农民工家庭、小康之家、富二代家庭之上，这是以往的方式，是现实中的建构。在我看来，如果说用“80后”的农民工来指代一群人，我倒觉得“农民工”这三个字可能比“80后”这个词对他的描述要更直接和尖锐。因为，“80后”本身是不容易在阶级、金钱上划分得那么详细的一代人。所以，从情感的角度去划分，我觉得明远和星辰是内心相通的，而闻清其实与杜子豪应该走到一起。我认为，家庭背景与经历等元素很重要，这些东西刺激到我，我记住了，所以在我看着银幕、看着明远的样子时，我确定他和星辰最后会走到一起。

吴：你谈的这一点很有趣，我们大家经常说“80后”，可能指的是一个特殊的群体，这个群体主要生活在城市里。而你的认识是，“80后”是一个情感的代际。

李：有一些词汇比“80后”更尖锐，更特别。其实，每个人都是带着标签的，我以前的标签是编剧，现在变成了电影《80’后》的导演，人在不同时刻会有不同的标签。而我所要表达的就是你不能将这些特质划归到任何一类，而只能划归到“80后”的标签中，所以，这是这部电影片名的底气。我认为人生有很多的痛苦是暂时的，高考的痛苦是暂时的，房奴的痛苦也是暂时的，这些是我们经历的一个阶段，而这些阶段都鲜明地印着“80后”的标签。其次，还有一种痛苦是表象的，比如结婚、不结婚？要孩子、不要孩子？这些东西都是表象，但是，有没有一种痛苦是深入骨髓的？有没有一种痛苦是你从9平方米的房子搬到90平方米的房子中依然存在的？有。这就是“80后”这代人的主诉求，绝望地渴望被爱！在MSN上，很多“80后”都拿这句话作为签名。这与“80后”的父母们这一代的主诉求完全不同，他们那一代渴望政治和经济的自由，渴望婚姻的自由，这一代人是第一代可以通过自己的努力改变政治身份、改变家庭生活的一代。但是，也正是因为追求自由，而缺少了对于后代的关爱。他们给予了“80后”很多的物质，却缺少了爱的教育。在给予物质的同时，遭遇了普遍的情感匮乏。这种爱并不只是爱情，可是当某个“80后”从小在亲情上绝望的时候，他一定会把这种情感爆发在爱情之上，希望从爱情中获得这种诉求，获得人格的肯定。

所以，如果我没有找到这个创作点，我是不敢起名叫“80’后”的。拍摄之前，我让所有的主创去写自己喜欢的电影方式。我写的是这样的：第一，有年代跨度的故事。第二，讲述的方式有悬念。第三，大场面。第四，演员表演真挚感人。第五，配乐好听。我告诉他们，在拍摄的三个半月之内永远不要忘掉这些方式，因为这是从观众的视角看电影的方式。从这个角度上说，我是在做观众电影。对我来讲，电影既不是观众电影，也不是作者电影，而是我泡了杯茶，按照我的口味泡的，然后请朋友一起来品茶，这杯茶可能并不是朋友所中意的口味，但是却能感觉到泡茶的人是用心的，感到你的真诚，感到你与别人不一样的东西。就像我看香港电影《意外》，我看《猜火车》，它们给了我另外一种东西，我感觉到它的真诚、它的新鲜，我会很感动，会觉得有意外的收获。我是做艺术的，我也考虑市场，但是我不想把市场就当作我的生命。所以，当把《80’后》这部电影称作为开始的时候，会有更多地反映“80后”的作品问世，也许这并不是一个完美的开始，但是我希望它是一个开始。

吴：对于这部电影我最大的感受就是单纯和直接，导演的诉求表达得十分明确。你在结构影片的时候，用什么样的方法控制了影片的这种气质？

李：我觉得这跟我的专业训练有关系，在纽约电影学院我们必须学习9门课程，这其中最吃重的是编剧课程，编剧老师讲的最重要的就是悬念。有的电影故事本身已经超越了一切，用一句话就能说出故事来。可是在《80’后》这部电影里，我们没找到这样的一句话。那么，你如何让观众保持兴趣？作为编剧，你讲述的方式一定要带着观众，让观众保持兴趣。而作为导演，拍摄的时候，在镜头与镜头之间要保持悬念。这就是纽约大学电影学院的训练基础，这种训练是根植在骨髓里的。我举一个例子，我进入纽约大学电影学院的第一天，老师要求同学们描述一下"寂寞"，我们每个同学回答得都很好，老师却说，你们语言能力都不错，但从现在开始要忘掉你所有的语言天分。然后，老师就开始放幻灯片，我记得第一个画面是一片很大的沙滩，一个老头坐在角落里，看着天地，老师说这是空间带来的寂寞。第二张是一个男孩子坐在桌子前，后面是一扇小窗户，面前有一个特别大的比萨，这是道具带来的寂寞。第三张是很多人影在晃动，一个女孩站在其中，望着周围的一切，这是群众演员带来的寂寞。所以，不同的画面就可以表达不同的寂寞。在拍摄史可老师的戏时，她问我要演什么？我说，等到了环境中再讨论。然后，我用了两个24K灯做夕阳如雪的效果，从纽约定了头罩，又找到一件特制的服装。导演让演员表演寂寞，这会给演员带来很大的压力，而是要与演员一起来做一个寂寞。我会在处理信息元素的时候，以一种天生的本能去把握故事，使故事符合人物的心理。这部电影也是我的一个尝试，但它更多的是一种本能。其实，这部电影的剧本我三天时间就写完了，它的架构从来没有被改变过。我必须找到这部戏的骨头，才能知道你要表达些什么。我觉得这得益于纽约大学电影学院严格的训练。

吴：那么，这根骨头是什么？

李：这根电影的骨头是绝望的渴望被爱！这句台词，在我写剧本的时候一直徘徊在我的脑海中。当一个人绝望地渴望被爱的时候，我看到剧中所有人都因为绝望的渴望被爱而在挣扎，这是我要找到的东西。但是，这部电影又与那种一句话可以说清楚的电影不一样，我必须要把所有的细节重新排列，加重戏剧化的成分，这是题材的先天弱势造成的。所以，当你没有这根戏剧骨头的时候，你只有一种意念，绝望的渴望被爱！这其实不能成为骨头，你只能在讲述方式上加重巧合性和戏剧性，这是一种先天的弱势。

吴：在我看来，影片似乎有很多技巧性的安排。

李：刀疤男这个人物有一半是技巧性的。为什么他有一半不是呢？纽约电影学院在训练技巧性的同时，训练你如何弱化技巧，这就要求一定有一个心安理得的原因去呈现这种技巧性。刀疤男是什么呢？星辰说，我们在进入爱情之前都带着伤疤，有些疤是在心里的，刀疤男的疤是在脸上的，不管在哪儿，你还是要克服这个疤去努力地成为一个好人，努力地去做让人感到温暖的人。在某种程度上这不是技巧性的，可是这个人物如果以刀疤来完成构想的话，他就不一定需要存在，所以在某种情况下，他又是技巧性的。我从来没有想写一个青春爱情的故事，我对青春爱情没有兴趣，我的关注点在于成长与伤害是否能够传递。我觉得我们这一代人的很多决定都跟父母有关，我们做的大部分事情都为了父母而高兴，其实这种东西就很奇妙，小时候的家庭一直影响你今后的做事做人，这其中你是不自由的，所以，我想星辰和明远的爱也不是自由的。

吴：一部电影假如从营销来讲，看电影的理由很重要，大家在某一时间去看某一部/种电影，这是需要很多资源来配置的，看电影的理由其实是一个策划！我觉得你这次策划得很好。"80后"！这就是理由，至少你对一部分观众是有诉求的。

李：你知道吗？我自由了，拍这部电影前我不自由。我认真看了豆瓣网上所有的影评。这样做的目的不是因为有自恋倾向，为什么要看呢？我想知道观众真实的感受是什么，看完了以后我自由了。人和人不一样，你喜欢的是别人痛恨的，你痛恨的又是别人喜欢的，所以，我看完的结论就是电影不是为讨好观众做的，而是以创作者为主导，在确保投资方成本收回的情况下，我只为自己拍电影。

吴：在导演这个层次上来说，在视听方面，你有没有在创作的时候已经形成一个完整的构思？色调、构图、声音、音乐以及节奏上是否有一个非常明确的思考？

李：我的摄影师是我们纽约电影学院老师推荐的，老师说他是纽约电影学院历史上脾气最好的摄影师，你们合作没有问题。的确，我们在现场都属于没有脾气的。老师也认为我有很强的机位感和构图感，而我的摄影师具有很强的布光能力，这样我们的合作非常好。

吴：我觉得电影的构图很漂亮，像照片一样。其实，如果说到处女作导演的锐度，你的构图似乎恰恰相反。

李：构图方式是一开始就确定的。开拍之前我觉得影片整体的调子有点悲，只能用唯美来冲淡。这就有点像炒菜，把料都配齐了，你会用什么火去炒？你会有一种感受，这与电影是相同的，你决定了故事，决定了场景，决定了试片得来的温度、湿度的偏差和色调，当这些佐料全部铺在桌子上的时候，构图是最后现场完成的。但是在开机前，我与摄影师都有一个明确的概念，构图是根据影片的不同诉求而调换的，不是一成不变的。在这部影片中，我想要一种东西把所有的理念包裹起来，这就是中国的审美。比如，当时杭州有很多别墅，最后我们找到一个沉封的老院子，我们清除了4吨落叶，这个废弃的房子显示出中国的审美特色，成为了能够支撑36场戏的主场景。对于这种追求是我要求的，以审美来包裹所有的元素，以一种苍凉表现中国的审美，就像昆曲一样，越悲越美，你会觉得悲得合适，美得也合适。这也许是我下意识的选择。于是，在开机前我对摄影师说我们的构图就是这样的。您刚才的问题是很好的问题，中国电影最大问题不是故事，是审美。因为电影是视听的艺术。所以，审美对于一部电影来说是仅次于故事的第二大元素。有一次在飞机上我就在想我拍这部电影，是把电影拍厚了，还是拍薄了？刚开始的阶段我觉得它厚了，但后来在一瞬间，电影在我眼里又薄了，为什么薄了？这就是电影的审美。审美排在演员的前面，一个电影故事有了，演员挑好了，就可以开机了吗？不是的。你的调子在哪儿？美学的基础在哪儿？这些都是由审美所包裹的，所以，审美决定着许多元素，比如演员的选择、场景的确定以及镜头的运用。所有这些都是由你的审美确定的，只有确定了你的调子、你的审美，你才能确定视觉和听觉上的元素。

吴：你给美术、服装等部门的造型依据是什么？

李：大量的图片。比如，我与美术讨论张国荣去世的那场戏，美术看完剧本，准备安排道具了，两棵树中间扯一张条幅，一个男孩抱着吉他唱张国荣的歌!这种场景就不对了，失去了影片的调子，我给了美术关于陈绮贞演唱会的图片，这是一种参考。比如“非典”，我要求美术找大量新闻图片和解密资料看，是不是所有的图片都可

以？不是，有一张新闻图片中的氧气罐颜色不明显，美术说应该是蓝色的，我说给我找图形看，我一看是蓝色的就对了，因为与我的主色调接近。我们的每个造型至少有1000张图片来支撑。所以，我们不单是真实，还要有审美。我的要求是：第一，要建立在真实的基础上；第二，具有审美性；第三，所有的元素是能够包裹起来的。

吴：真实加唯美。

李：影片拍摄的时候，第一天拍摄完成之后，我一定要到服装间，看下一场戏的服装，根据戏理来确定服装。我们有大量的服装，都由我去挑、去配，星辰应该穿什么，明远应该穿什么，闻清又应该穿什么？有没有什么道具能让剧中人物不一样？我认为最重要的还是审美。审美创造了空间，在我与美术指导沟通的时候，我先谈空间，空间与审美的结合，使一个场景在体现历史氛围的同时，又有一种张力将一切包裹住了。比如，影片中舅舅家的房子的空间设计，在这个空间中的家具是极难摆设的，我们充分利用了房子的空间，几乎每一个拍摄角度没有重复的。在房间的空间设计中，闻清床头最初有一面镜子，但是，我说中国人有谁会把镜子正对着床？所以，我们设计镜子是带门的，并且使开门的动作具有古典性。这些东西是美术上的，除了视觉之外，配乐也是很重要的事情。我曾经倾听了18个小时配乐老师的音乐，我是在找一种感觉，而这种感觉是需要把一切的元素能够包裹起来的，使电影音乐和故事情绪相互吻合，而这我认为才是好的配乐。所有这些元素都是审美上的东西。我特别喜欢《肖申克的救赎》这部经典之作，因为它既有文艺的心，又有商业的壳，既有骨头，又有肉，具备完美电影的一切。这部电影中有一个桥段是将枪藏在《圣经》之中。当时拍摄的时候，有三种书可以达到藏枪的厚度，第一《辞海》，第二《新华辞典》，第三就是佛经。我选择了佛经。在公映的时候，我希望有观众说这跟《肖申克的救赎》很相似，因为我深爱那部电影，我要向它致敬。而这就是李芳芳导演的作品，这不是一个机器人的作品，所以，任何镜头、机位都没有一成不变的模式。造型的视听对我来说，是与故事、情节具有相同高度的。

吴：看完这部电影，我个人的不满足就是过多的戏剧性让青春故事变得有些刻意，时代大事件过多，渲染过重，有生贴的感觉。从你的角度看，这部电影的遗憾是什么？

李：没有。为什么没有？因为你要说有都有，问题很多，但时光倒流，我也只能做成这样了。我不能以今天的肉身去选择昨天怎样拍电影。我的电影是一名好学生，因为我本人喜欢的东西不是阴暗和扭曲的，同时我是有个性的人，我没有仅仅满足去做一名好学生，而是希望我做对产业有意义的事，我想去挑战一些东西。我的作品是在积极因素包裹下的有个性的和丰满的作品。所以那种焦虑的东西不属于我的创作取向，但这不等同于四平八稳，我要保持我的绝对丰满与个性的彰显。这些因素使我相信自己是一个有才华的导演。导演这个行业对性格的要求特别高，所以在有正向表达的同时，你必须努力保持自我的个性。如果有一天，我做出一个完美的杯子，我会为自己哭泣，我要避免制造标准的杯子。所以，你让我说有什么遗憾？我会说没有遗憾，因为我不愿意在年轻的时候装作老成的样子。这就是李芳芳导演的作品，它不是大工业下的产物，作为导演，我会一直提供这样的作品给观众，让你觉得这些作品的存在具有非常特殊的意义。

吴：在今天这样的年代，对艺术作品的评价，可能没有更多的资源和权利去否定一件艺术品。同样，作为导演的你也不能排斥不喜欢这部作品的人群。

李：这跟做电影人的心态有很大关系，导演是一个光环，闪闪发光，在这种情况下你一定非常害怕别人说不好！但是，我做导演不是为了光环，我做导演是因为我觉得有意思，有讲故事的欲望和冲动，我对光环一点兴趣都没有。评论不会伤害到我，即使不喜欢这部电影的人，也不可能把电影毁掉。而且，下一次我还会用我的方式继续做。但是，为什么有些导演对评论那么在意呢？可能他觉得自己的作品一定是好的。但是，艺术品是美学的范畴，美这个东西是仁者见仁智者见智的。所以，我从来不怕评论，每个人都应该有自己的看法，或喜欢，或憎恶。

吴：这也是一种表达方式。

李：导演其实就是一种讲述方式。这个方式已经细微到了镜头和镜头之间的讲述，导演的毕生经历都在追求镜头和镜头之间的讲述方式上。这是我们的乐趣点。我最快乐的时候就是坐在监视器后面，与演员一起经历和表演。所以，我明白了一个问题，为什么当导演累？因为导演在跟着剧中所有人的情感起起伏伏，演员表演哭的时候，我的状态一定是悲伤的，如果我没沉浸进去，那么让演员沉浸进去是不可能的。所以，做导演就是在经历影片中的每一次情感，而这正是我的快乐之所在。做导演的一部分就是要忍受这些，与此同时，作为导演还要对得起投资方，对得起我的观众，对得起团队中的每个人。拍电影是一件高兴的事，是我学习、吸收的过程，我是用心来做的，我拍电影是一口血喷在胶片上，耗尽心力，没觉得要拿电影赚钱。我的特点是在我做电影前，已经想好了让投资方怎样收回成本!其实，任何人都不知道观众要什么，根据市场做电影很难，我觉得艺术家要自由，想拍什么样的电影就拍什么样的电影，拍一个真实的电影，对投资方、团队、观众都负责的电影。

朱文：尽在不言中——最好的表达境界

262 / 271

朱文，男，1967年12月出生于福建省泉州市。1989年毕业于东南大学动力系，获工学学士学位。大学期间开始诗歌写作，1991年开始小说写作。1994年辞去公职，现为自由作家。著有诗集《我们不得不从河堤上走回去》、小说集《我爱美元》《因为孤独》《弟弟的演奏》、长篇小说《什么是垃圾，什么是爱》等。1998年，他发起主持了一次名为"断裂"的活动，向全国73位青年作家发出问卷调查，促进文学界对现存文学秩序进行反思。20世纪90年代中期开始写电影剧本，有《巫山云雨》《过年回家》《火车，火车》《海南，海南》等。其自编自导的电影《海鲜》在威尼斯电影节上获"评审团大奖"。2002年执导《云的南方》；2010年执导《小东西》。

吴：其实我看您的第一部电影就是《云的南方》，非常喜欢。后来又看了《海鲜》。您的创作都比较特别，作为一名作家，您是怎么选择您决定要拍的电影的？

朱：最终决定拍什么，我相信实际上不是由我说了算的，可以说是偶然，我顺应它而已。做电影对我而言就是一个打发时间的方式，人生反正是要浪费掉，问题是你更愿意以一个什么样的方式来浪费。比如一个项目要几年，你愿意以怎样一个方式来打发这几年，实际上要选择的是这个问题，可以说是一个非常私人的问题。虽然它是一个很公共的项目，牵扯那么多人、那么多钱，但是对导演来说，它首先是以某种深层的情感为基础的。

吴：比如说《小东西》，虽然我没看，但我还想请您谈一谈，为什么值得您用三年的时间去做？

朱：托马斯和毛焰，两个主角是我的老朋友，他们还没有发生关系、没有开始合作之前，我们就一起玩了。毛焰是中国最好的画家，也是最挑剔的画家。十多年前他开始以托马斯这个来自其他文化背景的陌生人为模特，创作他的“托马斯系列”。开始不觉得有多么特别，只是觉得他画得很棒。到了他们合作五六年的时候，我感觉这个关系有点意思了。他们不是同性恋，不是异性恋，不是兄弟情，不是哪一种简单的情感关系，但是你能感觉到他们之间很强的内在联系。我写过一篇小说叫《三生修得同船渡》，很多朋友一直劝我把它拍成电影，也是说人的缘分，一定有某种因缘才会促成这样的关系。从那时起，我就想做点什么有趣的，但不知道是什么。你不能简单地描述他们的故事，不是你熟悉的某种类型，很微妙，这是始终吸引我的地方。那时我已经离开南京了，但我还是密切关注着“托马斯系列”的进展。每次和毛焰碰到，我们都要聊一聊这个事情，一直到2008年，毛焰已经画托马斯十年的时候，我觉得头绪清晰了，于是就着手开始写剧本。

吴：写作也是一种表达形式，似乎写作更适合体现您说的这种感觉。

朱：写作是一种形式，但这次第一反应就是影像的。你想电影就是一秒24帧、24幅画嘛，当你把毛焰十年所画的托马斯放在一起，一张一张，看那张面孔随着岁月的流逝一点点地老去，这已经不是油画，而是电影了，是时光本身的艺术。而且我觉得是更原始意义上的电影。

吴：您作为作家开始准备花一段时间写一篇小说的时候，显然有您认为它成熟的地方，可以把它变成文字呈现出来。当您转换一个身份，变成一个导演的时候，您觉得什么是条件成熟了，可以把它记录在一秒钟24格的胶片上，这一过程用了三年。显然可能里边也许有钱的原因，也许没有钱的原因，总之这个事情我比较感兴趣。

朱：一个项目进行一半停下来，是常有的事。有的还能捡起来，有的就无法继续了，其中最重要的原因，其实是你是不是真正热爱这个项目，你的冲动是不是足够强烈。困难肯定会有的，钱永远是不够的，但是如果你的冲动足够强烈，你就能一关一关地闯过去，最终把它完成。

吴：就是这股冲动已经到了无法遏制的程度。

朱：对，必须做。以前写小说也是这样，脑子里面永远有十个想法，并不是有想法就写，绝大部分情况都不会呼应它。是不断否定、坚决否定的过程，直到那种冲动强烈到可以克服惯性，直到你觉得必须要了结这个事的时候才动笔。这种时候往往一动笔也就完成了。

吴：您在拍《小东西》或者《云的南方》的时候，您安排一个画面或者演员的动作，或者他们的交流，与写小说的感觉有什么差异？

朱：电影与文学当然是两种不同门类的艺术、不同的语感。但是如果要比较的话，营造调度影像的感觉与遣词造句的感觉实际是一样的。对写作而言，对字词把握的分寸感就是你的艺术所在，影像也是这样。看起来电影比文学好像要复杂，复杂的是表面的东西，核心是一样的。它一样要求精确，一样要求表情达意，一样要求你服从它内在的规律。尽在不言中，对哪种形式而言都是最好的表达境界。

吴：我的意思是说，其实在把握电影语言的时候，您觉得它的核心是什么？

朱：核心就是你的身心感受。和文学相比，对电影语言的把握其实更本能。人生下来就是用眼睛、用耳朵或者用你的第六感去观察世界的。这是源头，所有语言的源头，电影语言这个词由此变得不再空洞。机位放在哪儿，多大镜头，怎么调度等等，莫不与你内在情感的节奏有关。这是人的生理问题，是非常个人的经验，同时也是共通的。

吴：您觉得讲故事和电影之间是什么关系？

朱：我不觉得电影只是叙事艺术的一种，可以有很多种电影。但是叙事艺术源远流长，叙事诗比小说的历史长，戏剧比电影的历史长等等，在叙事艺术的谱系里，电影是相当年轻的一种形式。如果你把电影当作叙事艺术的一种来谈论，那么讲故事就是电影本身，怎样讲有时比讲什么更重要。

吴：用文字讲故事与用影像讲故事，您觉得这之间的差异在哪儿？

朱：不同的语言，不同的接受方式。有些故事是适合以影像讲的，一种光线你马上就感受到了某种情绪，有的情节拍出来你才觉得酣畅淋漓。而有的故事适合用文字去表达，微妙之处，如果拍出来反而太白了。

吴：其实我看您的《云的南方》，整部电影都在讲一些微妙的事情。这种微妙是非常复杂的，理解也是多元性的，怎么看一个长镜头，怎么看一个人站在那儿，我觉得这种微妙其实是挺有意思的事情，所以，您在现场的工作状态我比较感兴趣。

朱：我说过拍电影是我的人生实践，其中最重要的一条就是和人沟通。以前做作家的时候，有时很长时间都不和人接触，记得有一次太长时间没说话了，一出来好像发音都有问题。所以拍戏很好，它迫使我与人交流，至少在工作的时候。我把我感受到的、我想做的，和我的合作者沟通，让别人明白我要什么，这就是所谓的拍电影。就像一个结巴想让对方明白，他对词高度紧张，迫不及待地把关键的词堆在你面前，我觉得这是很好的沟通状态。语言本身有时反而是障碍，只要把情绪传达到位，别人就会不知不觉地被感染。其他环节我觉得也是一样，我从来不把所谓的专业当回事。

吴：就是没有那么多专业问题摆在那儿，很简单的人与人之间的沟通，如何把自己想要的东西让别人明白。

朱：还有跟别人相处的问题，要建立起信任，要有好的互动，最好的合作是化学反应。你想要的东西有时没那么重要，如果有新的东西出来不是更好嘛。

吴：可能我又习惯性回到专业问题，我感兴趣的是，这些专业问题在您看来是一个什么问题？比如我们说到电影的时候，会说它比较偏艺术，比较偏文艺，或者它就是一个商业电影。具体到影像来说，它是长镜头的，很炫的，很夸张，这些都是做电影的时候形成的一些观念，一些思想和一些所谓的专业问题。那这些专业问题，在您看来是什么问题？

朱：这些专业问题就是专业问题而已，问题是“专业”对创作者来说是一个很基本、很低的层面，你还要深入下去。一个情绪很饱满的长镜头，你不会觉得长，因为它的情绪真的很饱满、很细腻，你不会觉得长。一个很空洞的短镜头快切，因为空洞你还是觉得长。长短是相对的，在这种情况下你说“长镜头”“短镜头”有什么意思呢。大家都说商业电影、文艺电影，好像它们是对立的，就像我们习惯说精神和肉体的对立一样，但是它们可以是不对立的。我们看到很多杰出的电影，商业上很成功，在人文追求上又是很深刻、很成熟的，你说它是商业电影还是文艺电影？

吴：比如我们常谈的一些专业术语——戏剧张力，戏剧性……

朱：这些术语在谈某类电影时会被经常用到，尤其是挖空心思编排故事的那类。我没有做过研究，这两个词跟“戏剧”有关系吗？谈论电影的时候我们常常要借用文学、戏剧的一些概念，这两个词换成“电影张力”“电影性”怎么样呢？什么是“戏剧张力”“戏剧性”？不同时代的理解也不一样。用这两个词去解读伯格曼估计很受用，去解读塔科夫斯基就没啥用了。讲故事的最高境界，在我看来，是讲一个什么也没有的故事，但是动听。我喜欢用的“专业术语”是：语气。每一个电影大师都有他独到的语气。你听马三立的相声，传统的段子倒来倒去，你就是爱听，他的语气是他最有魅力的部分。我有一本书叫《达马的语气》，十多年前写的，说的也是这一点。怀念一个作家，最终就是怀念那个作家给你讲故事的语气。一般人看小说意识不到这一点，电影圈我接触挺多，看小说也很低级，非常功利，只是看它适不适合改编。这也带动没出息的作家去写那些适合改编的烂小说。

吴：说到这个，我觉得您也跟一些年轻导演有过接触，也有过合作，您觉得对于目前您接触到的这些青年导演的创作，您的感受是什么？

朱：先天不足吧！我们都是从一个残缺的教育体系中出来的，很多人经过自身的不断完善，不断反省，逐渐回到一个常识的水准。过去十多年国内电影的环境对他们是严峻的考验，但是我看也都挺下来了，电影审查制度、市场压力如果没能把他们变成畸形儿，那么未来十年一定大有作为。

吴：您觉得怎么理解年轻导演身上表现出来的那种所谓新的气质？

朱：他们跟商业的关系比第六代这拨自然。但是每一代有每一代的优势，也都会有每一代的问题。

吴：但是好像您的电影对票房这件事不在考虑的范畴之内。

朱：比如《小东西》就是想拍没票房的电影，很明确。你不能到一

棵桃树上去摘李子，对吧？如果我做的是一个有票房的电影，那我就追求票房。

吴：那对您来讲，从这三部片子来讲，您好像更喜欢做您自己喜欢的。

朱：我相信谁都想做自己喜欢的。

吴：您拍电影有没有您自己一个核心的方式或者状态？

朱：没有一定之规，其实跟写书相比，我觉得更喜欢拍电影的节奏。几年拍一部电影，几年慢慢做一个事情，这个节奏我喜欢。写书的话，几个月没发表东西，大家都会惦记，觉得你不正常。电影没关系，好多年没拍东西，别人也认可，而且可能还因此认为你是一个严肃的导演。

吴：其实拍电影是您另外的一种生活方式，有的人可能去打高尔夫球，您可能就把时间用来拍电影。《小东西》您觉得就是要拍一个没人看的电影？

朱：不是没人看，是比较少的人看。《云的南方》现在还在放，到现在还是满场呢。

吴：那部电影在我看还是挺动人的，挺煽情的，情绪还是比较饱满的。这个情绪饱满，您觉得是不是对电影来讲是最重要的？

朱：言之有物吧，要么你就空洞无比也行。

吴：您对您的电影在影像方面有没有什么特别的喜好方式？

朱：没有，也不鼓励喜好。每一部电影都不一样，多好啊，就像自然界一样，我都喜欢。

乌尔善：我的风格里有我的价值观

272 ⁄ 289

乌尔善，1972年6月10日出生于内蒙古呼和浩特。先后就读中央美术学院油画系和北京电影学院导演系。2004年凭借执导的独立电影《肥皂剧》，获韩国釜山国际电影节国际影评人奖。2011年凭借执导先锋武侠喜剧电影《刀见笑》获第48届台湾电影金马奖最佳新导演奖。2012年执导的东方魔幻爱情电影《画皮II》，票房超过七亿人民币，并获得第20届北京大学生电影节最佳观赏效果奖。2014年执导悬疑探险类电影《鬼吹灯之寻龙诀》。

吴：我们聊聊《刀见笑》这部片子。影片中的故事、视觉与意义这三者之间的关系，你是怎么考虑的？

乌：首先，动机是我想做一个独一无二的电影，一定要有骨子里的原创性，这是我最在意的，尤其在这样一个成本很低的情况下创作。我是觉得常规思路或模仿成功的电影类型都不是最佳策略，应该做一些大胆的尝试。在尝试中，我希望电影是多层面的，它的娱乐性，它对电影语言本体的尝试，还要有它的思想体系，所以想试一下这三个标准都能不能装在一起。其实是抱着比较实验性的态度去做它，希望把这些别人没有结合过别人不敢做的事情在低成本里，可以做些勇敢点的尝试。这部电影成本很小，制片人对票房回报并没有苛刻的要求，也希望做一个让所有观众耳目一新的作品，这些我们很早就达成共识。当时我给制片人四个武侠题材的项目，这个项目成本最低，最不常规，制片人觉得这个项目最有挑战性，而且最容易引起话题，我也觉得应该做一些尝试，不应一味地追求票房。

吴：制片人想要一部不一样的作品？

乌：对，要有爆炸性的作品。

吴：这个爆炸性可以让你在哪些方面做一些事情？

乌：首先你要面对成本的现实，几百万拍古装片大家都认为不可能。我们当时开机的时候就550万元，后来不够，我自己又垫了100万。后来制片人又垫了钱，最后的纯制作成本是800万元。当时500多万元的时候没人相信我能够拍完，因为这种成本只能拍古装恶搞的片子，而我们的电影故事容量很大，讲三个故事，人物众多，那么多的造型服装，都是钱，所以大家都不相信能够做完，但是我们觉得有必要去做这件事。我对自己做电影的定位是武侠类、魔幻类和史诗类的，这是我对自己的定位，虽然得到投资不多的机会，我希望展现一下做这个类型的能力，确定了这个方向，就开始想办法怎么能完成影片拍摄。

吴：你将这部电影定义为武侠片？

乌：在电影类型里还是应该属于武侠片类型的，在人物设置、环境设置还有逻辑上，比如影片中有江湖，有天下第一，有一把绝世兵器，这些元素的设置更多倾向于武侠与喜剧，我们是努力往这方面去做的。

吴：是不是可以这样说，你当时还是想试一试能否在一个有限的资金范围内，做一个你想做的电影，没有考虑太多的市场因素？

乌：也是考虑因素之一，如果不考虑市场的话就不会做成喜剧了，因为这个故事并不需要做成喜剧，但制片方提出要求必须要做成喜剧。因为低成本电影能够达到的类型标准也只有喜剧，他完全是靠编剧的创造性，做其他的类型，比如惊悚、悬疑是很难做到极致的。

吴："少三两"这个角色就是照着喜剧类型做的？

乌：对，基本是一个低俗的傻瓜。第一个故事基本算是黑色幽默，不是喜剧；第二个故事喜剧色彩弱一点，悬疑色彩多一点；然后第三个故事，再回到艳俗的喜剧中来，三个故事的层次是有差异的。像剥糖纸似的，第一层是一个塑料皮，花哨，热闹，但是没有什么营养；第二层有酥糖的糖衣，里面有一个酒心；当你吃完了酒心又回到了糖纸。

吴：2000多万的票房在你的预期之中吗？

乌：其实我没有票房预期，我觉得这种电影有太多地方打破了常规，以中国观众的观影经验来说，可能有很多的不适应或者是意外，无论是业内、一般观众，还是影评人，他们都会产生不同程度的观影依赖。而这个电影没有投合任何一个角度和阶层：对文艺青年来说，他觉得这个电影可能太俚俗；对商业电影来说，叙事又比较复杂；对一般影评人来说，又找不到以前的电影作为参照。所以我对票房是没有任何预期的，高和低，多和少，只能看结果，因为没有参照系可以判断这部电影的票房。

吴：在我看来，这种类型的电影在全世界都是小众电影，而这样一部小众电影在中国还是做了大规模发行，所以我觉得可能这个意义挺特别的，也许会在主流电影市场上开创一个新的类型。特别你在影像上做了很多特别花哨的拼贴、混搭，你有什么样的考虑？

乌：方便讲故事吧，因为三段故事有那么多的人物，整个视觉空间要有所区分。另外这三段故事的气质与主题不同，像少三两的故事讲的是对生理的欲望、人的愚痴，整个环境又是在妓院，所以色情的红比较符合故事叙事的需要，以红和土黄为主色调。第二个关于复仇的故事，本身带着阴谋，人物也比较忧郁，环境是竹子做的酒楼，青蓝色为主，表现比较忧郁的气质。侠客的故事讲的是贪婪与暴力，他对自己生命很漠视，又是一段回顾，所以把它做成黑白影调，只保留了血腥的红色。这样三个空间，三个故事，大家对故事的印象比较完整，第一个故事是红色的，第二个故事是青蓝色的，第三个故事是黑白的。但是观众在阅读中捕捉信息的能力是不一样的。比如，在网上有人评论说没有看懂故事，中间插入的情节打断了故事叙事。其实，我认为故事讲的还是很清楚的，只不过叙事不是顺序的，看不懂可能与观众阅读影像的能力有关系。比如说插入情节，那些插入情节也是在讲故事，是有叙事功能的，都是在讲一个故事，只不过转换了一个语调，这有点像拼贴风格了，它虽然转化了一种质感，其实它还是在讲原来的故事。所以这些可能和每个观众的阅读经验有关系，我自己觉得这样挺合适的。

吴：对于多数电影观众来说，他们愿意接受的还是故事，而你所做的转化和变调是在挑战他们的观影思维。

乌：我觉得中国所谓主流的电影是没有电影感的，都是电视剧，这是我对现在中国电影的一个感受。我觉得它不是在用电影语言讲故事，基本上是大银幕电视剧，我没有必要顺从这些，我觉得电影还是电影，电影不是故事，电影不是思想，电影是一段视听体验，这是我对电影的定义。电影如果是故事的话，为什么单田芳不是最好的导演呢？如果电影是思想的话，为什么第一部电影不叫《火车进站的思考》和《工厂大门的故事》呢？电影的诞生是因为它传递了一种非常直观的视觉体验，而不是因为它具有故事性，也不是因为它具有思想性。电影的体验我觉得是它存在的第一意义，所以我强调这方面，否则我认为电影存在意义不大，所以还是回到电影本身吧，尽量用电影语言讲故事，这是我在这个电影里最大的努力，这个努力可能会脱离一般的市场，但是这个市场到底是什么样，任何人也没有发言权，没有人可以以自己的审美代表13亿人。你想要取得一个市场的成功，你可能要复制一个之前成功的作品，但是恰恰我们并不是要做这件事，我们希望能够回到电影本身，另外，在这个低成本里尽量用电影的方式讲一个电影故事或者是讲一个人性的故事，这是我们做的事情。

吴：这部影片的难点，就是怎么样把三个气质不同的故事讲清楚，让观众能进入这三个完全不一样的故事中，还能有完整的情绪。你现在用影像视听形式把三个故事装在一起，对于叙事来说好像有点偷巧？

乌：其实年轻观众的网络阅读本身就是一个立体阅读，信息的读取量不是线性的。大家的视觉阅读习惯性都是线性阅读，我看很多片子，我觉得这个镜头已经没有信息量了，他还在撑着，这可能跟个人的阅读习惯和他自己捕捉信息的速度有关系。我只是按照我觉得合适的分寸在做，但是不知道放到电影市场上，对于中国目前电影观众的反应会怎样。不同的放映空间得到的阅读反映差异也是很大的。在多伦多电影节首映是在"疯狂子夜场"单元，他们的阅读速度基本跟影片节奏是一样的。而中国观众的差异很大，不同观众看起来接受程度也不同，尤其是这种视觉上比较特殊、质感很强的影片。中国很多观众认为脏，对电影画面质感不适应，进而对快速剪辑方式不适应，再加上对跳拼贴的语法又不适应，多个不适应之后他就排斥，但我觉得挺有意思，不同的反应很有意思。

吴：你怎么看"脏"这个问题？因为从一般老百姓的角度来讲，确实有一点质感太强，跟他们想象的古代景象不一样。

乌：对，大家想象的古代生活都是电视剧里的，光打得亮亮堂堂的，穿得干干净净的，都是戏剧范儿的，大家对古代的感受是比较脂粉气和装饰性的。中国古装片的审美来自两个源头，一个是电视剧，一个是戏曲，我认为那都不是电影，因为我们所做的人物还是以他的生存质感为基础，然后加以强化。观众所谓的脏就指屠夫的角色脏，但是我们的媚娘不脏，她是一个花魁，很性感，很美丽，观众没有注意平衡的问题。有人说铁匠脏，但这就是铁匠的状态，我们又设定他是一个隐居西域的高手，用了瑜伽释的造型，加上一张熏黑的脸。但是我们的侠客并不脏，是很潇洒的一个侠客，观众要注意平衡，我们的人物是根据他的身份设定、职业设定和我们需要塑造的质感而创作的，我们并不是只有丑的人，我们的侠客也有阳刚之美，我们的笛师也很玉树临风，寐娘也很美艳性感，我们做的是两极，并不是只强调脏，我们也强调美的极致。我们的演员很辛苦，比如说太监那个造型，化妆四个小时，卸妆四个小时，拍摄中间都休克了，因为不能吃东西，里面穿的就跟轮胎是一样的，全部是海绵做的特别厚的衣服。我希望他一定要给人很强的邪恶感的印象，他在哑巴这个故事里的存在意义就是邪恶，所以想把他做成让人过目不忘，而且很变态，一看这个人就很变态。因为我们电影角色很多，每个角色出场都短，所以一定要达到极致化的设计才可以。

吴：这个质感和纪实好像也是两回事，你的理解是什么？

乌：不是纪实，影片人物是在真实质感情况下加以强化的，比如性感，我们要怎么样强化性感；比如屠夫的粗鄙，怎么强化粗鄙。但是，我们都是有依据的。我跟美术老师合作很多年，我们对电影的看法还是比较一致的，电影要有存在感，不能是一段戏曲、一段话剧的感觉，每个角色的存在感来自他的质感，无论表演、形象和整个的造型，要有它的逻辑性，我们想做我们想象中的古装片。虽然它不是一个历史电影，它只是一个寓言化的电影，但是也应该有它的造型体系。媚娘的青楼段落，应该性感暴露一点，只有唐代的造型是这种露肉多一点的，其他朝代裹得都比较严实，所以，老鸨的造型复制的就是唐三彩的造型。唐代的美人放到现在已经变成丑八怪了，所谓的美是多么不靠谱，充分证明了美的相对性。还有“一刀先”的造型来自五代时期契丹人的造型，梳两条辫子。脸上有刀疤，是藏獒那种感觉，野蛮、暴力的。铁匠这个造型是来自于瑜伽释，他又是隐居者，加上一个熏黑的脸，增加他职业的特点。比如八大铲的师傅的造型是来自一张古代版画，我们试图把一些古代人的审美能够拿出来一点，现在人做的古装片都不是古代人的感觉，都是戏曲的感觉，因为戏曲就是清末的审美，装饰性很强，但其实古人很有品位，他的品位并不是雕梁画栋和描龙绣凤，挺朴素的，是朴素中间有美。但是，在中国古装电影，都是来自戏曲审美，装饰性的，这种审美的标准下看这部电影会有不适应，但是总要给观众打开一个新的眼界。

吴：你是感兴趣故事，还是你想实验的质感？

乌：都有，我不喜欢抄袭、跟风和翻拍，这是一个前提，我给自己的原则首先要是原创性的作品，无论是在结构、寓意，还是电影形态上，我希望它是崭新的。这个发表在《故事会》里的故事给我提供了一些点，因为我当时一直在做武侠的项目，所以这个故事提供了另外一种江湖的感觉，都是边缘人，虽然有江湖，但是没有讲侠客，讲的都是铁匠和厨师，虽然都是玩儿刀的，但都不是高手。我觉得适合低成本做，没有大的格局，都是小故事。我自己又比较喜欢看佛教的书，尤其是藏传佛教的，当时看其中的故事觉得有点感觉，就先请制片人把这个故事买下来。这是个四段故事，一个人给另外一个人讲三个故事，骗他进入第四个故事，也是为了复仇，就结束了。我们进行了改编，第一个故事讲一半，第二个故事再讲一半，第三个讲完再回收，每一段故事要有自己的主题。原来的故事不是这样的，改得挺多的，结尾都不一样，其中另外两个故事是重新写的，只有哑巴那个故事保持了人物和复仇的主题。但是结尾我们改变了，找到故事的主题，重新架构故事结构做了半年时间，然后才开始写剧本。三个编剧一人写一部分，最后再做结构的变化，因为佛学是我兴趣所在，我喜欢做结构和做寓意这个层面的创作。再有我认为重要的是价值观，价值观来自于我们东方的思想体系，而且是我确认有价值的，它不能抄袭别人的电影或别人的观点，是否有作者性应该是在这个层面上的，可以说这个东西不成熟，或是这个东西与商业电影类型结合的不完美，但我希望它是存在的，它首先是我强调的东西，不能说它来自别人的电影。

吴：这部电影至少在风格上带给电影市场不一样的东西，观众的不适应可能主要来自影片被当作一部主流电影来宣传，而不是一部具有实验性的电影，观众进电影院看的时候没有心理准备。

乌：有两件事情比较有意思，比如说电影局很喜欢，20世纪福克斯很喜欢，在电影局一刀未剪就审过了，福克斯的国际部总裁三次要求要买这部电影，前两次都被我们拒绝了，第三次我们同意了。一般观众我无法预见，因为这部电影可能对导演来说取得业界认同是最重要的。取得业内对你的认同和关注，这是最大价值了。票房这些东西不可预见，我对票房也没有什么经验，我不知道一般观众热爱什么、喜欢什么，我需要一段时间才能知道。像《画皮》这样的电影直接找到我，看了六场粗剪的片段他们就让我拍《画皮》，这部电影已经取得了很特别的关注，一个这么小的成本，相当于一百万美金的电影会得到这么多的关注，而且在不同文化环境和不同价值立场上都对它关注，已经给我很大的信心。票房的反应是我现在正在观察的，看中国市场有什么反应，海外市场有什么反应，这个都是作为实验品需要去搜集的资讯。我不能说我对市场有把握，因为我所做的事情是完全冒险性的，我没有复制任何人的成功，这个电影没有抄袭，没有跟风，也不是翻拍。往往你要取得一个稳定的成功，最好的方式就是复制别人的成功，而且目前中国市场上成功的小成本电影都是一样的，《疯狂的石头》本身也是一个复制的成功，如果我不选择复制的方法，则意味着我没有成功的把握。我最期待的是业内的认同，我已经非常幸运了。

吴：刚才谈到价值观，你在影片当中所讨论或者是呈现的是你对佛教的理解，它的普适性在什么地方？还是仅仅把这看成商业片中的一个元素？

乌：首先要对我们人自身有价值，贪、嗔、痴不是佛教有才有的，而是有人的地方就有贪、嗔、痴。佛家讲的这些道理是最朴素的人性，贪、嗔、痴与是中国人、外国人没有关系，是古代人、现代人也没有关系。所以这里用了这些拼贴，我觉得很随意，因为讲的是寓言，不是讲古代的故事，讲的就是人的故事，人性是什么，事物之间的道理是什么，所以可以拼贴，可以穿越。讲的是人本身而已，这个东西很重要。因为我觉得很多当代的中国电影没有立场，只不过借用了西方观点，而且是片段式的，或者是模仿了一种态度。如果了解西方哲学的话，会知道它们都是西方哲学的某一个阶段，都是我们挪用的价值观。我不满足这样的中国电影，你生存在自己的文化环境里，这个文化环境里有没有你可以现代化、当代化的价值观？我个人比较喜欢佛学的观点，所以我也希望把这个观点拿出来。

吴：我也注意到很多评论说这部电影是邪典电影，你不太认同这样的评价？

乌：这是影迷评价，跟电影学术是两个层面的，这是一种观赏效果的判断。我刚才说的创作者的价值观则是怎么看待人与事物的关系，我觉得还是需要有独立的观点，比如与《低俗小说》为什么有差异？与盖伊·里奇有什么差异？因为他们的电影来自他们的哲学，他们的存在主义，他们的荒诞戏剧，他们想强调机遇与偶然。但是我的电影完全不是这样的，我的电影强调的都是因果，你有善因就有善果，你有恶因就有恶果，强调报应。这些人的悲剧全部跟他们的无知有关，“少三两”的悲剧是因为他捡了一个手绢就以为别人爱他，他就去追求，最后一场空，他突然有所感悟。哑巴的复仇是太监的嗔怒心杀了他们一家，他产生了冲动，酒楼里伙计们互相的倾轧又导致厕板被砸松。又因为太监曾在厕所里杀死了他的弟弟，连躲在粪坑里的孩子他都没有饶恕，所以他最后也死在粪坑里。这全部是因果，不是意外和偶然，这个世界没有意外，也没有偶然，所有东西都是必然。在整个事件逻辑方面，与盖伊·里奇和昆汀的电影完全不一样，这是完全来自两个思想体系，这可能是因为一般影评人都没有进入到这个层面去看故事。你仔细看看每个设置都是非常讲究的，也许我拍的不好或者表演上有漏洞，或者没有那么吸引人，但故事的情节设定上其实很精心，所有的细节都是互相串联的，评论没有注意这个故事因果逻辑的这个方面。大家都是以之前的经验来看后面的经验，但是如果多想一点，他就不会这么简单得出结论，因为影片本身并没有那么简单，如果这么简单的话，这个剧本就没有必要做两年了。

吴：你想贯穿一种东方的价值观。

乌：就是我所认同的，我认为佛学理论是我认同的，我对它的人性论非常赞同，我不赞同七宗罪，因为七宗罪太苛刻了。我觉得比较精炼的还是贪、嗔、痴，然后因果这些东西我是比较认同的，有善因，有善果，我希望在电影里能够体现这种思维方式。

吴：你的现场工作是不是很复杂？我看几乎每一句台词都至少有两三个角度。

乌：这其实是两方面的考虑，一方面，我想要电影有节奏感，快节奏讲故事。另外，也是因为成本的问题，我们不能有大景别，一是很多景都没做，二是景别一大灯光就不够了，美术也没有钱做那么大的景，所以基本上都是以中景为主，在中景范围内保证最高的质量，强调化妆，强调服装的上半身。我说上半身和袖口一定要做好，底下就没所谓了。在这个景别范围，如果剪的速度慢，会让人感觉枯燥。我可以拍更小的景别，这样可以使整个信息保持在一个充分的信息量状态。像那种敢用长镜头的电影，其实是做了大景别的布景，让你慢

慢看这个东西，我们不具备这样的条件，我们又需要观众看着不疲劳，所以大量的特写，局部与中景，这样可以调节电影的节奏。

吴：机器有几台？

乌：就一台摄影机。全景先拍一遍，然后去补那些局部特写。我多拍了很多特写给剪辑用，否则影片就不是这个节奏，就变成全部是中景的电影了，就不是现在的感觉，现在感觉信息量很满，我需要的就是影片的节奏感。低成本电影这种手法避免不了，本身就没有什么景你还老不动，就显得简陋了。

吴：你对表演的要求是什么？

乌：导演第一个工作就是选对演员，这是导演存在的第一个价值，其次是在这个演员的基本条件之上，怎么把演员指导调整到你需要的状态，现在这部电影里的演员选择上，还是比较准确的，但是也有一些失控的地方。因为整个故事比较夸张，演员需要在一个非生活状态里表演，要拔起来演，所以挑了很多戏剧演员，比如说扮演少三两和春哥的两位演员是舞台剧演员，游本昌老师也有舞台剧经验，他都是拔着演的，不是以生活化的状态来演。我希望根据他们自己的条件，演得风格化一点，不要以常态化的生活化的方式去演，这样跟整个寓言的风格，与影像中比较强烈的风格可能会搭配一点。如果表演很生活化，影片就会很怪，风格可能不搭调。

吴：从这部电影可以看出你对电影的类型和商业性有自己的理解，你觉得中国商业片应该是什么样的情况？

乌：我觉得首先不能刻舟求剑。美国类型电影要拿到中国来做本土化的尝试，我觉得不存在可以直接移植的范本。因为我们现在所谓的成功商业片，其实都不是标准的美式电影。《让子弹飞》算是类型电影吗？那完全是姜文的个性。冯小刚电影算是类型电影吗？《非诚勿扰2》相当于小文艺片，但在中国是一个大票房电影；《唐山大地震》算是类型电影吗？不是，中国市场的情况不能直接拿美国好莱坞的类型电影进行衡量，类型元素是类型电影识别的标准。但是如何做真正的中国类型电影，大家都在尝试，我不认为谁比谁更懂类型电影，我从来不觉得谁比谁更权威。因为面对中国特殊的市场、特殊的文化环境，所有人都是在尝试。之前张艺谋做《英雄》，我也不认为那是真正的美式类型电影，影片强烈的个人表达和作者观点都是反主流的，只是套了一个武侠电影的场面和基本形态，跟美式的类型电影完全不一样。所有在中国成功的电影都不是我们认为的好莱坞电影。所以中国是一个非常特殊的环境，大家都在用自己的观点来理解类型电影，我也不认为哪一个学者说中国类型电影应该这样，照着做一个类型电影就真的成功了。

吴：你对武侠类型电影的看法是什么？

乌：有两个层面，一个是精神层面，武侠是属于精神的；另外一个层面是武侠作为一个电影的类型怎么去界定它，比如作为一个电影类型，武侠可能是中国比较成熟的代表文化。它作为一个电影类型有三个标志，一个是穿古装衣服；第二是故事里的人物都会武功；第三是人物都是自由职业者，他不能是国家机器，不能有单位。符合这三点我认为就是作为武侠片类型的三要素，所以武侠片跟武士电影不同，日本武士电影中的武士其实都是有单位的，表现他对主人的忠诚。武侠电影与功夫片也不同，功夫片是不穿古装衣服的。而且，武侠电影也不同于古装史诗，像岳飞和关羽都不属于武侠片类型里的人物，他们都是有单位的，他们都有主人，武侠不能有主人，要自由的。如果从精神层面谈到武侠，武姿就并不重要了，无非是会武功而已，很多人以精神层面的武侠来衡量类型层面的武侠，这是两套系统。因为从精神层面讲，我认为侠的精神本身有两点，一是正义，二是自由，他的正义感是个人的，不代表党组织，不代表社会权力阶层。比如说，《英雄》的侠是站在政治家的观点去谈论，这就很怪，这跟武侠精神没有关系。侠只代表自己，他个人标准下的正义感是什么，他并不代表政治家，那不是侠，那是儒家精神了。这跟侠没有关系，侠既不是儒家，也不是道家，他是代表个人的，他是自由主义者，这是最重要的。所以，为什么"侠之大者为天下"我认为有问题呢？我觉得儒之大者为天下，侠是代表个人，他不参加工作，不为党组织服务，不进入任何权力阶层，他只隐居在民间。他没有单位，他可以杀猪，也可以卖菜，但是他觉得这件事情不公道，没有正义，他自己就上了，这是侠。侠一定是没有单位的，他代表的是自由、无政府，所以侠的精神是在这个层面。所以《刀见笑》不是一个武侠片，是一个无侠片，这个故事里没有侠客精神，它谈的就是人。但是对于武侠类型来说，它又有武侠类型的基本要素，有穿古装衣服的人，一大堆自由职业者，又会武功，有这么一片江湖。江湖是一个架空的世界，这里没有警察，没有官府，都是一帮恩怨，这符合武侠片的基本设置。在三段剧情里都有武侠片经常用的故事套路：复仇、夺宝、泡妞，但是故事结果与武侠片完全不同。所以，这部电影符合武侠片的类型设置，但它并没有谈及武侠精神，武侠精神可能要用另外一个层面来考虑。

吴：你觉得现实题材的影片可以有哪些商业类型电影？

乌：每个导演的兴趣不一样，我不能帮别人指点江山，我对现实题材不是特乐观。但是中国有过类型电影的时代，《小兵张嘎》《南征北战》都是类型电影，都是战争类型，而且很好看的电影。还有《阿诗玛》《刘三姐》都是很好的类型电影，那是一个真正的黄金时代。在当代，我不认为只有武侠片是类型电影，其实战争电影也都是类型电影，只不过做得不好，没有跟市场结合得很好。我认为美国所谓商业电影、商业类型，最成功是在于价值观本身的商业性和大众化，无论是《阿凡达》，还是《盗梦空间》，里面人文的内核是非常商业的，非常正面的，非常积极的。在这个层面上找到中国人共同的价值观，共同的正面价值观，是商业电影最根本的要努力的方向，而不是花了很多钱搭了什么景，请什么明星，那是商业化的表面，而不是真正美国电影成功的核心。像《阳光小美女》这样的小电影，没有明星，没有什么大景，拍的很简单，但是很感人，是因为那里面家庭的亲情感动了所有人。中国的类型电影首先要回到这些东西上来，它是否提供给观众一种有价值的观点，有价值的价值观，而不是特技等表面元素，那些都是舍本逐末的事。就像《刀见笑》，大家看到的都是风格上的另类，但骨子里的价值观是非常主流的，或者我认为是有价值的价值观才提供给观众。比如对人性本身你要有所觉悟，像贪、嗔、痴，我认为它是正念，并不是盲目批判，或者是盲目惆怅，我告诉你问题在什么地方，你自己去了悟，去解决，但是，我给你的观点是我认为我确信的观点。不是我做《刀见笑》之后，而是之前，所有做的项目首先的起点是，是否有一个我认为正确、我认为是一个真理的价值观，然后我再把这个价值观放到电影里，再去用电影形态表现出来，是调侃，还是感人，是不同的电影形态所决定的，但是我觉得首先要解决价值观问题，这才具有根本性的商业化和大众化。就像你卖牛奶，你首先不卖那个盒子，你卖的牛奶是有营养，营养不体现在感官，而是有营养含量的，有多少维生素A、维生素B。商业核心是在这，而不在于盒子做得多精致，请多少明星给做广告，这跟商业性是没有关系的，文化产品的商业性体现在精神上的营养是不是有价值。

吴：你之前是不是拍过一部电影？

乌：叫《肥皂剧》，是个四段故事的电影，关于四段死亡的故事，现实题材，讲身边人的故事，风格是固定机位，内部调度，有点像蔡明亮的风格。是写实的，比较冷静的，因为没有钱，所以不能不冷静，当时是自己投钱拍的，2004年在釜山电影节得了一个奖。

吴：那部片子给你的经验是什么？

乌：讲故事，因为我觉得广告比较短，要讲长一点的故事，所以当时想试一下，我自己写的剧本，写了四个小故事，源于死亡的，杀人和自杀的四个故事，作为一个故事片来说，挺有意思的故事，就有信心了。然后，开始做一些现实题材的剧本，我喜欢比较浓烈的风格，像韩国现在的现实题材，我就觉得有意思，我写了几个这样的剧本，但没有人投资，他们觉得太暴力，太强悍了。后来我觉得不行，我还是要拍电影。当时我到天文馆看了一场《神奇宇宙》的球幕电影，我想做在电影院里充满体验的电影。所以，当时就决定要做类型电影，做体验感强烈的电影。那么，到底哪些电影是在中国可以做的类型电影呢？比如，韩国的犯罪电影，这是我们现在没法做到极致的；我还喜欢恐怖片，又好像不能血腥，不能暴力；科幻电影，中国又没有科幻电影成熟的作家，那么，什么类型可以做？武侠类型，魔幻电影，史诗。因为我自己对历史，尤其是对中世纪亚洲的历史非常感兴趣，这是我要做类型电影的三个方向。

姜文:不是编剧的演员不是好导演

290/313

姜文,中国大陆演员、导演、编剧。1984年毕业于中央戏剧学院,24岁即凭借在《芙蓉镇》中的表演获得了1987年大众电影百花奖最佳男演员,之后的一系列作品也都产生了较大的反响,包括获得1988年柏林国际电影节金熊奖的《红高粱》、获得1993年中国电视金鹰奖的《北京人在纽约》等。自编自导的处女作《阳光灿烂的日子》被《时代周刊》评为"九五年度全世界十大最佳电影"之首;历史题材影片《鬼子来了》在2000年第53届戛纳国际电影节上荣获了评审团大奖;2010年末他执导的电影《让子弹飞》刷新了国产电影的多项票房纪录;2014年上映他执导的电影《一步之遥》。

编剧

吴:听说这个剧本磨了两年,这个过程看来很费心思?

姜:没有,磨了一年多。费心思的地方主要是想把人物弄得丰满一些,人物其实挺不容易写丰满。我相信那样一句话,是一位美国制片人说的,他说:没有15遍修改,成不了剧本。为什么?前5遍是在设计剧情,再5遍是加工剧情,最后5遍是将所有编造痕迹打磨掉。所以，在做剧本的过程中，我弄了120张白纸，一张一分钟，每张纸上什么内容，还得写成五言的句子。只有这样才印象深刻，才不胡说八道。五言的句子出来了，这仅仅是故事的“桥墩”，但是没有“桥板”，得铺上“桥板”才能成为桥。比如，张麻子他们怎么进城？进城之后就要打武举人，怎么打？这些都是所谓的“桥板”。当然，我们在弄剧本的时候也遇到了瓶颈。我常跟他们说，别问能不能拍，就认定它一定能够拍，你才能把这个戏写好。我们在没完成剧本的情况下，就已经开始搭景了。创作确实需要时间，但等写完剧本再搭景，也许要等两年。我们这样做让编剧没有退路，这样才能写得成。

吴：看了马识途的小说《盗官记》，你觉得感兴趣的是什么？

姜：“冒名顶替。”

吴：张麻子这个人物最有争议，他不是传统意义上的一号英雄，有股匪气甚至流氓气，但是很有煽动性，公平正义得很真诚，能让人产生现实的联想。你怎么看？

姜：我觉得张麻子这个形象起点“低”，但落点“高”。故事一开始，张麻子就劫钱，进鹅城就杀人，不是一个传统意义上的好人，只是与汤师爷和黄四郎相比，稍微好一些。但整个故事完成后，你会发现张麻子以打劫开始，以裸捐结束，在与恶人的较量中完善了自己，几近完人。

吴：你觉得《让子弹飞》是一部商业电影？

姜：取得商业效果的电影。

吴：身为这部《让子弹飞》的导演、编剧和演员，你觉得剧本和演员是什么关系？

姜：作为本片的导演，我可以这么回答你：电影没有编剧不行，没有剪接不行，没有演员更是不行的，非要没点什么的话，没有导演是可以的。危笑正好是我们的编剧之一，也是导演之一、演员之一，他来回答这个问题吧。

危笑：相对编剧来说，演员肯定是被动的。编剧写剧本在前，脑子里已经有一个假定的鲜活的东西，无论是人物形象还是人物的精神本质，通过长时间的加工，把它凝练成一个其他人可以看得懂的基本汉字组合。编剧完成的这个组合，要能读顺读好听就已经是一种功夫，如果还能从这个组合里看到人物形象和精神本质，这是第二和第三层的工作。这几层工作要让纯粹的演员接受，不是不能完成，但是是一件被动的事儿。我的感受是：参与编剧工作之后，再去完成演员角色，能把这个被动变主动，完成得更顺畅些。

姜：危笑先生，请允许我补充一下。从形式上来说演员是被动的，但从实质来说，没有被动的演员。譬如《教父》，当剧本交给白兰度的时候，这个剧本对表演来说，也仅仅是提供了一个苍白的舞台。剧本不能告诉你穿什么衣服、打什么手势、用什么眼神，不能告诉你声音、形态、动态，所有人与人之间交流的任何瞬间，这些微妙的东西都必须靠演员的表演来完成。白兰度带进来的东西可能比剧本更多，这个时候就不是被动的事了，而是为了实现“科里昂”这样一个人，是白兰度自己了不起的主动的创作。

吴：编剧给演员的东西是什么？

姜：靠谱的编剧起码要给演员一个骨架和行动路线，角色不管是猪、是狗，还是人，这个形态要结实。但是那个气，我说的是使角色成为有生命力的那个气，编剧是给不了的。莎士比亚也给不了，莎士比亚写的to be or not to be，可以有一万种说法。所以你会看到，同样是莎士比亚的戏能演得那么糟，也能演得那么好，不是说莎士比亚的戏，就都能演好，那可不一定！其实表演背后带了太多东西，人生观、价值观以及人的思想水平。

吴：《让子弹飞》的剧本为什么要弄那么长时间？

姜：其实，从无到有花一年的时间弄个本子，已经是相当快啦！他们都说我弄事慢，但我们是在没有剧本的时候，就开始看景、选演员、做服装了。《鬼子来了》也这样，相当快的进度。如果说给你12个月的时间，你试试能不能从无到有写出《让子弹飞》？

吴：你的剧本给了演员很大的发挥空间。你在编剧时感到兴奋的事情，是不是也在于设计片中那些让人兴奋的表演点子？

危笑：姜文先生，我能插一句吗？我个人觉得还真不是。编剧的工作和兴奋点在于给演员的表演创造机会，机会的好坏就意味着剧本的好坏。表演方法上的点子，是演员自己的发挥和创作。

姜：其实作为编剧也好，或者演员也好，是通过影片表达他们的态度和世界观，而不是弄出一两场精彩的戏就会兴奋。精彩的戏剧都是精彩的人物最终要传达的东西。就是说，你们是不是一群有话要说的创作者。我觉得任何一部电影都需要有要表达的东西，如果没有，那你拍电影干吗呢？

吴：那在《让子弹飞》里，你想表达的是什么呢？

姜：就是那句“让子弹飞一会儿”，这就是我想说的。好多人问我们为什么要“飞一会儿”，我们总有一个误解，以为现实生活比较严肃，其实现实生活特别不严肃，也特别荒诞。找个录音机，你随便录一桌饭、录一个会，你都会觉得特别荒诞。科恩兄弟就能把这种扯淡的东西表现得淋漓尽致，《老无所依》等许多片子都是例子，里面的警察忙活一辈子也没有办成一件事，逃犯跑到死也不放弃钱，杀手杀到底也没有恻隐之心，这多么风格化，多么独特！但，这难道不是现实吗？我们之所以觉得它独特，那是因为我们看了太多不真实的电影，脑子被洗过了，觉得不真实才是对的，片子越真实反倒越是被认为风格化。这也就是为什么《太阳照常升起》被人认为看不懂的原因。

吴：《让子弹飞》这部影片的编剧过程，在你看来是一个什么样的过程？

姜：危笑先生，提到过程这件事，你是最有发言权的。

危笑：没错儿，我是参与了全部过程，简单地说，编剧的过程就是一个表达态度的过程，为了剧本而写剧本，是达不到《让子弹飞》的效果的，也不是姜文电影要的结果，姜文不仅仅为了完成拍电影而写剧本。

吴：坦率说，《让子弹飞》故事本身既简单又无聊，甚至还不太合理。

危笑：没错儿，《教父》不也是一样吗？简单：黑帮复仇；无聊：黑帮反复复仇。姜文先生一开始就明白，《让子弹飞》这个故事的桥墩子是非常简单的桥墩子：张牧之来当县长，然后老汤在中间两头蹿，就这么件事。我们是2009年9月20日开机的，在2008年10月确定所谓的桥墩，120张纸，其实现在回想起来，这既是姜文拍电影的文本基础，同时也让他自己能够有无数的表达可能，这是有意思的事情，跟他在一起工作都渗透这种工作方式，包括在现场修改剧本，特来劲。

你说，剧本质量究竟该怎么评价？没法评价。你说它有多少价值？没有多大价值。但是它是生活的趣味，它是这个电影中的人活得不一样的独立的趣味。我觉得这是写剧本最有意思的地方。而且，姜文先生聊剧本有个特点，常常会问我们这场戏有多少句话，让我们把所有舞台提示、行动提示都删了，就看台词有多少句。聊到最后，他说：我觉得数量在12句到14句之间最好。然后，我们就聊，常常聊到八九句，还有4句这场戏就要收口，而且要收好。你说这样的态度来做剧本，的确是不一样的，这不是较真儿，这是认真。我看好多影评，说姜文透露出文艺气，现在文艺气已经变成贬义词了。但电影就是艺术的事，我个人很喜欢，它代表姜文对台词的凝练。就像画画一样，姜文对一笔一画都很在乎。有些导演只享受画挂在展厅里面，人家出钱拍卖的过程，但姜文是享受画画的过程，这是本质上的不同。

吴：比如《让子弹飞》中"鸿门宴"这场戏，从戏理上看，目的简单明确，就是确定张牧之、汤师爷与黄四郎之间的合作。但是三位演员的表演，让人觉得这个戏很好看，电影里有大量这样的段落，在我看，这部电影的精华就是这些表演段落。

姜：危笑先生继续。

危笑：他写剧本的每一句台词和每一个人物，哪怕只有0.5秒的戏，都渗透着他对生活的态度，这就是"鸿门宴"好看的原因，这也是不只是"鸿门宴"，其他的戏也好看的原因。因此，跟他写剧本最痛快的一点是有太多东西可以聊，这不只是一枪打中目标的快感，而是连扣扳机也舒服，瞄准时也舒服。有一个敏感的问题，往往媒体或者观众想把《让子弹飞》意识化成某一个结果，就是这部片子你要表达什么？其实没必要！因此《让子弹飞》不仅仅要说一件事情，比如“鸿门宴”说的是什么？中国不是到处都在上演这样的戏吗？我跟你有利害冲突，我们俩要聊合作其实是假的，但这样的饭局我们依然吃得无比高兴，这个高兴里还暗藏杀机。姜文每一分钟都在过着生活的瘾，这是姜文对于戏的要求，这个要求让他觉得自己很快乐。

吴：每场戏都是话里有话。

危笑：对。力求每场戏都丰富多元，不只是情节而已。因为要完成这个情节用不着花10分钟，这场戏可以很简短很干巴，可以用非常老套的方式，不用这么孩子气，但这恰恰是本质。其实很多大老爷们儿，有成亿上千万资产，聊事都是孩子气的，这是事实。他的话里有话就是他电影的魅力。

吴：在编剧的过程中，你从姜文身上看到的是什么？

危笑：什么都看到了，也什么都没看到，要总结我总结不出来，他身上的核是什么，没法说。我跟姜文先生认识大概五年，但我只能找到一些边角余料，我找不到核心。这个核是什么，要让他自己回答，我看他更回答不了。比如说我举一个例子：《太阳照常升起》里面，一开始房祖名在前面跑，他娘在后面追，房祖名的板砖是一块一块扔的，你如果为了跑快点儿，一口气扔了不就完了吗？为什么一块一块扔？最简单的解释是因为好看！跑一段冲镜头扔一块，但其实还不只是好看，房祖名是运板砖的人，舍不得这些板砖啊，多留一块是一

块，能多留一块还能卖点钱呢。这是生活的本质，这是有魅力的地方，这是十几岁的孩子孩子气的地方。你的问题是谈姜文吧，但这跟这个问题有什么关系呢，反正我是这么看的。

吴：我觉得只有一个好的演员才有这样一个思维，你觉得吗？他能够把人物的行为和心理特别好地结合在一起设计动作。其实扔了就跑，这是设计动作，在编剧上是合理的，但是作为演员，他就觉得简单，他想要有更深一层的内容。

危笑：如果您把它归到专业领域里面，我觉得您说得对。他要作为一个高手，没有死穴，谁都找不着，更点不着。因为他对这个社会的态度与大部分人想象他对社会的态度不一样，或者说其实要比大部分人想象的要更光明。每一场戏他需要的是欢乐和更加丰富的劲儿，并不是所有的戏都指向一个结果。但是你不可否认，那些评论和索引都希望指向一个结果。

吴：姜文，你觉得川话版和普通话版本有什么不同？

姜：没什么不同，就是口音的区别，但是口音往往影响甚至造成人物的性格。当时马识途老先生说：你们片子里不要说北京话，四川人说北京话不好听，演不出滋味儿来。后来我一琢磨，老先生说得有道理。其实，开始的时候我真是用四川话拍的，我的演员也都是会说四川话的，只有葛优和周润发不是。其他都是演员自己配的四川话。像张默、陈坤本身都是四川人。我小的时候在贵州生活过，10岁之前就不会说普通话，所以四川话对我来讲不太难，也因此我原来就想拍一个川话版，但实际操作起来还是太难。所以，在现场就没有拍，改成了后期录音。我是把川话当成一种语言，当成另外一种感觉。它是方言，但并不是说土话，语言还是很朴实的。实际上普通话与四川话差别还是很大的。用四川话说"让子弹飞一会儿"，与普通话说出来感觉完全不一样，当时写这句话的时候，我是以四川话的感觉写的，因为用普通话说出来不好听，发软。我觉得川话更好玩，像张麻子这样的强盗，用普通话表演确实不太容易演，没有特点。我说四川话的时候，自己也觉得有底气，有意思。

演员

吴：作为导演，你的四部作品有非常强烈的风格，那种东西似乎很难表达清楚，但让很多人着迷。比如说表演问题，从某种意义上来讲，电影的魅力在于人物的魅力，人物魅力与演员有直接的关系。简单讲，电影是记录了若干段

姜：没那些东西怎么表演啊。我在现场一点也不较劲，我只是要求东西准确。他们误认为我较劲是什么呢？比如我早就说过20响的驳壳枪，梭子在外面的那种，拿来一个梭子在里面的，我说，这个枪错了！如果较劲的反面是粗糙的话，那我就较劲吧。因为我要的不是这样的东西，但大部分时间我是将就的，因陋就简、因地制宜的事儿多了。这就是创作本身。但是，我们没有真正的妥协过，你在现场要不断地注意，找到更简洁的办法，以达到更好的效果。其实很简单，拍电影永远没有阵地战，都是遭遇战，你即使想好了阵地战，只要一开火，情况也永远不会按照你原本设计的进行，所以在现场，你就需要不断地随机应变。如果随机应变也算较劲的话，那我就算是较劲吧。

危笑：我给你说说我们趴在镜头前跟小六子说“发誓替你报仇”那场戏。从有剧本开始，姜老师觉得，兄弟们对小六子的感情是一个坎儿，要让观众对他的死能接受，同时让兄弟们对他的死也能接受，这是两个坎儿。别他死完以后，我们立马干活去了，对他没有反应，所以必须有一场兄弟们对小六子的感情戏。从姜老师提起这场戏到开拍前1个小时都没写好，写了无数版本，拍这场戏前一天晚上聊到1点半，我和编剧郭俊立快不行了，第二天吃了早饭上车还聊，下车到外景地，还是没有剧本，所有人都等着，阳光马上就没有了，然后姜老师说你先把演员稳住，小六子的墓碑就是机位，演员抱着机位表演。他拿了一张A4纸，拿根铅笔自己坐在蓝棚子里，大概5分钟，他写了一句话，后面六排省略号，那句话就是发誓替你报仇，而且自己的词还没写完，因为他的词会多一些，他只写了我们几个的，他的词是到了镜头前面才说的，但他要的任务、感情全完成了，而且拍得还快，大概40分钟就拍完了。回头再看，说这场戏没有被逼到那份儿上能不能想到这样？我也说不好。

导演

吴：你为什么说《让子弹飞》是《太阳照常升起》的衍生品？

姜：所谓衍生品就是简单把原来一整个儿的东西拿了一部分下来，我觉得其实拍《让子弹飞》特别简单。我曾经说，拍《让子弹飞》容易，别老拿赚钱说事儿，赚钱的片子谁不会拍，结果我发现人家不信我的话。所以，我就拍了一部，拍完以后我觉得确实容易，现在我这么说你总该信了吧。但无论怎么挣钱，它还是《太阳照常升起》的衍生品。

吴：你还是很在意观众的感受的？

姜：《太阳照常升起》出来以后，很多人说看不懂，我觉得压根儿就没有懂不懂这回事，实际上是给说成不懂了。这其中也有我们自己的原因，那部片子不是一个正常叙事的影片，是一个特殊结构，而我们没有宣传，没有任何话语权。我们没有做强力宣传，当第一个不懂的声音传出来以后，就成为了主流的声音。所以，这一次的宣传做得特别夸张和过分。发《让子弹飞》的时候，院线的经理很害怕，请他们在北京看片，他们看了以后，也乐，也觉得挺有趣，可是，不能决定，还要看看所谓点映的效果。第一，要看点映的票能不能卖出去；

第二，要观众的反应，反应好他才敢给你排片。所以，你要想发行成功，必须有一个强力的声音，必须有话语主导权。如果这部片子没有这样的强势宣传手段，也没有现在的票房，所以制片人重要啊。我想说，所有高票房都是跟宣传有关系。你把宣传全去掉，你全换成《太阳照常升起》那样子去宣传，将是另外一个局面，那个时候才能比较到底出了什么事，现在很难比较影片的质量。

吴：我觉得懂不懂是另外一个问题，你是不是希望观众能从《太阳照常升起》中懂一点什么事情？

姜：不是懂，是感动的过程。我觉得《太阳照常升起》这片，咱们看从哪个角度说，我想一个创作者完全忽视了观众的可能性是几乎没有的，只是有时会产生这样的情况，在某种程度创作者把欣赏者尽量想得跟自己是一样的。那么，其实这里面有什么问题呢？相对于《让子弹飞》这样的影片，《太阳照常升起》更依赖某种观影的心情、观赏者的心情，我只不过想唤起人们在不懂的情况下的感动，我认为在感动这件事情上，离开了懂和不懂的前提才是真正的感动。我们现在被训练成、被异化成、被格式化成了"要先懂，再感动"，这实际上是不对的。想一想，我们看到大自然的感动，看到美女的感动，早晨起来被阳光刺痛眼睛的感动，尤其是你看到一个景物的感动，这些都不是要懂，就是感动。从某种层面上来说，《让子弹飞》比看《太阳照常升起》要容易。反正该懂的都懂了，不该懂的还是不懂。

吴：你觉得这种感动是什么？怎么用电影的方式传达出来？什么形式、过程和元素？

姜：这个是我需要学习一辈子的东西，也没有人能做得那么容易！我看《太阳照常升起》，我很感动，以至于我不敢随便看，我觉得这不是我拍的电影，我真的觉得是上帝送给我的一个礼物。记得最早是一个中秋节，在我们家，有曹久平这么几个朋友，放假，外面都挺安静的，我背靠着窗户，坐在那儿，喝点酒，在那儿聊，我说有这么一个故事，娓娓道来，慢慢聊，朋友们都听得特别投入。

吴：其实观众看的东西很具体，美景就是美景，漂亮姑娘就是漂亮姑娘，你要他再往深了品味的话，可能需要在电影中给他们一个推开门的把手。

姜：我觉得根本没你说得那么复杂，咱们用一针见血的话来说，《让子弹飞》容易挣钱，《太阳照常升起》不容易挣钱。如果不考虑钱的事，说有笔钱你们爱拍什么拍什么，不考虑回报，那可能大家都愿意去拍《太阳照常升起》。而现在奇怪的是，大家愿意探讨的不是电影本身的美景与漂亮，而是在市场标准面前对于电影是否有"门把手"的焦虑。有没有门把手是否影响门内的风景呢？姑娘身上安一门把手，还是姑娘吗？不仅仅是电影产业，包括电影创作者、评论者在内的行业人都用票房、市场这种的标准来衡量电影，这就把电影说窄说低了，能挣钱的电影只能证明它票房上的成功，不一定都是好电影。反过来说，让市场焦虑的电影，倒有可能是一部纯粹的好电影。

吴：其实，我关心的倒不是市场问题，你刚才谈到感动，如果大家都有那样的生活经历还好说，但对缺乏和你一样体会的观众，《太阳照常升起》怎么来传递感动呢？

姜：没有想通过什么元素，它就是本身的样子。我看了李清照的词，她也没考虑我，但我喜欢。我们拿诗词作比较是因为悲也好，喜也好，通过炼词炼句和某种格式，它具有本身的美感。撒泼容易让观众接受，但这个没意思，它也不是生活的本质。我觉得诗也好，词也好，歌也好，实际上这些东西都是传达作者的世界观。站在一个诗人角度他传达出来的就是诗，站在泼妇的角度他表现出来就是撒泼。现在大量的是把泼妇撒泼惟妙惟肖地弄出来。我总觉得这是一种放纵，人类放纵总是要受到惩罚的。我们现在做很多事都是一种放纵、随便，这不好。尽管你可以得到眼前的名和利，但你对自己没有要求，没有态度，这不好。

吴：刚才你说电影很多东西太实了，你觉得"实"和想象之间是什么关系？

姜：这是电影的一个弱点。因为摄影机往那儿一摆，想看见不想看见的都在那里，所以美术和摄影就很重要。比如一条实实在在的大街怎么通过光影的取舍，让它看起来又真实又是主观的？我认为，没有主观的东西就没有艺术，也没有作品，甚至没有产品。

吴：中国电影产业的规模大起来了，但创作空间没有大反而小了，好多原来有的空间反而封闭了，弄来弄去都是大资本跟小资本的事儿，没有人愿意谈点什么想法、艺术。

姜：你可以谈嘛，你们的杂志可以谈嘛，哪怕就剩下你们一本杂志，也可以谈嘛。其实，一个演员，一个编剧，你调动观众的情绪让人家乐一把，让人家怕一把，这是基本功，别拿乐说事儿，这不是个事儿！这里有一个电影习惯的问题，《太阳照常升起》是遵照生活的本质来回忆帮派电影的时候，讲完《教父》就会讲《艋舺》。后来我自己都说我脑袋坏了，这真是一个不切实际的期待，但作者还是有一个企图心在其中。但我没有标榜，或者说我不自觉的原因是我本来就爱读史，对社会、对人充满情感，对国家的发展充满想象，对电影充满热情，骨子里边真的有一种很文艺的东西。但我不想彰显，我期待的则是能不能在这个基础之上多拍一些大家都可以找到投射角度的电影。

吴：对这部新的台湾电影，你觉得台湾本土电影的养分对你来讲意味着什么？

钮：显然是一种潜移默化、耳濡目染的影响。我9岁开始演戏，从小就超爱看电影。我说潜移默化和耳濡目染的意思是，其实身为观众，我没那么High大师的电影。那些大师们都有几部电影是我很喜欢的。可是，大部分他们的作品我是不满足的，我不是一个有精英品位的人，到现在为止，我看伯格曼的电影一定睡着，但我真想看。从小我反而很爱侯孝贤导演的作品，很尊敬侯导。在表演上他给了我很棒的启迪、启蒙，也给了我一些观念，这辈子受用无穷。还有他的人格魅力，以及身为一个电影工作者所展现的勇敢、浪漫、担当。但我从小就想当导演，那个时候我就说我不要当他。因为他的电影我没那么High，我想拍《艋舺》这样的电影，我想拍那种有内容的大众电影。有真实的情感、有好的制作、有创意、有浓厚的情感、易读的，我是这种品位的人。

吴：换句话说，你是不是想观察另外一种台湾人的生活？

钮：不自觉的，也许是。反正我很早就决定我不拍那种电影。我觉得在短期内不应该做那样的美学选择，我反而应该是展现一个我常说的，拍出属于我们的时代、我们的电影。在同一个时代之内，我的看法，魏德圣的看法，林书宇的看法，蔡岳勋的看法，每个人的看法一定都不一样，每个人都应该拍自己心里面那部好看的电影，然后看看会怎么样。

吴：其实台湾跟大陆的年轻导演现在都在做这样的事。首先是我们感受到的时代和人，其次是感受到的时代和人应该通过观众能接受的方式将情感传递给更多的人。这里存在题材问题，到底拍什么？在现有的类型中做些什么？在本土的文化资源中能发掘出什么？其次是方法。不同的类型有不同的方法，有前辈、有殿堂级大师。在《艋舺》里，可以讨论的点似乎特别多，它是一个特别庞杂的技术系统，从这部作品可以看出创作者是一个久混片场的人，那种分镜方式，那种节奏的控制。同时你又能看出作者希望在片场经验中植入一些新的经验，我觉得这个特别有意思，你觉得那些片场的东西对你来讲有什么用？

钮：简单讲就是，我们想拍什么样的电影就拍什么样的电影，这非常重要，而不是先去想可能。创作者还是应该从本心出发，释放出来之后，看看跟市场相遇后的结果，自然会有所修正、有所调整、有所成长，不要刻意取悦，也许当大家都做同样的东西的时候，你坚持自己就会异军突起。回答你的问题，我在片场学到什么？比方说，我会避免一些错误，小时候看到那些导演，你会觉得有些太转了，有些太混了，有些太高高在上了，有些太不敬业了，我会在那样的工作经验里面吸取教训，避免错误避免重蹈覆辙。在长期的片场工作当中，我有所观察，自然会归纳整理出来。所以有的时候我发脾气是策略性的，有些时候是真的失控了，真的是太焦虑了，真的是太悲伤了，太无助了。策略性是，我在这个时候要给一个这样的东西来约束大家的精神，这是我在老片场的经验中得到的养分。其实比较多是对立面的观察，而不是传承。我想避免老师的错误。我看到过曾经兴盛的台湾电影，但被老师玩完了。过去20年，常常有这样的感受。相比之下，我对那些拍作者电影的人是非常尊敬的，毕竟还是在一个创作的道路上忍受的寂寞与指责，还有经济上的困窘和继续的坚持。再来就是跟大导演们近身工作的经验，比方说侯导，他曾经给过我的一些提醒，会成为我的标杆。但他的艺术创作却是我无法复制的，他的路是我不想行走的，那很清楚。

吴：你选的这五个演员特别有意思，这五张脸太有特点了，你是怎么来决定角色的演员人选的？

钮：这个其实难以言传，我选演员一向有几个角度，一是符合角色需要，然后是有没有表演的魅力或者潜力，有没有市场价值或是潜力，还有就是跟我能不能产生那份信任与联结。我们这次也很幸运，最早定的是阮经天，他刚出道的时候是一个模特，拍了一部收视率很不好的戏，然后在里边表演也很嫩，但我觉得这个小孩有意思，几年以后，我找他拍了一部电视剧叫《我在垦丁天气晴》。那时候他身处演艺圈已经三四年了，什么也不知道，没有收入，不知道未来怎么办。我说你先不要急，你一定会红，先把自己准备好。等戏一拍完，他就问下面还要拍什么？我说我想拍《艋舺》，他说我要演。但在我准备这个案子的两年间，他突然在台湾暴红了，因为《命中注定我爱你》。所以，他就变成很确定的因素。但最伤脑筋的是蚊子，真不知道让谁演。内地、港台的都想了，连日本的都想了，一直没办法决定。这个时候，我的共同编剧曾莉婷提供了线索，于是就约赵又廷来。我很喜欢，他很懂礼貌，很有潜力，可是我说下次再合作。因为聊了之后发现他跟这个角色偏差很远。蚊子是生活在社会底层的单亲孩子，从小被欺负。而赵又廷是生活在一个优厚的环境、幸福的家庭，在加拿大长大，不要说台湾文化了，他就连整个中华文化都没有太深刻的体会。比较有趣的、比较神秘的是，我见到他之后，过几天我再看剧本，他的脸突然跳出来了，他的脸跟那个角色合二为一了。这是在第一稿剧本出来，决定由周杰伦来演之后，第一次出现的状况。这个角色本来是为周杰伦量身打造的，所以一直没有人取代周杰伦在我心里的那种神秘地位。赵又廷突然跳出来，我觉得有联结。我就再把他叫来试戏，他试得最多，我观察他能不能调整，后来发现可以。我在选演员这部分其实是直观的，没太多的理论或者说学术束缚，什么东西都是很直观的。

吴：当演员的经历对于你当导演来讲是非常好的经验。

钮：的确太棒了。我在导演技术上的养分，很多是来自我拍电视剧的经验，一开始拍电视剧的时候也不知道怎么办，后来我就怎么都有办法拍。我从小爱照相，所以会有构图的概念。我爱吃爱喝爱穿，所以我有生活的细节和品位。爱看书，爱看电影，我会有很多想象驰骋，把你带到很远的地方。最重要的是演员的部分。因为演员的阅历、经验，我觉得在美学上产生了一个比较特别的视角。一般的导演都是在镜头外的世界，在摄影师的后面，而因为我是演员，所以我有一个镜头里边的世界。我觉得在电影语言上是有影响的。所以我有大量主观镜头，这是在美学上的实验。在表演上我已经有一把尺了，如果演员不能给我更好的，你就照我的做，你做不出我来想办法，这也是跟过往那些导演合作的经验。有些沟通我知道是完全无效的，有些沟通我知道对演员是很有帮助的。在某些时刻也会形成障碍，有些人遇到我就没有办法把最好的一面展现出来，因为我太有感受了。我的另外一位重要的制片伙伴黄志明，是台湾很重要的一个制片，他那个时候说，当导演，你运气好，当你有了资源以后，就可以找最好的摄影、最好的美术、最好的编剧、最好的制作团队，帮你执行你所有的其他部分，他觉得我在这个事上非常有基础。

吴：剧本写完之后，定了演员，你的工作方式是什么？体验生活？围读剧本？排练？

钮：还不只排练。阮经天他们都跟我说，下一部戏我们也要这样。语言训练，因为演员的闽南语都不行；动作训练，因为有些打斗戏，看似我不要套招，但他们都得学会怎么样踢人，又像真的，又不会伤到人，怎样摔跤，又不出事。因为都是新人，所以我找了表演专业的老师，不是排戏，只让他们相处，出题目，通过一些简单的表演训练、基础训练，让他们容易相处。大家常常聚在一起，聊聊天，聊祖宗八代，聊现在有什么困扰，他们下课就去吃饭，去玩儿，去看电影。我给他们书，给他们一些老的电影，《小毕的故事》《牯岭街杀人事件》。然后才是围读剧本，这是一定要的，围读剧本也就不只他们了。我的方式是，不读自己的角色，而是大家轮流一人读一句，连三角形、连提示一起读。我要帮助他们掌握整体剧本，并且凝神贯注排戏，然后一起做一些游戏。

是一个淘气孩子的恶作剧。

彭：在放映的时候，我观察观众进场以后会不会以为自己进错了，我要的就是这种效果。为什么一个爱情电影要以这样恐怖的方式开场？其实蛮有趣，对我来说，不同类型的元素放在一起很有意思，这是一种异花授粉的过程，我经常喜欢把不同元素混搭在一起，所以这个开场是开了一个小玩笑。

吴：你觉得《志明与春娇》的喜剧元素在什么地方？

彭：它的喜剧元素是在一些小细节上，喜剧一般都是有一个很大的误会，但是我们的影片里有很多细节蛮有趣的。《志明与春娇》的大部分内容都是生活中的朋友、太太、自己等等个人的经历。对观众来说，往往都想看到与自己贴得很近的有趣的东西。除了个人经历的事情以外，还要看到志明与春娇对爱情的看法，对人与人之间信任的看法。我一直在生活里边找这些东西，把它们拼凑在一起。

吴：你的创作都是发生在身边的琐碎事情，这是不是你创作的兴趣？

彭：对，我喜欢跟朋友聊天，喜欢听人家讲故事。我觉得一定要从生活里边找一些东西出来，可能我拍出来的时候与原来的相比变了很多。中学的时候，我发现为什么所有女生都是一起去洗手间？还有就是男生去完，她们还一直没有出来。我就觉得她们一定有秘密在里边。我就从这里去想完全另外的一个故事。你是从生活里边去找，去找一些奇怪的事情。比如构思一部警匪片，我想，最大的痛苦是我爸一直不相信我的能力，我会从这里开始想，要不要想一个很有名的父亲，他的儿子一直生活在他的阴影中，我不会从一个很厉害的案子去想，我比较会在人际关系里找，回到物质层面。我会把自己最喜欢的感情投进去。我觉得老外特别厉害，不管是外星人来攻击地球，还是乱七八糟的鬼故事，最后其实都是讲人际关系，讲父子情，讲爱情，外面的都是包装。我们经常都是想外在的包装，但是里边没有东西。我们现在华语电影就是这样，乱七八糟地想外面的故事，但是里边到底你要推销一段什么样的感情？故事一定是讲人际关系，到底它的人际关系是什么？

吴：你的创意通常不太合常规逻辑。你在做剧本的时候，对一个事件把握的逻辑是什么？

彭：我过去也比较重技巧，会有一个很明确的主题，然后是结构。但后来我总觉得好像过去想剧本想得太机械，不如试试把它开放一点，这样特别好玩。因为我过去永远都是想先搞出结构，然后一条线，我觉得也不一定要这样。我觉得想一个事情就是想好剧本结构，但是每一场戏可以开放多一点，特别想一些好玩的事情，它可能跟主题没有太大的关系，但是只要它好玩我觉得就行了。另外，怎么让观众自己去发掘，去理解故事，我觉得这样也比较好玩。我不是鼓励这种没有结构的事情，大家千万不要只把戏放开，而不去想结构的理由。不按程序搞，随性乱搞，我觉得不是这样的。当你到一定程度差不多自己能够把控这个结构，你试试把它放开，不要完全一味地建构结构，但这并不等于抛弃结构。我们是根据故事的需要，选择用什么方法去拍，不是为了强调自我的存在，不是想提醒观众导演的存在，而是为了更好地讲故事。一部好的电影，其实应该让你想不到导演。如果你老是感到导演思考的角度奇怪，那么我觉得就不行。举一个例子，美国有一部恐怖片叫《德州电锯大屠杀》，拍摄了好几集，最早是在20世纪70年代拍了第一集，非常恐怖。2005年又拍了一集，并且拍得非常漂亮，大家都说新版本拍得好，而我则说不好，我特别不喜欢。为什么？因为第一集我感觉特别真实，用了纪录片的拍法。而新版电影中，有一个段落描写一个很精明的人坐到面包车里，开了一枪，然后你看到女生都在尖叫，镜头一直拉后，看到有一个穿过的头，嘴边打穿了一个洞，穿过这个洞看到头发、血，再穿过玻璃窗被打爆。每个人都说这个镜头好，而我则说这个镜头不好。因为，这个镜头提醒了观众这是“假”的东西，这是一个特技，就是为了告诉你，导演找了这样一个拍摄的角度，让我发现这部电影是假的。我觉得很多时候我们都进入不了一个节目的状态，都是为了搞这种特殊性的东西，而忘记了我们现在要呈现的是什么。

吴：香港电影北上，内地市场非常大，内地最卖钱的很多是北上香港导演拍的作品，都是当年香港的老题材、老故事，毫无新意。你所知道的香港年轻导演他们的追求在哪里？

彭：我觉得年轻人比较难去想这个问题。对他们来说，香港的电影工业一直走下坡路，他们没有办法去思考如何面对、发掘中国市场，能做的只是争取把一部电影拍出来，这其实是蛮辛苦的。但是，我觉得有些人还是坚持下来了，一年有一部作品，这样还是好的。因为年轻人可以慢慢磨炼，当导演需要你花时间去犯错误，到你真正成长的时候，你才发现电影是怎么拍的，那时你已经老了，体能已经不能承受这样的工作。其实好多香港年轻导演都在争着保留香港电影的一些技术，他们会去接受内地的审查，坚持继续拍香港本土电影。但是，这个事情不是一个人坚持就可以，那要看投资方怎样定位电影。同样是1000万投资，为什么我不能在更少的投资中拍得更好，缩小成本，赚同样的钱？对于投资方来讲，投资回报一定要稳定，他们不太注重影片的质量，同样赚三四千万，烂与不烂，对于投资方来讲是一样的。所以，空间决定到底要不要去拍一个好看的电影，要不要到内地去发展，这个是肯定的。因为你决定你自己的部分，但是投资人会有其他的想法。

吴：对你来讲，如果想向更大的市场发展，你对自己以后风格的发展有没有一个判断？比如你要拍关于北京的电影，你要花时间来熟悉北京的生活。

彭：对于我来说，希望拍一些跟内地观众有交流的电影。所以，我现在都是香港、北京两边跑，我跟这边的朋友也混得比较熟，也希望拍一部内地题材的电影。我会去想我喜欢什么，我有什么好玩的。要是这个好玩的东西能够在内地通过，那么相应的得到的资源也比较多，你可以多拍一点东西。但是，如果你想出来的很好玩儿，却完全不能通过审查，那么没关系，我就在香港弄，投资小一点。所以，我觉得北京、香港都可以走，同一方向，我对这种事情比较开放。

吴：你有没有什么计划？觉得什么样的电影在你看来是可以做的？并且能够把握得很好？

彭：因为我觉得是这样的，100种电影，可能有25种是通不过的，但是，对我来说，还有75种能通过的电影。可是，我发现中国电影市场大家都集中在拍75种电影中的15种，另外60种电影都没有人拍。其次，有人总是坚持拍不能通过的25种电影。对于我来讲，如果我想拍这25种的电影，就直接拿回香港去拍。我在看《唐山大地震》的时候，作为一个观众，觉得很感动。但要是我拍，我可能会把她女儿听到妈妈选了弟弟而没有选自己的事情，放到电影的后面去讲，要因为这个事情让所有人相逢了，要是我导演的话我会这样处理。但其实也没

有魅力的演出，你导演的电影尤其是这样。

姜：我觉得表演是最难谈的，最难广泛地去正确谈论和评价。要不就是胡谈，以己之意度他人之心。而真正站在专业角度来聊它背后的东西，就像魔术一样，你拆穿背后的东西不是非常难，它的难体现在要么你懂，要么你根本不懂，没有水平高低。你懂就能聊，不懂就没法聊。从非专业角度来说，又似乎谁都能聊，看哭了，看笑了，像，还是不像，观众会有一个感受，这很重要。但认为有了感受就可以谈了，就可以郑重其事地评价表演了，其实不然，看的感受可以当作是一个分界点，过了这个点，后面可能就全错了。我不是说观众，而是一些专业的杂志和文章，经常在谈表演的时候，说一些超过那个分界点的话。什么叫本色？什么叫性格？什么叫实力？这些原本可能是专业用词，现在都变成俗语和八卦了，已经都不专业了。判断一个人是不是本色出演、性格出演，不是会欣赏就能判断的，他们缺少判断这种事情最起码的几个条件。就像变魔术，如果不知道是怎么变的，就干脆别议论，不然准是错的。总之，谈表演是非常难的，特别是选择的语言不对，大家听着会稀里糊涂。上学的时候，我也看过大量的电影评论文章，有一部分根本就选择回避表演问题，他会欣赏，但他不知道这个东西是怎么构成的，回避比起那些说得乱七八糟的还要好些。还有一部分不聊表演，聊什么呢？聊摄影、导演、编剧……但这带来一个很大的问题和误解，就是很多学生，以至于到了咱们这个岁数，仍然会认为电影其实靠编剧、导演、美术和摄影就OK了。或者说，他们认为，有一种电影，表演是不重要的；有一种电影，表演是重要的。其实全是错的！你把任何一种电影的表演拿掉，就完全不是电影了。我们在戏剧学院的时候，会拿一个剧本，比如说《罗米欧与朱丽叶》，词是不能动的，不同人来演，你突然会发现，词都对，A组这个是什么意思？没明白；而B组那个，太有意思了！所以，表演你可以选择不谈，但不可以认为电影的表演不重要。

吴：我曾经听电影学院的老人儿说过，电影学院其实没有表演专业也可以。国外很多电影学校也没有表演专业。我的理解是，电影中的表演只是电影构成元素中的一个，不同于表演对戏剧的重要性。是不是没有表演的电影也有可能是好电影？

姜：老教授的话得看怎么理解，如果是说你有表演系你也教不好，所以不开表演系，这就是对的；如果这句话说电影其实可以不需要表演，那就是很大的错误。相比表演，反倒是导演没那么重要，我之所以做导演就是为了证明这点。比如，《鬼子来了》可以没有导演姜文，但没有主演姜文就不行了；拍《让子弹飞》的时候也一样。好的剧本、好的表演气氛以及好的剪辑，分担了现在所谓"导演"的工作。在中国，导演的义务被狭隘化了，光环却被夸大了。或者，我们就应该重新定义导演这个词，对我来说，编剧、表演、剪辑这些工作是重要的，这些加起来才叫导演。一个导演，不参与编剧，不控制剪辑，不懂得表演，也就丧失了作为导演的价值。我做了这么多年的演员和导演，到今天我这么说，可能有人会认真听，以前我这么说人家说你吹牛。比如美国好莱坞电影工业，实际上是资本和明星的结合，导演不重要，大量好莱坞电影导演可有可无可换的。但你不能说我觉得马丁·斯科西斯好像不这样，昆汀·塔伦蒂诺好像不这样，那些人不光在导演这个行当，在人类里都是独特的。您不能一来就说您是独特人物，您不是，大量的还是作为一个普通从业人士，我们应该清醒地认识到这件事。好莱坞资本和明星们的结合变成了一个又一个电影，而且不错。

吴：《鬼子来了》或者《让子弹飞》，我同意你的观点，但《太阳照常升起》我觉得更像是导演干出来的活儿。

姜：其实你错了。要说作用，《太阳照常升起》主要在编剧上。但我们也不可以设想，即使你写成那样的台词和剧本，如果不是陈冲和阿蕾在演，那几场戏能不能有那样的效果！当没有那样效果的时候，有多少人能明白，其实词儿不错，只是没演好呢？不会有多少人。而当她把角色演好的时候，观众会说：这词不错，谁写的？这其中至少有六成是演员把它表演到那种程度。我举一个最简单的例子，你找一个经典的相声段子，随便让人去念，大家会说这有什么意思啊？但马三立一说，这就有意思了，表演就是这样。包括《让子弹飞》也有这样的效果。我作为编剧之一，有些台词确实写得好，但如果不那样表演出来的话，这些词就会被淹掉。比如那段戏，说"大哥，我从来不仗势欺人，我喜欢被动"！这句台词写得非常好，但是作为演员你心里去掂量掂量，没演好的话，这句台词就啥都不是。我们剧本里用的很多词都是常见的，仗势欺人是最常见的词了，不能过，还不能瘪，表演在字里行间的功夫超过用字上的功夫！所以表演这东西不好谈，如果没演过戏的话，你不太明白这里面哪重要！你以为都是自然出来的东西，其实都是设计的。比如说看白兰度饰演的"科里昂"，你会觉得有一个真实的"科里昂"在，在很大程度上你仍然在欣赏白兰度的表演，但是你不知道哪个瞬间白兰度和"科里昂"就那么漂亮地转化了！而最大的欺骗性是，从来就没有像白兰度演的“科里昂”那样的黑社会，就没这么回事！咱们总是说，你看人家生活体验得多好，表演惟妙惟肖。就没有这样一个黑社会，往哪儿惟妙惟肖啊！表演这东西就是让你觉得确有其事，而其实它根本就没有。他们创造了人类中的一部分，而且这种东西是有欺骗性的，你居然相信了纽约会有那样的黑社会，其实是没有的。他创造了一种客观存在。这种东西在中国的评论文章里是苍白的，完全不懂得欣赏，不知道！所以老是找一些原生态、没有表演的表演啊，找一些非专业演员，其实任何被摄入镜头、被剪接过的东西，都是作者要主观传达的东西。

吴：你怎么看欧洲现代主义电影中的表演，比如，费里尼、阿仑·雷乃的一些电影？

姜：费里尼的作品表演非常重要。你只能说那些演员跟费里尼的风格那么融合，或者说，因为有了马斯特洛亚尼那样一帮演员，费里尼才找到了他的办法，往往不是先有办法，才把演员往里装。尤其在西方，他们有长期地对人物进行描述的艺术传统，雕塑也好，美术也好，他们对人本身比我们爱，比我们迷恋，他们就更不可能有演员是道具的低级想法。

吴：我是想说，可能演员工作本身在电影中没有像戏剧表演那样的形式化，他更接近记录所需要的那种质感，所以有些非职业演员的演出也能动人。当然，你也可以把这看作是一种表演。

姜：我觉得是这样的，按照我的想法，最早排戏这事是可以没有导演的，就像交响乐是可以没有指挥的，指挥是后来才有的，人家本来是可以自己演奏的。梅兰芳他们就没有导演。我看莎士比亚时代，也不一定有一个很牛的人叫导演，有演员，或者莎士比亚自己演就行了。有了导演这个被强烈灌输的意识之后，就像白兰度演的“科里昂”似乎真实存在似的。那么，是导演发现了演员，还是演员引导刺激了导演？其实是没有那么明确的界限。假如费里尼真是特别会欣赏每个人，不管是不是专业的演员，他们各式各样的动态以及动态体现出来的心理活动，那你可以说，在这件事情上费里尼就是一个表演家，而不是在做一个导演的事。那么片子为什么会好，我觉得他在剧本方面是明白的，他在剪接方面是明白的。这边有剧本了，这边有剪接，导演又是一个表演家跟大家融合在一起，这才会成为一部好电影，一部费里尼式的好电影。导演和演员之间是不存在界限的。而表演有两种或者三种，一种是让你一边看一边喝彩，小品式的表演，忙着抖包袱，京剧大概也是这样的，让你看我这一声好，这是一种表演，他们也在创造某种似乎存在的东西；另一种是你看着觉得它很像，也很符合情节，也很让你感动；我觉得最高境界是白兰度那样的，他演根本不存在的事，你还如醉如痴！

吴：你怎样控制演员的表演？

姜：其实，演员的天分很重要。葛优是一个会演戏的人，什么样的台词他基本上都能变成自己能说的话，而且最大的优点是他能把那些没有个性的人物演得有滋有味。所以，在现场拍摄的时候，对演员表演的控制，就不要戗着演员的劲儿，要让演员没有障碍地表达出来。因为你越是戗着劲儿，演员越抵触。演员是需要保护的，你要把演员释放出来，如果有“控制”的话，这就是所谓的“控制”。

吴：你刚才谈到每一部电影都是主观的，怎么剪？谁跟谁接在一起？是导演或者说创作者形成的顺序，给观众的一个理解方向。你觉得在这样的主观性工作中，如果没有导演的话，电影如何成型？

姜：幸好有剪接，剪接比导演重要。如果这个导演不同时是编剧，最好同时也是剪接。他说我在这里面不编，只做导演，这个人一定不如剪辑重要！我不是瞎说。导演在现场的工作，就像我说过的，他得是一个会开party的好主妇，大家来了给做什么饭，沏什么茶，衣服挂哪儿，怎么落座，怎么寒暄，怎么聊天，这样的人就是好导演。还说《教父》吧，大家分析来分析去，要我说，没有表演就没有《教父》，导演科波拉给演员提供了空间。科波拉的镜头非常简单，甚至可以说没有想法，特别朴实的镜头。但是，故事稳得住，表演出神入化，依靠演员把故事与理念很好地结合在一起。然后，再配上动情的音乐，于是变成了经典。其实，《教父》是个俗故事，也看不到什么所谓“电影语言”，放眼望去全是演员的表演，你也可以说像台话剧，导演只是忠实地将表演记录下来。但是，懂表演，能够谈出表演的人太少了，所以，大家不聊表演，聊摄影，聊调度。我觉得《教父》最棒的是把表演的东西给激发出来，或者是保留下来了，给演员真正创造了机会，这是了不起的地方。《教父》镜头中对于表演的干预是很少的，这才是导演的本事。

吴：你比较特殊，多少有点站着说话不腰疼，其实我理解大部分电影还有另外的工作方法。

姜：我不特殊，我希望你明白这点。我一直怀疑一个事，就是电影语言的事儿，我觉得电影语言的概念和作用都被夸大了。我们举一个例子，你用苹果电脑也好，IBM电脑也好，这是个人喜好问题，但区别的是你用电脑写了什么，过分强调电影语言会让一些欺世盗名的人拿电影语言说事儿。如果说电影语言是指电影的拍摄手法或剪辑手段的话，你表达什么样的世界观，你的手段自然就不一样，比如《让子弹飞》我就愿意剪到4700个镜头，不是我要追求这样的电影语言，而是我想要表达这部影片的内容，就必须用这样的手段。我为什么这么说呢？其实你把摄影机拿掉，一切存在的东西是艺术本身早就有的，表演艺术，可能人有多久它就有多久，建筑、服装、美术，这些东西跟电影都没有关系，当他们要用电影的方式被记录的时候，就有了所谓电影语言了。我认为，电影最终是跟个人表达的内容有关，说白了还是内容问题。

吴：有人评论，《让子弹飞》这部片子有话剧味道，话剧的方法和感觉是不是被你用到了影片当中？

姜：我听到过这种声音。我觉得，第一他们不懂话剧，第二他们不懂电影。话说得多，台词多，这是对的，这部电影的台词有点让你觉得想笑和不想笑的地方都得“喷”一下，这当然是有意那么写的。但是，不能把这当成话剧，电影也可以这样做的，难道你能说昆汀的电影是话剧吗？包括《教父》都不能那么认为。我们需要构建的是一个生动的空间环境，这不是舞台艺术的，更不是话剧的。

吴：我知道你其实对于电影服、化、道方面的要求很高，从《阳光灿烂的日子》《鬼子来了》到《太阳照常升起》，对一些事情的要求很苛刻。显然你还是重视电影除了表演之外的东西，你怎么看这些事？

拍的,《让子弹飞》是遵照电影的本质来拍的。但我们能不能通过电影把精神生活、精神困惑、精神世界展现一下,行吗?我找到一个特好的机会,有足够的钱拍一个展现精神生活的片子,很遗憾,大家没有做好这个准备,《太阳照常升起》是需要观影情绪(不是把手)的,而《让子弹飞》是不需要观影情绪心情的,你什么心情看都行,可能咱这儿没有看《太阳照常升起》的心情。其实我希望大家能有一点疑惑,因为生活的疑惑太多了,反正我有很多的疑惑。我非常有运气能在2005年、2006年花五千万拍这么一个我特别想拍的片儿,我给每一个格配光,我选了18个地方拍,可能还没有表现好,没有拿捏好那种表现精神困惑的方式,但拍《太阳照常升起》的确是我的幸运。

吴:《太阳照常升起》准备两年,这个衍生品《让子弹飞》也准备将近两年,显然,你还是一个琢磨事情的人。

姜:琢磨其实很少,因为《让子弹飞》里没有我的困惑,而《太阳照常升起》真是有一些动我心的东西。我为什么觉得这是一个真实的呢?比如,妈妈为什么会这样,我们很多人的妈妈都这样,不是说妈应该爱孩子呀,应该对他们的成长有责任,但实际上我身边很多人的妈,她没有这样的责任,或者她顾不上这个责任,她在你面前肆无忌惮地表现她的不快乐,这种不快乐在精神上会给你的人生带来很大的折磨。所以,那一代的妈妈造就了他们那一代孩子的生活,我觉得这个应该聊一聊。但直接去聊也没意思,太脏乱差了,但可以弄成红肥绿瘦的样子,按照某种格律和韵脚锤炼成个东西,这样会比一把鼻涕一把泪聊有意思。我不相信现代人心里没有这样的问题,以为事业的成功可以掩盖内心的问题，其实反而丧失了思考的机会，解决不了精神上的问题。

吴：其实你的每一部片子都很清楚你要说什么，或者想说点什么，《让子弹飞》你想说点什么？除了《太阳照常升起》带给你的纠结。

姜：是这样的，当然出发点肯定跟一腔怒火有关系。他们说我冒犯了别人，其实我觉得我受到了更大的冒犯，我可以不拍片，但不能这么聊《太阳照常升起》，我确实有点不高兴。看不懂就看不懂了，你可以害羞在家里，但不要奔走相告，这事儿我是有点儿不高兴。但这也只是一个小小的由头，《让子弹飞》一开始进入剧本的过程就把不高兴给忘了，谁能不高兴那么久，只剩下高兴了，而且是越简单的高兴越好。

电影的门槛确实有点儿低，没有办法，你看《教父》的故事其实很简单，就是你杀我一下，我杀你一下，我再杀你一下，你再杀我一下，就结束了。但是，在你杀我、我杀你的过程中，确实有一些人物关系还有表演做得非常好，这是《教父》的优点。如果说情节，确实很简单。如果观众说《太阳照常升起》这部电影看不懂，有点复杂，确实如此。但是对我个人来说，《太阳照常升起》是真诚的，是我感受到的一个很真实的世界。《让子弹飞》比《太阳照常升起》要粗暴得多。其实，要弄成《让子弹飞》真的挺容易，比《太阳照常升起》容易，

《让子弹飞》费的是力，《太阳照常升起》费的是心。《阳光灿烂的日子》就已经弄了个票房冠军，有五千万票房，那时的五千万票房可比现在几个亿票房的观影人数要多得多，而且冠军了很多年，但又能怎么样呢？在我看来，电影中创造的历史更重要，比如说，莎士比亚创造的英国史、欧洲史，比史学家记叙的英国史、欧洲史更重要，好比莎士比亚笔下的丹麦王子、皇家恩怨，对莎士比亚而言只是一个道具而已，他要说的是别的事情。

(感谢曹久平先生、危笑先生及于彦琳、阎云飞、王欧娅、郑松涛对本文做出的贡献)

钮承泽：拍有内容的商业电影

钮承泽，1966年6月23日出生于中国台湾，国光艺术戏剧学校影剧科毕业，台湾导演、戏剧制作人。9岁开始接触表演工作。自2000年开始导演工作。2002年8月，成立红豆制作股份有限公司，担任该公司的负责人并拍摄多部电影。2007年12月以《情非得已之生存之道》获金马奖的国际影评人费比西奖。2010年执导电影《艋舺》，2012年执导电影《爱》，2014年执导电影《军中乐园》。

吴：《艋舺》这部电影，除了你跟20世纪80年代有非常密切的情感联系外，选择这样的题材还有没有其他的原因？

钮：比方说黑帮的背景、黑道的元素。因为黑道片在台湾很久没有出现了。相较于香港那样的类型工业状态，台湾其实没有类型电影。但是对于黑道电影，我身为一个观众或是一个演员，从小是有兴趣的，比方说我看的《教父》《美国往事》。后来我比较理解了，因为黑道中人，每个人对侠义世界都有憧憬与向往，相较于一般人，他们有更为独特的价值观。他们可以为了利益，毫不犹豫地伤害你的身体甚至是自己的身体。他们往往处于一种没有明天的生命状态之中，简单来讲，黑帮电影就是男人的欲望城市，所以这个类型本身是有意思的。而“艋舺”这两个字也是有商业价值的。这两个字头角峥嵘，看起来就很有想象，很生猛。然后“艋舺”这个地方对台湾民众是有想象和联结的，跟你们听到的“艋舺”是不一样的意义。我们小时候一讲“艋舺”，就很热闹，有华西街，又有龙山寺，又有祖师庙，这些有历史的宗教圣地，也有生猛的居民，还有复杂的社会样貌。所以那个地区带来的想象也是一种缩影般、图腾般的意义，我觉得这特别有商业价值。不仅是对年轻人没问题，对于年长观众也会形成新的吸引力，因为可以在里面回溯他的青春。所以我觉得有一点年代的状态，是有卖点的。然后我一开始在美学上就决定，要把80年代的元素拿回来，那些服装、生活的样貌，那些台湾甚至中华文化里边特有的大红、大绿、大金，我想把这所有的元素拿回来重组。我不是要复制、还原一个80年代，还原一个“艋舺”，我是想做一个生猛而华丽、复古的、属于我们的80年代，一个我定义的“艋舺”。那个东西我知道它会是时尚的，我可以从80年代拿到很好的素材当作基础，但我可以重新创作。在开拍之前，这几个东西都已经是了然于胸了，但是还没有得到印证。

吴：你说你喜欢看黑帮片，在创作过程中，你是怎么选择你的风格的？

钮：我跟你说实话，我的兴趣广泛，大量阅读，看电影、看书，尤其是书。电影这几年越看越少，我没有办法归纳，其实有的时候会形成跟我共事的人的困扰。但我的养分一定来自我过往的所见、所闻、所思、所经验。那些我喜欢的大师的作品一定在我的生命当中留下了印记，给予我养分。我很想要表现肆无忌惮的青春，要创新，要新的视觉效果，又不想流于套招，拍出血脉偾张的感觉。在片子的前半部，这一点我非常自觉，片子的前半部是开心的、狂热的，感觉真棒。随着事件的发生、命运的捉弄，后半部一转，主人公实际上被逼到悲剧的境地。在前半段我所有的打架都希望是谐趣的，就是小时候那种，而不是要见血的，不是性命相搏的。前半部分的动作，我希望不要俗烂，一气呵成，带出个性。比方说配乐，我就是要三拍的，像是圆舞曲的，像是马戏团的。当时很多人反对，而我的思考是来自什么，是来自《现代启示录》吗？也不是，是不是只存在于某一部作品中，还是曾经的记忆给我种下了一个什么暗示？或者是我要避免一种俗烂，想让它有趣味，或者是我体内的那部分童真，我觉得这是交相运作的结果。在自觉上，我没有向大师致敬的意味，所以有人看完之后觉得你这部电影中能看到好多部电影的影子，我其实挺开心的，这都是内化了的。其实最有趣的事是，《艋舺》当初在剧本阶段找资金的时候有点惨，它跟苏照彬的剧本可能是两种极端。苏照彬往往是突然有一个意想不到的转折和点子，你看剧本好厉害。《艋舺》是完全俗烂，因为我在创作的时候就希望不要观众有任何的看不懂，我完全不怕俗烂，但我知道我在拍摄细节上，会充满我独特的视角与惊喜，会有很多很多神采，并且知道我会雕琢出那个感情，有很多我自己都没看过的拍法。但当时人家并不知道我做得到，所以那个东西就在戏剧结构上。

吴：这部片子除了有艺术和美学上的说法，其实可能还有社会学的价值在里边。有没有一个直接的因素让你的故事变成现在这个《艋舺》，因为地理环境显然是个非常复杂的历史人文环境。

钮：首先“艋舺”这两个字，原意为小船，后来延伸成小船聚集的地方。台湾有句话叫一府、二鹿、三艋舺。府是台南，当年郑成功最早开赴的地方；鹿是鹿港，中部地区最早发展的地方；艋舺就是北部地区。它从清朝开始就是台北很重要的商业中心，龙蛇混杂。80年代以前也是最大的性工作者的聚集地，就是那条华西街。我小时候想象艋舺，就是进去里边都是一些很有杀气的人。当时，台湾的黑道繁荣兴盛，艋舺中有几十个帮派，他们对外都说我是艋舺。但在戏里我们都改过了，我不要对号入座。听到艋舺，人们会觉得这个地方有油水，有势力。80年代的艋舺有点像是最后的荣光，只剩下龙山寺依然香火鼎盛。除龙山寺之外的地方都是一些传统的老派居民，很闽南的，很本省的一些元素与观念。但是现在它已经没落了。随着经济的起飞，政治上的解严开放，枪支涌入，外省帮派兴起。当时在艋舺发生了几件事情，在台湾黑道史上是有代表意义的。就是我们影片表现的年代，艋舺有一个老大被他的小弟用枪打死。枪的出现，标志着一个时代的结束、一个新时代的开始、伦理的瓦解。看了史料，然后根据我们的需要去浓缩，去改编。对我而言，80年代是灯红酒绿的、歌舞升平的，是一个你不知大难将至的最后的荣光。

吴：《艋舺》里面有一种很微妙的联系，一个社会，一种体制，一群人的命运正在发生变化。

钮：是的，在要拍出一部大家都看得懂的并且看着新鲜有趣的商业片、贺岁片的企图之外，或者说之中，核心当然还是有这个创作团队，或者说作者的企图心。我觉得电影一向都负担着那个时代的样貌，激起保存的记忆。然后你对于这个族群也好，这块土地也好，这个民族也好，产生一种情感或解释，我们确实存在着这样的企图。

《艋舺》对于我来讲，是一部有着黑道背景、史诗情怀的青春动作片。一群人对梦想的追求，这一群人同时指的是我们这些在拍电影的人，这是我自己的解释。在开拍前一天，我说，希望以后人家在

吴：这样做的目的是想让演员之间身体或者说情感能更近一些？

钮：除了把语言弄好、把身体弄好之外，我最大的目的是希望创造一个氛围和基调。我希望在拍摄之前他们就是兄弟了，于是在拍的时候他们就自然会有一些东西出来。这是我很开心的地方，而且他们都愿意配合，并且他们真的是兄弟了。这其实是《艋舺》很动人的元素。曾有人问，你觉得《艋舺》能够获得那么大的成功，原因是什么？这很难讲，因为因素有很多，最后我只讲了一个——真诚，因为大家的互相支持，因为真的是用兄弟般的情感，这个东西形成了很动人的、也许难以言传但是你能感受到的气场。

吴：他们在一起多长时间？

钮：开拍之前两个月吧，然后拍摄两个半月。我们一起做很多事，除了训练之外，我还带他们去做田野调查，包括去台中拜访当地的黑道，然后所有人、整个剧组都要发问。所以你知道，拍摄后期，大家的感情浓得化不开，我们拍了那么多戏，从没有这样过。也是因为这个题材的特殊性，也是因为这些人的缘分，幕前幕后，一起的投入，所有主创都在一个状态里。然后我也做了一件很笨的事，有些人说笨，但我觉得是必要的。比方说他们歃血为盟，我就真的让他们割。我先跟副导演林书宇商量，我说：真割怎么样？他说：好。然后，他们就拿出刀，林书宇伸出手指磨一磨，那是真的一碗米酒，那天他们真的上香，真的祝祷，真的把血滴到里面，真的喝，然后在停机之后，小天(阮经天)把碗递给我，我把最后一口喝掉，所以太子帮有六个人，大家真的已经是一个群体，他们真的是互相支持，互相关心。

吴：你怎么看自己演的那个角色？

钮：不知道。我大概是里头演得最差的。因为没有一个像我这么好的导演帮助我。十年磨一剑，我确实是把心思都花在导演上，花在创作上，花在制作上，我自己也是制片。我爱演戏，做演员这个事我一辈子放不掉。当初灰狼这个角色就是为自己写的。在拍之前，旁边的人都叫我不要演，我也在台北宣布我不演了，台下响起如雷掌声。但在开拍之前，某位很够意思的朋友来支持我，拿很低的酬劳，拍了一天，他就不行了。没办法，一是拍夜戏，二是档期又满，所以也找不到合适的演员。于是，三天后我就上了。我毫无准备，然后在现场也是花大量的心思在大的状态上，侯导说我演得很糟，但内地很多观众说灰狼很棒，我觉得过关，我也觉得找不到比我更合适的人了。

吴：最后一个问题，这部影片对你的创作来说，它的开放性的意义在哪里？我以为，每一部作品都应该是下一部作品的开口。

钮：我试图回答这个问题，因为我不是一个善于归纳整理的人，我都是很直观的。年纪越大就越城府，就越顺应。其实有几个很清楚的意义，首先世界的大门是为我打开的，大家张开双臂，愿意接纳我，想要跟我合作，所以我在合作伙伴的选择上，在资金的取得上，在资源的运用上，一定会比以前好得多。通过这样的作品，我觉得不仅是和观众的关系，也跟业内人士的关系有了基础。那么在创作上，我学会了很多的东西，以我这个年龄段的导演而言，我已经算是拥有厚实的基础。一个资金不多但片子复杂，并且从头到尾参与，从创意到行销，从剧本到发行，我是全面性的参与，所以我又学到了很多东西。实际上我觉得还有一个很重要的东西，就是在进入中年之后，我已经有了中年人的智慧，有了人生的态度，我又有机会在这个时间点上，回顾了我的青春。我又年轻了一次，可是我已经是一个有思考、有阅历、有一些资源的人，我觉得这个东西对创造而言，会是一个很好的促进。像黑帮、青春题材以后可能还有机会拍，但是暂时都不在计划之内。我还是挺务实的，我不那么伟大。下面就想拍爱情片，但是我那个爱情片在台北北京都有多段戏，但是它也不会仅仅是一个甜美、温馨、幽默、漂亮的爱情片而已，现实很难言传，我还是会有我的片场调度，会有我的生命议题，会有我的调皮。我以前回答不出这样的问题，慢慢我知道我大概是遇到什么题材，都会有一个在短期内还有力气的时候，应该都会有一种生猛吧，我觉得。那我也很想拍1949年，因为那个《大江大海1949》，因为父亲离开北京之后，朝思暮想的一种怀念，因为两岸之间。所以我就想，如果我成功了，再次证明了自己的票房价值，我也许可以拿到更大的资源。随着隔阂、误会的渐渐消逝，有些东西就能说了，我会想拍一个1949年的爱情故事，因为这里面有我的存在。其实想拍的东西挺多，现在先要把下一个弄好，然后再看老天爷让我拍什么。

彭浩翔：我的电影在我的生活里

彭浩翔，香港作家、编剧、电影导演。2001年拍摄首部长片《买凶拍人》，2003年凭借《大丈夫》获得金像奖最佳新晋导演。2010年，彭浩翔用15天拍摄《志明与春娇》，获得金像奖最佳编剧。近年作品包括《公主复仇记》《青春梦工场》《伊莎贝拉》《出埃及记》《破事儿》《维多利亚壹号》《撒娇女人最好命》。

吴：请你先谈谈《志明与春娇》这个故事当时是怎么想到要做的。

彭：这个故事不是要讲一个抽烟的事情，而是要将一个画面定格下来，在一个空间中去交流，像消防巷这样特别脏的地方，在香港是永远没有人走进去的，但是你发现这个空间中突然有一个小的世界存在，我觉得很有趣，就去观察。在拍《志明与春娇》之前我拍的是《维多利亚壹号》，拍《维多利亚壹号》的时候一直在找场景。当时，我看到有一个女孩一直在抽烟，就很想过去和她聊天，但是我不知道跟她聊什么。所以，我那个时候就决定不如拍一个这样的东西。我想通过抽烟来讲一个都市人的生活，我们经常在同一个地区见同样一些人，但是我们很少交流。你看我们现在在一座大厦里边，不同层的人，你永远不好意思和人家说话，你主动搭讪，人家会想你有什么目的？但是我觉得因为这个抽烟的行为，打开了大家的话题，所以我觉得这个很有趣。

吴：爱情片不是传统香港特色的影片，特别是这种都市年轻人之间的爱情故事，你当时如何想到用这种风格讲这个故事？

彭：当我想到要写一个抽烟的爱情故事的时候，跟我做制片人的太太讲，她说你能不能健康一些？我过去永远都是讲一段爱情最后怎么去分开，最后怎么很难看，大家为爱要报仇。所以，我就想为什么不能用抽烟这样不健康的东西去讲一段很健康的爱情。我觉得这样很有意思。所以，我就从这个方向出发，讲一段爱情怎么样引申的过程。爱情最有趣的地方在于你还没有讲我爱你的时候，我们就讲这种不稳定的关系，患得患失的感觉。

吴：这种感觉你是怎么跟演员沟通的？怎么考虑爱情故事的常规元素在片子里的状态？

彭：我一开始跟演员讲，他们之间没有一场是动情的，就是爱情电影好像一定要有场面。但当时我问演员，拍拖的时候真正的高潮在哪里？其实，我们察觉得到。有一场好奇怪的戏是女主角要从男朋友家搬走，她自己也不知道去哪里，好像说去哪儿就去哪儿，没有目的。但是现实生活里真的我问过一个女生，你为什么第一次跟他去爱情酒店，她说不知道，就连白天吃饭的时候都没有想过要去。很多时候都是有了一秒钟的感觉就去，所以我是故意给她一种感动。杨千嬅坚持演这场戏，女生就觉得特别感动，而男生看到了会觉得你神经病。我们很多时候都是这样，都是一个误会。

吴：余文乐和杨千嬅从哪方面适合这样的故事？

彭：我对余文乐印象很深，一直很想和他合作。他拍第一部电影的时候我也是演员，大家从那个时候开始认识，我觉得他一直是一个很好的演员，但一直没有一个有意思的角色给他。后来想到抽烟的故事，就想到他。我想再找一个年纪比他大一点的女生，有点姐弟恋的感觉。在香港这种事情蛮多的，泡一个小弟，好像不知道应不应该投入这种感情，压力也很大。我很早就一直看杨千嬅的电影，觉得她很有趣，但是我觉得她可以有更多的发展方向，不应该再演那种疯疯癫癫的喜剧。但是她的变化可能不是变成另外一种东西，杨千嬅身上有一些有趣的东西，如果完全放弃，会很可惜。所以，我觉得还是可以适当保留的。调整她的戏路不代表完全离开喜剧。我跟杨千嬅也说，她还是应该演喜剧，只是演出的方式不一样。现在的演员都用一种很夸张的方式去表演喜剧，我觉得其实不然，喜剧有好多种不同的类型，还是可以用一种比较戏剧性的，比较平实的方法演出，演出生活中的一种感觉。我花很多时间与大家聊天，用了一个星期去排练。

吴：在室内排练了一个星期？

彭：对，在室内排练了一个星期。第一天见面，演员都说要不要谈剧本，我说不用，我们今天做游戏。我要大家熟悉一下，因为演员与演员都不熟，会影响演出的。很多时候有的演员会认为我是一个小演员，而你是大明星，你是杨千嬅，如果你在讲对白的时候，我插嘴，是不是会影响到你，影响拍摄，让大家觉得我有问题。我不需要这种感觉。我的电影有大量对白，摄影师说我不专业，对白剪不掉，这就是问题。就是因为剪不掉对白，摄影师不知道导演要哪一条，哪一个镜头，所以我需要双机器拍摄，造成一群人围着演员的感觉，所以，所有的对话都是双机一起来拍，只要你演得好，我全用一条上的对白。还有一个方面就是，有人感觉我的对白很不生活，有些演员说我不跟你的剧本，用自己的方法去讲可以吗？我说不行。因为你自己的方法不一定代表你的方法，而是你看过其他的电影或电视带来的经验，结果不一定是生活的方法。我开始给他们剧本的时候，他们觉得好像很难讲，好像很怪。我说为什么怪？因为跟平常的剧本不一样，我把文法都弄错了，所有对白的文法都是错的。比如说“等下我们去吃饭吧”，这句话是不错的。有主语、谓语。意思都对，有什么问题呢？问题在于我们平时不是这样讲话。我们这样讲话是因为我把几句话都想好了。而我们平时经常是一边讲一边想，所以我们的语法永远是不对的。我们都是先讲最重要的事，比如，“吃饭吧，我们”。你一开始讲了你最想讲的“吃饭吧”，然后可能是“吃饭吧，老师”。我只想把这种生活的部分保留下来。我的摄影师在排练的时候用DV把整个过程拍下来，然后大家一起看回放，研究某个场景用什么样的演出方法。在现场有压力，大家不好意思表达出来。但是排练时则无所谓，我们从早到晚地试验，试到大家关系特别的亲近。我们找了一位话剧导演与大家排练，针对身体语言和眼神的交流去做一些练习，就是让大家了解对方的身体语言，我们曾经花了不少时间去做游戏，目的就是为了让大家从语言到身体上熟悉。这是我们练习的方法。网上有些评价，认为这部电影看起来好像完全没有剧本，是演员现场发挥出来的。当时我都疯掉了，但是我做到了一个想要的东西。

吴：《志明与春娇》开头的那个恐怖故事很特别，其实跟故事没什么关系，像

有办法改变的。每个人对戏剧的理解都不一样。我觉得从冯导身上我学到好多东西。他笑话讲得非常好，这是我没法模仿的。他把节奏控制得很有趣。但是有时候，你觉得这一套不一定适合我，因为我不是他。你可以从他那里学到一些技巧，然后去改善自己的东西，而不能完全模仿、照搬。

九把刀：我是一个当了导演的观众

九把刀，本名柯景腾，1978年8月25日出生于台湾彰化县，台湾网络作家、导演。著有言情、恐怖、超能力等多种类型的作品，主要代表作品有《那些年，我们一起追的女孩》《功夫》《杀手》《少林寺第八铜人》等，其《等一个人咖啡》在 2013年“中国好书”评选活动中获奖。2011年，九把刀编导了电影《那些年，我们一起追的女孩》。

吴：这部电影是改编自你自己的小说，电影又是你做导演，你觉得你写的和拍出来的电影，有什么不一样的地方？

九：说实在的，在我的心中，忠于原著的情节是不重要的，忠于原著的精神才是最重要的。在《那些年，我们一起追的女孩》（以下简称《那些年》）这部影片中，我是编剧，同时也是导演，更是故事的亲历者，这三重身份对我来说是太好了，因为我不需要去说服什么人，告诉他这样子改编是正确的，这样子改编有没有牺牲一部分原著的精神，通常我只需要跟我自己沟通就可以。所以对我来讲，从小说到电影的转变并没有太多折中的部分，大多都是在电影节奏上的调整，没有太多的障碍。

吴：我看过一个采访，你曾说过，如果谁把你的小说买下来，你会告诉大家一个与小说不一样的结局，现在影片的结局是那个“不一样的结局”吗？

九：对！就是因为想到了这个厉害的结局，所以才决定要拍电影。我觉得任何人知道这样的结局，都会不惜代价把剧本买下来。但是同样是这个结局，因为非常珍贵，我没有告诉任何人，甚至就连主要投资人也是到签约的时候才知道，我这样做，就是要确保他们不会拿这个结局去拍另外的电影，因为小说里面没有这个结局，它有可能会被套接到别的故事上，如果是这样，我觉得非常可惜。

吴：这个“不一样的结局”是指婚礼那一段吗？

九：对，就是那一段。这个剧本在台湾得到了优良剧本奖，但是主办方有规定，得奖之后的两三个月，一定要把剧本公布在网络上。因为最初投稿的时候并没有想那么多，所以我便与主办方沟通，我不要这个奖了，奖金也悉数退还，只是不希望剧本在拍摄电影之前，就泄露这个结局。台湾的“行政院”还蛮有人情味，主办方只是让我签了一份同意书，在电影上映第二天，我要把这个结局公布出来，我同意了。为了保护这个结局，得不得奖都不重要了。原小说的结局到出席婚礼就结束了。小说是百分之一百的真实，它就是我的人生，对我来讲，其实不算是一个小说。原小说的叙事是讲一下过去的事情，然后时空变成现在的我正在写这个故事的情形，所以它是一个后设的故事，原小说就是一个文字的叙述，追求百分之百的真实。但电影在很多方面则需要画面上的张力。比如说男女主角吵架，我真实经历是打电话，但是这样拍就会显得非常的无趣，所以就把这个情节安排在了面对面，而且要非常视觉，要下大雨。我记得张学友有一首歌叫《分手总是在雨天》，就是这个意思。

吴：也就是说，你的朋友在看这本小说或者电影时可以对号入座。

九：对，他们在真实生活中叫什么名字，在小说里面就叫什么名字，一个字都没改。倒是在电影版本里，为了保护女主角，就改了一个字，其他人都是一模一样的，他们都是我的好朋友，我们每个礼拜都会打麻将。我选陈妍希做女主角，第一时间就把陈妍希的照片给他们看，他们都觉得陈妍希演的这个女孩子就是当年我们追的那个女孩子的样子。

吴：这个女孩现在在哪儿？她有看到这部片子吗？

九：她跟她老公在大陆，台湾是8月份上映，她6月就到大陆了，根本来不及看。所以希望这个电影有一天可以在大陆上映，因为她是最重要的观众。

吴：看你这部片子，我个人感觉非常亲切，就好像又回到了我的青春年代。其实很有意思的是，大陆青年人和台湾青年人的青春记忆有许多相似的地方，比如中学时的传纸条，如何应付考试，如何与教官斗法，等等，包括上大学后，在楼道打电话那段，看着都很亲切。从青春片的角度，影片跨度很大，似乎有给青春做总结的老成味。

九：因为我想要拍的是成长，青春只是故事的一个背景。从这个女孩

子17岁拍到她27岁参加婚礼。其实人生很奇妙，如果你是从27岁到37岁，或者从37岁到47岁，你的感觉可能不那么明显，但如果是17岁到27岁，这正好是一个人格的养成，你对情感的认定，大概就是在这十年中会留一个印记在那边，什么东西会失去，什么东西会留下来，就是在17岁到27岁的中间，所以青春是必要的一部分，因为青春的很多部分是被挥霍掉的，在电影前半段表现了很多快乐的东西，后面就开始有一些遗憾和失落，而这些遗憾和失落，就是我这部片子想要拍出来的东西。

吴：我那天还在和别人聊，我觉得这部电影很难得的一点是，既能表现年轻观众的青春感，同时又能勾起我这样中年观众的怀旧感。

九：单纯要拍青春的话，其实不用这么费力把时间拉到这么远之前，应该拍现在的青春更好，因为现在有很多流行的东西。我们的场景也不用做旧，可以省很多钱。所以这部片主要拍的不是青春。我觉得电影奇妙的地方，就是它是一个时间的盒子，可以制造出一个大家可以集体回去的时光。像电话那个东西，永远不会出现了，因为我们现在有手机。那种你要跟你喜欢的人讲话，就得排队，得珍惜，然后还要忍受被后面的人瞪你的压力。所以有些情怀就只能停留在那个时间。

吴：影片从1994年到2004年，十年间经历了很多重大的事件，最大的事件就是1999年台湾“9·21”大地震，我觉得无论在故事中，还是在你个人的经历中，这都是件非常事件，电影中的那段也是最感人的。这个历史节点对于你想表述的成长主题有什么样的意义？

九：“9·21”地震是台湾社会上的一个重大事件，对每一个人来讲，记忆都不太一样。我的记忆其实是属于我个人的，而不是台湾人集体的记忆。对我来讲，那段记忆本来是非常地惊慌害怕失去重要的人，可是电话接通了，一切惊慌烟消云散。所以大地震的记忆对我来讲却是浪漫的，就是重要的人还在，也因为在这种最害怕失去重要人的时刻，你发现你自己的确抓住了什么东西，所以是很温暖的。

吴：不仅是大地震，这十年台湾经历的一些重要的文化事件，也都在片子里面出现了，这些事件似乎都影响着你的成长，形成了影片很个人化的历史观点。

九：对，回顾生命里面的一些事情，我觉得是很残酷的事。那一年，政治人物做什么事情根本没有人在乎。回想过去，反而是我们听到某些歌时会想起过去的那一个自己。娱乐大明星的一些经典歌曲和事件，比如说，张国荣的去世，那些对我们来讲，反而是生命中一个重要的时间，而不是政治。所以，影片一开始是《永远不回头》这首歌，这首歌是在很早之前，台湾非常流行的，很青春的一首歌曲，用这首歌曲来破题。然后中间又有黄舒俊的《恋爱症候群》，每个历史阶段的歌曲其实都是塞在电影里面，一直到电影最后的歌曲我用了周杰伦的《双截棍》。《双截棍》是在2005年才爆炸的，这其实也是我要跟观众讲，周杰伦登场了，这才是我对时代的记忆。所以《那些年》不是大事件的谱记，而是一堆生活小事件的累计。我觉得所谓电影的细节，对我来讲，就是我所喜欢的东西。我们在拍这个电影的时候，我写完剧本，然后大家一起看，旁边的人就不免会质疑说，我们要拍一个共同记忆的东西，但为什么这个东西他没有经历过？为什么收集球员卡是重要的？我旁边的人几乎没有人收集球员卡，但我有，所以这对我是重要的。有一首婚礼上面的配乐，叫《人海中遇见你》，除了我之外没有人听过，他们说这样不合理。你不能用一首没有人听过的歌，自以为是共同的记忆，这样子会没有共鸣。

吴：你是怎么想的？

九：我觉得，谁管你们，我的情感比较重要。所以虽然我们在拍这部影片的时候，的确是想要那种共同记忆的感觉，但是在处理上，还真的没有办法让全体的工作人员投票来决定到底应该加入什么东西。电影其实是一个非常私人的东西，因为我们毕竟不是好莱坞的那种运作模式，有非常精密的商业计算。我们都是导演一个人想“我应该做什么”，然后导演把一群人凑起来一起去拍一个电影。所以从一开始，这部电影是导演的意志作品，我根本没有去管大家的情感链接是怎么一回事。可是后来我发现一个很奇妙的现象，即使在影片里很多是我个人的私有经验，但是青春的情怀，永远都可以让你投射进去。这部电影在香港大卖，香港中学生的生活与台湾中学生生活怎么会一样呢？这是不合理的，但是为什么影片会这么火，不是生活方式，而是我们东方人的情感。在中学这段时间里，我们对情感的暧昧以及不敢表露心意，是非常接近的，所以这个情感界点影片是可以跨越的。甚至明明这个时空是老的，但是现在的年轻人看了，也依然可以感同身受。我们没有刻意地把大家的经验集中起来，做一个统计表，然后再决定要怎么来，我觉得这就很奇怪了。

吴：说到这，我想起片子里有一句非常打动我的话，“努力用功读书竟然可以变成这么热血的事”。你把非常个人化的动力放在一些枯燥事情的表述中，这是不是可以看作是网络创作者赋予电影的一种新趣味？

九：这部电影拍完的时候，当时没有人看好，我就敢讲话。反而电影大卖之后，我开始学着闭嘴。那时候我号称这部电影是台湾从来都没有见过的新品种电影，说它是新品种电影，因为你不能说它是一部校园片，也不能说它是一部青春片，它总会有些突变在里面。因为有关青春的事情太个人了，台湾是导演制，所以台湾每一部关于青春的电影基本上都是导演个人对青春的诠释和理解，所以它永远都没有办法太商业化。像《蓝色大门》《九降风》等片子，你能够明显看出一个导演是怎样活过来的。青春在他的生命里留下怎样的伤口，他就成为什么样子的人。但是我的青春时非常白痴弱智，跟学院派导演成长过程非常有差距，他们可能过去就是文艺青年，青春时比较多愁善感，就在看一些大人看的书，可能他们在青春期的时候，观察力就比我敏锐很多，所以很容易受伤，很容易沉淀一些有意义的东西，而我的青春充满了各种各样乱七八糟的杂质，所以我拍青春的东西，跟过去的台湾导演非常不一样。我的青春是不思考的，我的思考是后来才思考，我是以后来的观点来看过去青春那些白痴的行为。我在青春的时候，却是一个没有脑袋的笨蛋，所以特别快乐。我唯一烦恼的事就是究竟能不能够追到这个女孩子，这是当时我生命中最重要的事情。

吴：你写小说也是为了自己这份快乐？

九：那时候赚不到钱，所以肯定是为了快乐，如果一开始写小说的时候就赚到了钱，肯定就是不一样的结局了。

吴：你最初开始写网络小说的时候，都喜欢写哪些事？

九：一开始就是天马行空，特别喜欢写那些惊悚恐怖类型的小说，直到五年之后才开始写自己的故事。如果是赚钱，一开始就应该写爱情小说，它永远是最受欢迎的类型，这个也完全可以理解，所有人最想追求的就是爱情。那时候的我很快乐，因为我还是一个学生，在我的脑袋里面，读书是兴趣，写小说才是正职，同时学生的身份也保护了我，不被社会瞧不起，也没有父母的压力。我赚一点钱，可以买很多东西，那时候我觉得自己相当富有，但是以社会人士的标准来看，那简直是贫穷到了不行。在学生身份结束的那一年，正好小说大卖，一切走上正轨，所以我真的非常幸运。

吴：你觉得成长和爱情之间的关系是什么？

九：我可能永远都弄不太明白，因为，男生会思考这些问题，都是被女生逼的。爱不爱，男生根本不会去思考。文艺男青年也许会思考，但我不是，喜欢女生是非常直接的事情。比如初恋，我不觉得小学时候喜欢一个女孩子可以称为初恋，如果是这样子，每个人的初恋都会非常早。如果下一个比较精准的定义就是，第一个在你心里留下伤口的人那可以成为你的初恋。因为爱情有很多种方式，如果非要有一个完整课程的话，目送恋人的背影离开便是爱情的最后一堂课，不管是你甩别人还是别人甩你；而留下的那道伤口是第一堂课，过好几年才知道痛。一道伤口，当下不觉得有什么了不起，反正青春还很长，我们常说天涯何处无芳草，可是我觉得这句话是为那些不懂珍惜的人而说的。我常常想，如果一段感情你十年之后都不会在乎，那现在也不需要为这件事情而生气了。爱情，回首十年如果是痛苦的，那是因为心中对曾经的伤痛与背叛依然无法释怀。成长，如果只是告诉我你要放下这一切，过去终会成为你生命的一部分，那我不要这样!成长不应该告诉我，爱情永远都会失而复得，永远可以更美好，不是!任何一份爱情都没有办法被抹去，也许我们彼此会遇到另外一个很好的人。但是，没有谁可以取代曾经的她(他)!所以成长告诉我，没有一份爱情会完整复原，要珍惜这个人。这是一部有旁白的电影，旁白为这部电影多了一个观点、一个视角，这个视角便是多年之后我回首看这一段青春的视角。同时，旁白也是电影里的另外一个灵魂。它提供了怀旧的空间，提供了长大的角度，是一段长大的自己与年轻的自己的对话，这才是所谓的成长。我一直很抗拒“我们要放下才可以前进”这个观点，我放不下才拍了这部电影，我太想珍惜过去的东西，如果这个东西对我来说很重要，我为什么要放下它，不如统统扛起来，一起前进。

吴：你会不会觉得旁白太多不够电影化？

九：应该讲，一开始我无意识地有了旁白。现在回想，我受了几部电影的影响。一部是台湾电影《运转手之恋》，旁白与故事串在一起很有趣。还有一部是香港电影《记得香蕉成熟时》，也是一部关于青春成长的电影。有关青春的电影很难没有旁白，大家都想加入一个现在的观点进去。如果别人拍电影有旁白就算了，我拍电影如果有旁白大家一定觉得是我写小说的习惯，所以一开始想删掉这些旁白，看故事是不是依然流畅，但是那个时候，正好看到了王家卫的电影，便想他都可以用那么多旁白我为什么不行。

吴：从2000年开始台湾的偶像剧对大陆的影响很深刻，最有名的是《流星花园》。在这部影片里，也是一组男孩的模式，你是不是有意在借鉴台湾偶像剧的模式？

九：其实我们之间有很大差别，我非常不喜欢《流星花园》的模式。它打造出四个偶像，拍摄一个场景，一定要四个偶像戏份尽量平均，"杉菜"讲一句话，每一个人都要回一句，不合理并且不自然。而《那些年》这个故事，是从扮演的男主角柯腾的视角出发，所以视点不能换到其他人身上太久或者太多，否则不合理。所以戏份是非常不平均的。我只拍了这么多，每一个人的空间都不一样，我只选择对我重要的部分与方式，只打算以男主角为主，所以并没有想要生成一批偶像出来。这里有一个有趣的事情。柯震东在这部电影里有很多大特写，大光圈大特写。可是他的脸上有很多坑坑巴巴。我们在试片的时候就有人建议，是否应该把它们修掉，我完全拒绝。这张脸摆在电视剧里面可能真是属于不帅的，但我觉得他的质感是属于电影的。

吴：作家是在一个简单环境中创作的人，而导演是在复杂环境中工作，你觉得这种经验对你来讲有什么感受？

九：我觉得导演就是不停地讲话。不过我不是一个很孤僻的作家，我喜欢跟人家讲话，喜欢与人沟通。但是在现场，各方面是否完美，等一下需要做什么，是不是重来大家都要看你的想法，这对我来讲始终是一个压力。不过大概在开机一个半月之前，我们就几乎把所有的戏都排练了两到三遍，到现场主要是确认走位，然后等打光，演员基本上互相很熟悉了。

吴：你会先做好分镜吗，还是到现场再掌握这些？

九：没有分镜，但是，也没有"掌控"那么恐怖，因为我们的戏没有特别炫目的技术，要求的是情绪流畅。对我来讲最好的细节其实是在演员的表演方面。我会花很多时间，跟他们讲这场戏主要想要表达什么东西。但好的戏是教不来的，只能够期待演员给你!我会给他们讲很多这件事情发生的背景，以及当时角色的心情。对于一些不主要的戏，我会去扮演一个导演职位，与演员沟通表演细节。而当真正遇到重要戏的时候，我会跟他们说拍这部电影，就是为了这场戏的存在，我会对他们讲，我现在就是当一个最好的观众。我很幸运，我的好朋友，也是我的执行导演给了我很多的帮助。电影开始之前，我们两个在我家里不停画分镜。那个时候，我们完全没有预算限制，做了很多成本投入比较高，比如在教室里不停回转的复杂镜头。但是摄影师加入之后告诉我们，如果按照我们天真的想法，这些东西根本就拍不完。所以其实我们反而是在拍戏之前不断地在做镜头简化的工作。副导演加入进来，分镜要减少；制片的意见进来，我们再减。所以最后，我心中装的往往只有最后的画面。其实这是一个逆向的过程，剪接完成的画面我要什么，下面切到什么画面，他们就会把这个最后画面所需要的现场分镜做出来，我们是从最后的画面去推到我们所需要的那些东西。而不是我先坐下，以不同的分镜的位置拍摄出底片，然后再去做剪接的工程。我剧本中的那个“三角形”是极为精准的分镜，而不是几个动作而已。

吴：你说的“三角形”指的是什么？

九：剧本上不是都有三角形的符号吗？

吴：噢，就是剧本里的“场景描述”。

九：对，其实在剧本中直接分镜并不是好的剧本。我以前没有学过编剧，我是拿到了剧本格式，就开始写。不过，我很庆幸的是，在我们拍之前，有很多对于分镜头的讨论。那是我最快乐的时候，甚至比拍戏的过程都还要让我兴奋不已。因为那是一个完全讨论与想象的过程。剪接的时候，我有一个特别大的感悟，我觉得优秀的剪接师可以拯救一个拍烂的戏。剪辑可以想办法剪出另一个叙事风格，挽救你拍烂的东西。但我的电影从场一到场一百零九每一场都是顺剪下来的，没有打乱顺序。我的剪接师很好，他会以镜头的顺畅度去约束他用哪一个部分，而不是个人的喜好，所以他剪辑完成的成片基本上节奏顺畅。反而是我在看成片的时候，一直在回忆我在这里不是拍了一个比较厉害的东西吗？为什么没有用？把那个方案拿进来看看。反而是我在靠记忆力去挑战他的剪接。好在我们是好朋友，太好了，好朋友就是注定要彼此容忍，绝对不能真的翻脸。两人之间一定会争吵，但是好朋友的好处就是到最后都会和好。所以很庆幸的是剪接师是我的好朋友，他从头到尾都知道在干什么，我们应该怎么去执行。所以我们整个电影拍完之后，从头到尾，只有一场戏被我们真的剪掉，其他每一场拍出来的都有用。

吴：分镜是你们共同完成的？

九：还有摄影师。摄影师的作用在于对镜头做减法。

吴：片子用胶片拍的还是数字拍的？

九：数字拍的。

吴：影片的资金主要是台湾的辅导金？

九：那只有500万台币而已，如果是朱延平的话，可以申请到2000万吧。但是年轻人的极限就是500万。

吴：最后整个制作下来，这个片子的成本是多少？

九：大概是5000万台币。这个怎么讲？如果按照以前算，那应该是不错的制作，但是在今年也只是算一个普通制作的影片。

吴：你觉得分镜和写作哪个让你感到快乐？

九：写作的时候。小说是不需要成本的分镜，电影则是要从银行里面提出钱来去完成的分镜。在拍电影的时候，我心里一直有一个很喜欢看电影的观众，他会告诉我哪些东西是冗长的，是不需要的。我们从第一天，拍到第四十五天，四十五天的工期，一天都没有多，一天都没有浪费。所以，我觉得某种程度上，拍完一个电影是令人开心的，整天吵架的确很兴奋。现在想起来，我觉得有点庆幸，几乎所有工作人员都缺乏电影的经验，包括作为导演的我、制片公司、摄影师、实习生，但也因为这样，所以大家在执行这个计划的时候，都相当的认真。现场没有什么老油条，觉得我们这样拍就可以了，每一个人都愿意多试几次，要一条新的感觉。如果非要问我，我们一群没有拍过电影的人，为什么能如此精准地完成工作，那我想完全就是靠老天保佑了。真希望下一部电影还可以有这么一种新的感觉。

吴：说到下一部电影，你最喜欢的身份是什么？继续当作家？还是进入职业导演的行列？

九：还是当作家，当然我永远都希望有拍电影的时候。现在很多的人都在劝我要乘胜追击，乘着大家都看好你的时候，赶快推出第二部作品。但是我觉得如果真的是按大家帮我做的规划去做，那我就不是九把刀了，我有自己的想法。

吴：你是不是永远拍你自己的作品？

九：肯定的。因为拍别人就会很丢脸，我自己会写剧本。不过，我写过60本书，我也很希望有别的导演来拍摄我的作品。这样说吧，不是我的作品只能够我自己拍，而是我要当导演的时候，我只会拍我的作品，这几乎是能够肯定的事情。

吴：从2008年的《海角七号》开始，台湾的电影其实让所有人都感到惊艳。你

怎么看待台湾电影的这个变化?

九:我不想做电影的评论,几乎所有的台湾电影人都觉得我太幸运了。

吴:因为你没吃过苦。

九:他们觉得是!反正我是幸运的,所以我不会对电影历史传承去做评论。台湾的电影应该怎么说呢?最近台湾人越来越喜欢自己拍出来的电影了,当然是很开心的一件事。

吴:在这几年出现的这些作品中,你比较喜欢或者欣赏的作品是什么?

九:我非常喜欢《海角七号》,在它票房大概还只有800万台币的时候我就喜欢了。我曾经非常兴奋地在网络上说我喜欢《海角七号》,不是因为它是台湾电影,而是它其实真的非常好看。因为我非常不喜欢有人说我们自己拍的电影是给自己看之类的话。真正喜欢电影的人，不会讲意识形态，我会讲《那些年，我们一起追的女孩》是一部观众拍给观众看的电影，是因为这个“观众”太想要让别人看到他心中的某一部分，于是他学习如何拍电影，把这个东西呈现出来。其实我是站在观众这边的，不是站在导演那边的。

王全安:历史中的人和欲

352 ∕ 373

吴:你当时开始剪这部片子的时候,是希望用多长时间来讲清楚你想讲清楚的事情?

王:我的感觉是接近3个小时,比较理想的版本是3个小时20多分钟,这是我喜欢的一个版本。

吴:你看完《白鹿原》后的直觉和感受是什么?

王:当时拿到小说,把它跟电影联系起来的时候,刚开始我有一点排斥。原因是小说归小说,拍电影是拍电影。我这个年龄的导演拍戏,基本上属于个人经验,一手材料,你的体验,而且你的发现必须是你自己特有的,这种情况下才能信任你拍的东西,所以我很难做那种二手工作，好像隔了一层纱，你觉得很难受，没法投入，没办法建立那个信念，刚开始就有这种感觉。在这种情况下，我到白鹿原去转，等于要补上感性的东西。看了之后，书中关于农民的东西显然是最好的，小说就是这个部分，既不是写革命的，也不是说个人的，也不是写女人的，就是写农民做什么，农民怎么看这些东西。对电影来说，要的就是这种材料，因为电影的一个影像特性就是真实，所有的表达中它最接近真实，所以它对素材的选取一定要看这个东西是否是真实的，这个时候脑子就有了关中的形象。这个东西是最可靠的，这样一部电影肯定是关于关中农民的电影，因为小说有这个基础。然后，我再把自己放进去，我就发现，我也是这其中的一个，只是我是一个会拍电影的人。我会突然间感觉到这是一群陕西人要做的事，我也就不矫情了，我也就不能再客气了。我也刚好到了一个阶段，之前拍的这种类型的电影，对我来说既是我自己想拍的戏，同时也是不得已而为之，而且还不是我最喜欢的类型。我还是喜欢有真实感或是对社会进行讨论的电影，但同时还要具有一定故事性。在戏剧中表达导演的想法，而不是干喊自己的想法。直白地表达不是我想要的戏。按这个要求，《白鹿原》中的戏剧基本上做到了。

吴：你大概是什么时候形成这个电影结构的？

王：电影结构(的形成）其实在头一年，因为当时这个事情最早是芦苇来做，确定导演后再和导演讨论，导演喜欢哪个方向，希望是哪个方向，大概谈了一个范围之后再开始做，一边讨论一边写。感觉上讲，第一次不是很理想，送到电影局，在电影局里面进行了剧本的讨论。没有通过电影局的审批，他们觉得史诗格局不够，既然要做《白鹿原》，还是应该在艺术上有力量。然后再进行讨论，讨论之后，第二次我把我的构想和概念放在里面，自己做了一个剧本，就是比较直接地去谈，我还觉得差不多可以通过审查了，就回北京等着了。我觉得应该比第一稿鲜活，因为之前主要是从书里面来的，没有可想象的。我就开始自己写，16天就把剧本写完。这16天其实是建立在你对那个东西有了长期的构想之上的。完了之后就交给编剧，这事就算完成了。编剧觉得这个东西还有门了，这样做就觉得还有信心，还好看，比原来那些东西鲜活起来了，农民的情、性都比较鲜活了。他说要不然就拿这个做，我说那就拿这个报，结果最后还通过了，就是这样的过程。结果筹备之后发现哪儿都不顺，当时建新是监制，然后我让他回来看看是怎么回事，怎么老是不顺。后来开了一个会，西影现在没有钱，还要贷款，那我就明白了，要演戏这种事，我说可以请外面的人来，然后就请了几个哥儿们，等于原来的剧组就解散了，这一个回合就是这样，我们和西影之间就没有交集了。

吴：电影的《白鹿原》和小说的《白鹿原》，除了名字一样，其实是两个东西，或者说一个是陈忠实的，一个是王全安的，不应该说电影还原了多少，因为从出发点都不一样，人物的关系也不太一样了。

王：如果你不能把你对这段历史的感觉融合进去，作为一个表达，这个做的意义就不大了。它的价值是什么，肯定不仅仅是对事件的罗列，其实就是回到一个朴素的逻辑上。我们不缺狂妄，不缺自信，也不缺知识，我们缺的是对常识的尊重，回到常识上去，你经历的一个当口，一个普通的人，他们的感受，实实在在的一个农民的受挫感，它是一个什么样的感觉。这个往往容易能够得出一个可靠的方向，一节一节东西的产生都是推演出来的，暴力是怎么到来的，混乱是怎么到来的，混乱之下的犹豫，那种挣扎是怎么一步一步到最后这种状况。其实结尾与原著的感觉是最不一样的，结尾是对历史更大的判断，因为这个东西在你这儿绕了一个小弯，你像一个顽皮的孩子，你不搭理，人家就有可能把你绕过去，还会回来。历史以一个诡异的、不可思议的方式延续着。其实我后来一想，进到《白鹿原》这个时空里，历史就是一个时间的概念，时间一长、一大，这几十年其实不算什么。它有一个暗河那样的东西，历史的暗河，我们浮在明面上，我们看不见，我们的认知水准也罢，我们看不见这个东西的发展，它在一步一步地往前走。我知道这个东西难反映，同时要兼顾很多的东西：历史的东西，小说的关照，还有电影本身的东西，来回说这些东西。我觉得这个东西在拍的时候就是这样，拍了放在那儿，爱是一个什么就是一个什么，它是一个尽了力的作品。它有一个东西比较重要，从小说到现在有20多年了，这20多年来我们对一个事情的看法肯定是有一些沉淀，如果这个时候没有机会梳理，后面的人就无从判断这个时间是怎么判断的，至少从小说诞生到现在这种变化。后人就可以窥测到这段时间我们其实是这样看的，只要这个阶段的进展。

吴：《白鹿原》小说出来的时候，大家觉得这个小说有颠覆性，一个是描写男女之间的情欲；第二个是给地主阶级翻案，重新解释了阶级关系与历史发展的联系。今天再看，这些事已经不是社会的敏感问题了。

王：因为20年前的讲述和现在不一样了，我们对这个东西的认识，就是一个普通的常识了。在我看来，所有人的挣扎其实是一样的。波澜壮阔是指所有人都沉溺在其中，不管你是意识清醒的，像白嘉轩这种，我习惯什么就是什么东西，还是鹿子霖这种，已经被欲望卷着走了。欲望这个东西从小的角度看，或者从局面看一个人是人性，但从大的角度看就乱了。人们被欲望带着走的时候，就没有一个清醒的脑子了。什么时候手烫得都不行了，快焦了才知道撒手，然后才开始往相反的方向撞。像从极端的精神到极端的物质之间，其实是一件事。历史的这种穿透力很强，比如说黑娃，如果15号那天在西安上映，西安大街上发生的事跟电影里发生的事一模一样，完全一样。我就说为什么要面对一个历史，历史的价值就是在于如果你对历史有所了解，那么现实很多事情就是毫无新意。当你意识到这不是一个绝无仅有的事，就会思考。

吴：在中国传统社会乡绅是社会的主流文化结构里，白嘉轩这种人是历史的主流。黑娃永远是今天西安街头的那些打砸抢分子。

王：我们这个历史更替延续的方式，因为积累一段时间就会有问题，最后就是一个极端的破坏方式，破坏完了以后建立新的方式，其实换汤不换药。黑娃这种人永远承担破坏力的作用，但是他们最终是李自成式的悲剧。因为他跟文明之间有关系，但文明不是由这些人来完成的，所以最后哪天不幸。所以这个东西不是好和坏这么简单，历史的东西不是这样说。比如说我们常说的农耕文明，什么是农耕文明？这个东西就见识到了。什么是农耕？白嘉轩坚守的就是农耕的特点。农耕就是稳定，与其他的文明截然不同，因为他守着土地，他的形式是靠种地的，地是不能动的、带不走的，所以只能种下来等，至少得稳定到收获季节。我们跟其他的文明的差异，到现在也一样。包括从前，跟地的不动有关。然后你再有什么东西来，我是以不动应万动，因为我有一个时间的优势，不管说是住在土地上的农民也罢，或者土地本身也罢，它就是时间的流逝。白鹿原这片地存在的兴衰，多大的能耐的人、多大的人物在这个地方过的时候，那种豪情，倾注在将令的那种音乐里面，当年的那种秦人之勇，横扫六国，那个东西已经破败了。但是你知道辉煌当然来过，但是又怎么样，还是随着时间消失在里面。你新的再来，再怎么样，对于那个地方，时间上的见识，就有点见多不怪了。

吴：这种史诗的感觉有点接近贝尔托鲁奇的东西，比如他的《1900》，包括《末代皇帝》，其实都有这样一种情愫，人性和人的欲望跟历史变迁之间的关系，人和人之间的关系在历史进程中的作用到底是什么？我理解这些东西有的时候在一个电影里，分寸感很微妙。我个人觉得这也是这个片子的一点点小的价值，试着在做一做。

王：就是对人也罢，对历史周而复始的规律进行比较常识化的梳理。现在后来发生的很多的事情，都有了它原来的原因，你一看比如咱们这一套是怎么来的，在什么情况下产生的，它必须产生。我们现在看共产主义，比如历史的逻辑性里面，它是存在的，需要一种秩序，需要一个有力量的秩序，在那个时候，显然有一种吸引力，它就过来了。

吴：谈到《白鹿原》，大家肯定会谈史诗，这个片子体现了你个人的一种什么样的史诗观？

王：整个小说的结构改编成电影面对的一个最大的困境，就是因为它没有一个连贯的人物，能够把所有的事件都能够串联起来，因为我们电影就讲一个视角，所以不能有视角的缺少。黑娃前半段有，后半段就突然没有了，而且要讲都是之外的事，会出现这种断裂，这么一个人把这几个男人之间串联起来，能确保一个东西能够贯穿。黑娃在整个前半段做了一种积累，后来就没有了，等于要重新建立一组人物关系。因为一个电影会在开始的时候，前半小时把这个东西铺垫，所有东西都完成，当然还承载一个环境的东西，包括小说原来的关照，使你不能够特别自由地按照一个剧情发展。你如果按照一个具体的东西，那你就取中间这些人物关系就足够了，讲得会很好。我觉得面对这样一个小说来说，我觉得我尽了最大的努力，因为我也是一个一直在写剧本的导演，我知道在这样一个空间里的那种难度和技术上的难度其实是无与伦比的难度，做的最大的安排，让它有一个周全。包括我们说的不管是史诗也罢，不管是小说本身也罢，对小说的认知和对环境的认知，还有你要建立的关系，这部电影独有的东西，只有通过影像才能呈现出来的那种感觉。当时我好像分了三个部分，一部分是小说的，一部分是环境中既有的熟悉的，一部分是你要创作的东西，这三个缺一不可，等于是这样过来的。我就觉得它是我心灵中的一个关于《白鹿原》的史诗，因为感叹的是你知道曾经发生了这样一个变化，最大的变化就是这个地方的人一直惶惶不可终日，经受的这些历程，这个我觉得电影还是很清晰地把它讲出来了。我通过这个小说，小说给你提供了这么多故事，我所看到的，我们经历过的一个历程，这个就是史诗。所以什么是史诗，就像我们刚才说的什么是英雄，那天问这个问题，我们被英雄害得还不够惨吗？问题是什么是英雄，什么是非凡，我就觉得《白鹿原》告诉我们的非凡就是关于土地的非凡，就是沉默。但是这个沉默里面不是没态度，沉默里面有态度。从历史的积累来讲，它就会积累越来越大，最后爆发。那我们就可以了解到，沉默里面其实有变化，其实有些东西在酝酿着，你不能忽视这个东西。我们老是说水能载舟，亦能覆舟，就是这种变化，我倒觉得非凡是指这些。

吴：我觉得功夫就在于，建立这条线，确立主要几组人物关系的时候，其实就是怎么把原著的东西尽量能够稀释到人物关系当中。

王：其实如果对原著很熟悉的话，包括陈忠实本人，他看完电影为什么知道空间是这样的还能接受，因为他知道这里面已经做了很多的变通，溶解到其他的细节里面，小说里的东西还都在，因为电影取舍里面，必须重新编排一些东西，使现有的结构能够完整，你不可能不创造，还得创造。在创造过程中，很多立意性的东西，尽可能被溶解在不同的地方中去，这个有的时候能感觉到，有的时候你感觉不到。白嘉轩在县里面来劝白孝文这个事，那个情形还是挺感动的。对于白嘉轩这个人物的丰满，其实原来的小说里面还有“文革”等一些东西，其实都在这样一个情形下有了一个话语的延伸，都有了预示和交代。对于一个电影，我们说拍的时候，《白鹿原》是更冷静的，我们希望能够达到一个高度是指冷静，其实是指理性。对电影的评价，也会经过一个时间，它想做什么，应该冷静地看，才能看出它的目的。

吴：也许这部电影是近几年中国电影表现情欲最大胆、最多的一部电影，这块

也是触动敏感神经的，是这个故事很重要的一条线索。

王：确实是这样。因为在我看来，这是跟土地对等的这样一个物质，它是唯一能够击穿我们这套东西的。在这个层面上指的情欲，并不是简单的指责，为什么我们对这个东西特别的关心？包括这部小说，陈忠实说的，也经历了十多年的误读期。第一，说明这个问题对我们很重要，不管我们学者反复讲历史，讲什么，这个才是真正对我们重要的事情，我们对它感兴趣。因为它跟我们每个人的关联才是真正巨大的。第二，对这个东西，我们还不像其他地方那么习惯，前面会压抑的太多，所以这才是个事，得拿出来说。不管是什么，过去不让说，现在让说了，是有点突破的。就是田小娥这样一个人和白嘉轩之间的冲突所产生的人的能量，那个力量其实是巨大的。如果在生活中真的这么一走，什么事让白嘉轩紧张，别的东西不紧张，但这个东西是很紧张的，它是比我们文明更早的一个力量。那是在人还是动物的时候大自然就带来了，那是谁都不可抗拒的，所以田小娥这个女人不是一种缺陷，没什么缺陷，她也没什么狼子野心，如果在习惯意义上定位这种坏女人，那问题反倒简单了。比如说一个自然状态的质量，这个东西就是我说的情欲，情欲是指它讲文明，更深远，所以包括鹿三，他一下接受不住了。我当时给刘威讲那场戏，问题就是在于你一看这白花花的背，你都会觉得是问题，你再不把它灭了，你都会掉进去。如果你也掉进去了，那这个事，我们所有的东西，整个白鹿原讲的东西情何以堪，它是这样一个东西。在《白鹿原》里面，能够通过直观的常识，比如像黑娃这样一个青年成长的过程，从情欲的自然勃发到不满足，到要跃过去，到要做更多的事情。从个人的逻辑上讲，我倒觉得他讲得更清楚了。这是很自然的，打破一个平衡。原来简单说，田小娥到白鹿原，田小娥就不该来到白鹿原上，有善与恶的变化。不管怎么讲，我是希望通过这次我们对这个东西的解释，能够让我们有了这样一个条件，以一种常识性的东西来推演，这个是较以前我不管说它是进步还是退步，至少这次做法的立意是这样。比如我说黑娃怎么就到这个地步，个人是怎么过渡过来的。这个里面很有意思，比如说面对一个面容姣好、有吸引力的一个大活人，那个力量是不可阻挡的。一旦得到以后，就有问题，他的那种困境，他不能把握已经到手的东西，那种苦大于甜的时候，那种痛苦。那个东西跟食物什么都没有关系，完全跟一个人有关系，我怎么摆脱这个事，我要做更大的事情来实现我的价值，现在的问题就来了。对于田小娥这样一个人，本身就没有物质需求的这样一个人，她怎么办。那时候不管在社会里面还是在历史的变化里面，女人比较直觉的东西往往也是一种参照物，因为男性身处社会化以后，历史又是男性来解释的，往往形式大于内容。女人看的问题往往跟生活本身有关系，跟男女有关系，跟孩子有关系，这个往往比较能够切入问题的本质。这个东西跟小说有分水岭，整个做这个电影过来，我们都始终让这个女性有一个独立的精神状态。原来的小说中的田小娥就进去了，积极地参与，逞能什么的。但是我们假设，不管是什么运动，表面的、眼前的都要过去，有的东西是独立的。比如说没想到这么简单，我把它全部可以摘了，你想放在哪儿就放在哪儿的时候，这种失落感，这个价值，这个等同于我们现在去电影节不用参赛，我们直接走红地毯就行了。我们用诋毁价值的方式战胜价值。其实就是一个捷径，但这种精神上的价值，那种愉悦感就消失了。我是指她本身是冲什么来的，她一个女人，"我最次得有一个名分，不管你讨论苏联还是要有这个，我是一个女人，又不是一个政治家。我的名分在那儿，苏联没有祠堂，那我就不行。"她一定是一个农民本身的价值，这个东西是最基本的、最常识的，我只是活在一个村子里面。被随意安排的时候，问题就来了，失落显然不是人人都已经习惯认同的，就像我们说的后面的东西，你以一个诋毁价值的方式战胜一个价值，这是我们一贯的投机取巧，我们实用的价值观造成的。

吴：鹿兆鹏这个人物后来怎么在电影里就没有了？

王：当时做这个东西的时候，我说不管你们干什么，你们都记住他都是白鹿原的一员，是白鹿原的农民出来的共产党。鹿兆鹏身上反映出复杂性，他没有白孝文的身上承担的这个东西，反映的更有价值，更有深度，如果一直这么过去，我凭直觉就觉得那个东西在当时肯定是浪漫的，因为它有吸引力。一个陕西关中的农民，他选择了一个信仰。

吴：黑娃这个人物简单一点，基本上就是一个土匪。

王：在小说里是变化的，念了书，咱这一套东西反思了。我一想到黑娃拿着书在那看，我就老想笑。你看咱们是30多岁的人了，这时候才开始看，看进去了，看明白了，书里还可以想象，如果在电影里这个人往前面一放，就很好笑。我想那个可能是想说明我们传统东西的驯化的力量。其实在更宽的一个天地，不管以前有没有，土匪也有他的灵气。黑娃有人性，他身上是有光彩的，能够突破一些界限，不管是否盲目，他有这种力量，有这种阳刚之美。怎么来尊敬这个人，你可以让狮子变成一个会驮东西的狮子，像毛驴似的，这是一种能耐。你也可以让他像狮子一样死去，这也是一种尊重，也是一番体验。黑娃他们就说，与其这样也好，其实他最后跟孝文刚好是反的，他在精神上是一种解脱，孝文是一个负重。原来还想把白灵的这条线融进去。在县城的外景还拍了一点，但这条线一进去就得十来场戏贯通下来，它的意义是走出白鹿原以后发生的事。等于拍了一头一尾，我觉得装不下这些东西。为什么在今天来一趟白鹿原，因为和20年前会有所不同，我们其实指的是平静，更平静地对待发生的这个事情。当你愤怒的时候，你还写不了，写不了历史的事。我知道它的牵带力是巨大的，这个历史到这里面成为一个旋涡了，就会把我们都卷进去。包括之前看《霸王别姬》也是这样，到“文革”这一块，因为我们自己在里面，以前的苦好像就要大多了，但其实历史就是一次一次的。

吴：听起来这是你的第一追求，可能我们在20年后通过电影来表现这部小说的时候，我们可能能够更平静地看待历史的波折或者历史的冲突，当然也有人认为这其实是作者没有一个价值观去判断这件事情。

王：我觉得肯定是不同的，这两个人的书写不同。孰好孰坏，仁者见仁智者见智，但是有一点是确定的，对于一个历史的表述，历史其实是缺席的，不在场的。我们肯定要尽最大的努力克制，让它看上去更理性，更客观。历史既不是从天上掉下来的，它应该有前后的联系，才有意义。任何一件新发生的事情，都有这种关联性，都有连带。今天掉下来的这个事情，一定是跟前面一个两个三个事情有关联。这个东西要动，整个都得动。你所描述出来的东西的价

值，有的东西是更伟大更能穿透时间的，可能有的时候说意味一个界定，界定就意味这一个曲线。文学还好说，对于电影来讲，它更是通过看去产生感受的这么一个东西，你如何给观众相对客观的呈现，让他去看，让他去联想去感受，这个东西我觉得大于你本身对这里面的一个归纳。一个东西作者不要过多地指手画脚，因为你指手画脚这个东西就会小，就会带有局限性。

吴：比如具体说，有人认为《白鹿原》这部片子没有达到他们想象的一种深度和高度，很重要的原因是因为白嘉轩这个人物没塑造好，现在这个人物有点没有体现出来他在整个白鹿原的故事叙事中的作用。

王：你说的这个说法和我的说法是一样的，很多人也问过这样的问题，我们需要的一个英雄，类似这样的一个人物你没有给我们。作为一部电影的《白鹿原》要给人的是什么，可以是满足我们的需要，比如说一个英雄、一个作为，类似像朱先生那样的先知。但是这个东西在我做这个电影的时候，它就是一个困境，你要告诉大家什么，你想象中的还是更实际的一个静物。当你掉到实际的静物里，土地遭遇的这种变动，那种无力感，这个东西是更有价值的，还是我们理想化以后，土地一次一次波澜壮阔的反映，哪个更有价值。这也是为什么朱先生没有被放到这个电影叙事里面来的根本原因。我觉得可能更有价值的是，普通的人遭遇和土地的那种问题的时候，那种无力感，这个可能更有价值，这才是普通人遭遇到的问题。朱先生有一个先知，他一来给你说一通儿，好像是不存在这个问题的，不是一个带入的人，是一个解决问题的人。如果在这个过程中，我们始终都是被解决的话，那我们还讲这么多磨难干什么。

吴：把地主塑造成一个革命英雄，这其实不是你要干的事情。

王：没错，完全可以这样说。白嘉轩在这个过程中间，他其实也在受挫，也在变化，也在接受，其实比如说鹿子霖、黑娃，那些东西的波动何尝不是白嘉轩自己内心的波动。其实我想说这个，因为历史到了今天，我们难道还敢大言不惭地说我们这个东西要怎么做，我们到今天所有的一切都七零八乱，我们连结婚的形式自己都找不出来，连穿什么都整不明白了，我们还敢说我们这个东西的力量，怎么来面对。我们实际的状况其实沿着这个状况一步步到现在，一路跨过来。

吴：你觉得鹿子霖这个人物真是一个坏人吗？

王：其实他跟小说里还不一样，他比小说里面要鲜活，也不能说鲜活，他的人的意味更连贯一些。小说里面比如说他跟田小娥关系的达成，更多是乡村干部的逼迫，逼迫成奸，相对来说是比较简单的。我当时就跟吴刚讲，我对于这个人物给予很大的希望，你跟田小娥之间的关系，如何能够在眼前发生一些变化，也不知道怎么回事就变成这样一件事，似真似假，半推半就，它就成了这样一个结果，这好像就是一个处境，是我们自己也要掉进去的处境。鹿子霖也是一个刚刚儿子要杀自己的处境下过来的，而且儿子也被通缉，也找不着，就是在这样一个背景里面来。他既是对一个年轻的、面貌姣好的女子的本能反应，但是还有一个更大的处境是他个人的，在这种片刻的苟欢里面获得一点慰藉，猫和狗最后搞到一块了，都应该到一块了。一个环境它有多糟糕，那个环境动不动就人头落地。整个白鹿村上的人的所有的努力，所有他们在张皇失措下的行为，一个是悲悯，一个是接受。我觉得再也不是只有一个我和你的事，而都是我们曾经做过的事，都是从我们身上能够做出来的事。因为从历史里面，我们如果不是看到了自己的话，只是看到别人，那这个历史还有什么意义，没有任何的意义。所有发生的这些状况，我更愿意看它是一个人身上发生的事情，这才有意义，这样我们才能对自己的性格有了解，我们会做出什么事来，我们用什么方法能够躲过去自己一次一次对自己的检查。那时候我们要回到不理性里面去，为什么整个的东西为了我们再一次的成熟。我觉得一个人把这个状况讲得很清楚，像崔健他的词写的关于对我们无奈的一个处境，爱和恨没办法剥离，因为都是你自己，你不可能不爱你自己，但是这种苦都是你自己造成的，无以宣泄，不知道怎么面对，这是我们现在思考的事。

《白鹿原》这个事情很有意思，其实我一般不太愿意正面去谈电影审查制度，我觉得那不是一个导演能够完全解决的问题，我只是一个做东西的人，只要给我的空间够，具体遇到问题我们再说。但是这次的《白鹿原》，我们既可以看到一个作品完整性的价值，又可以了解到一旦它被折损的程度所带来的问题，这两个都可以通过这个过程很明显地感觉到。这也是为什么这次从我这来讲，碰《白鹿原》这个东西，最难的恐怕还是把东西放出来，从脑袋里搬出来，我给你搁这，我在当下这个时间里把它做成。做的时候，我倒没有太多的偷懒或者妥协，我们把该做的都做了，具体有什么要求，是有一些不好，但是还有一些好的，最重要的是东西已经搁在那了，它已经有近一个亿的投资了，这是一个什么选择，这已经是最好的选择了。让它作为一个发行，作为一个商业的运行，能够有一个运转，不要成为一个损失，这个对后续还是有信心。然后我们再说完整的问题，分解一下，当然我个人会承担一些风险，有一点不太理解的东西。这只是一个时间的问题，最终通过时空的转化，还能把这个事倒腾出来，大家还是希望在这个影片里能够看出来你是怎么想的，现在还可以。

吴：在你看来这还是艺术片？

王：我觉得应该是，它应该是这个范围以内的。我们不管拍什么，比如《末代皇帝》，肯定还是这种意味的，跟你的诉说有关联的，这是不能改变的。对我来说，这个东西改变的话，就把最重要的东西改变了，电影对你来说意味着什么，你可以通过在表达手段上的加强来让自己的作品能有更大的接受面，但是你不能改变主体上我对这个电影的一个兴趣，如果是这个东西的折损，其实从个人的职业来讲，那是本末的关系，失去什么都不能失去职业的兴趣。

吴：其实在你的片子里，最出色的地方是对于每一场戏的整个节奏的处理，但实际上当面对这样一个大题材的时候，可能就会产生某种冲突，你的局部的完整性，是不是跟你整个大的结构之间面临一些冲突？

王：这完全是取决于你对类型的选择。在我从事电影的过程中，我赶上一系列变化的当口和末梢，第一次做《月蚀》的时候，那时候是剪辑用非线编辑，我得赶快手摇一下，再不手摇就没有机会手摇了，电影的那种感情，《月蚀》其实是在我拍的电影里面是比较时髦的电影。《白鹿原》这部电影是用胶片拍的一个大的叙事格局的电影，它还是坚持我们学电影的时候学的那一派电影，艺术电影这样一种构筑方法。它看上去很拙朴，它不是一个交织的东西，它是坚持那种讲述。《白鹿原》对我来说也是一次机会，就像我在《图雅的婚事》《纺织姑娘》电影拍完也是，我预感将来肯定会有一个方向，环境会对你有一些要求，原来要求希望你做的。《纺织姑娘》在结构上我们是随意的，你不可能猜测到走向的东西，最后再放任一次，我是受这种电影教育过来的，即使电影走到这一天，这种个人的时代成熟慢慢有一些发展，也融合了一些东西，那里面还有很动人的东西，从这一点上我更愿意像《白鹿原》这样一个讲述，带上这样一个拙朴的痕迹，因为这也是我们在将来看它有别于这一类叙事的特点。流畅的连贯的相应来说是普遍的，但是这个东西敢这样做，我第一次上手不知道什么想法。第一次上手三千万的时候，我就打算全部找陕西的农民演，当时是那种感觉。如果从雕刻时光的含义上做，这个确实做一个陕西关中农民的史诗，那个是我内心的极致的呈现。包括建新说，我觉得你的剧本包括对演员的控制都不是问题，但你的化妆可能会是一个问题，以中国的化妆技术，老年妆往那一放就崩溃了，你不能找美国的化妆师来做这个事。我就给他说了一个极端的例子，我说我肯定更极端一些，我说我就真的找几个关中老汉来演，他至少在一半是到位的，他的诉说，他的形象气质，这个肯定不会输于好莱坞的工艺的质感，人物气质也比较到位，甚至是戏剧强度的这个部分，我通过导演的手法，通过导演的工作方式来解决这部分。其实导演的这个工作，如果你在职业以内谈，它是一个技术性很强的工作，你都是面对的具体的问题，怎么来解决，而不是你的意念。意念已经都在电影里面了，说句难听话，看出来就看出来了，没看出来就没看出来，还是这个问题。从这一点来讲，电影的《白鹿原》在这个当口以这样一个方式呈现，有一定的意识在里面，但还不是说我现在要学着讲一个特别的东西。我也不可能永远这样做，其实从某种程度上讲，作为一个拍电影的人来讲，最好的东西是雕刻了时光，它是对时光留住的东西的描写。这种结构里面，容易让你把注意力集中在时光上，而不会被其他的东西牵绊。但是这也只是一个过程而已，如果往后走，这种叙事随着它的戏剧性更纯粹，这是我希望的。我对历史也罢，对环境也罢，那种看法会更纯地融合在一个电影的戏剧里边去，那么你将会更多地看到这种流畅。我觉得做一个中国的导演很不容易，为什么？一个人往往负载着很多功能在往前推进。有的时候我们在解读一个作品的时候，要用那个去解读这个、用这个去解读那个的时候，就会陷入一个矛盾中。这也是我一直想摆脱的，我希望最终大家看到的电影，都是通过一个很自然的故事和戏剧就呈现出来了，它主要是有没有魅力的问题，而不是说错了，该怎么看历史，还不是这样。但是《白鹿原》就处在蜕变的当口上，某种程度上讲这是一个诚意，我知道以后肯定不会这样讲，这个就让我想起来影像带给我最大的震撼，最大的感慨。电影的《白鹿原》也有这重含义。

吴：你觉得你的《白鹿原》的主题是什么？

王：其实《白鹿原》的主题是对我们自身的一个尊重，至于它里面到底讲了一个什么样的东西，这倒不是我想说的，因为我也说不清楚，谁也说不清楚。我就是尽了最大的努力，我希望这个电影表达我们对自己更大的一个尊重和认同，原来这个事情做不到，我们一直在否定，在批判。如果没有这个认同的过程，其实一个核心的价值，文化的东西碰不到那个边上，所以必须得接受，这是一个接受，对自己的接受。我觉得电影里面传达的一个精神，土地的一种精神，就是坚韧，能够穿过各种灾难，通过时间能够延续下来，像现在还能开花，这就是坚韧。

吴：这个片子在欧洲放，他们的反应是什么？他们能理解这个系统吗？

王：有困难，较以前来说有困境。这个困境就类似于我们读《战争与和平》，我们也看不明白，他就得老翻，而且得前后左右看。要是没有这样一个电影，在电影的现实里出现的话，它也没有这样的机会。比如想要知道更多的关于这个国家的历史，各个方面的知识，那就得去补。我们为什么当年读不懂我们还要死看，原因是知道这个东西重要，这个东西有价值，所以才这样做。现在是一个渗透的东西，对于西方知识和东方知识比较好、比较渊博的人来说，就很现实，他知道这种研究，面对中国这一段历史提供了太丰厚的范本，因为这里面我们是跟着常识来的，好懂。这个倒不是说我们拿这个戏得个奖。

吴：有些评论认为《白鹿原》是属于第五代的电影，是中老年观众的电影，这个是不是也跟你对叙事的理解，比如说戏剧性的理解，是有关系的。

王：这个东西主要还是跟外在的形式有关系，但是如果我们真的能静下来关注作品内部的内涵，其实是这样的。这个东西实在是变化得太快了，我也没有说把这种表述放在里面，这个东西就是一个最重要的生命性的核心了，我还不这样认为。这个东西你最终看的时候，会看到门道，不会只看热闹，这还要留时间去看。但是其实它的表述跟以前早已分道扬镳了。不管你说的是第五代也罢，第六代也罢，因为离得很近，大家都搅在这个里面。过了一段时间以后，人们更平静地看电影和电影之间的差异的时候就能够看到这些差异。还有一些东西，对我来讲，也是一个你自己职业本身的一个工程，我在这个阶段做了这样一个事情，做《白鹿原》这样一个电影，其实也有两个衔接之间的东西。你知道为什么？因为不管你是哪一代的，这种割裂，我不认为有那么大的价值，这个东西总还是有延续的价值。我更愿意觉得，电影这件事情是有实用功能的，它是一把椅子，第一，你坐这把椅子能不能坐，这是一个。第二，这把椅子结实不结实，能坐多久。第三，它美不美观。如果说它美观的话，它可能是个艺术品，它无非就是这样几个阶段，但前提是它是一把椅子，是要拿来用的一个东西。作为一个观赏的东西，它就是这样。我倒愿意看电影的人的最大的习惯，事实上也不是创造出来的，是电影近百年来归纳出来的东西，还是要尽可能地融到你的表达的里面去，在这个里面求得一种个性或者一种新的发现，在这个含义上有一个传承。可能往后走还就是那几句老话，还就是有趣、好懂。

吴：你后面要做的一系列的电影，不会扔掉的东西是什么？

王：这里面最重要的还是你对人的看法，对人的表达，这是一个重点。你拍科幻也是这样的，就是对人的看法。因为其实不管所有的形式，文化形式和艺术形式，最终还是交流，还是告诉别人我们是怎么回事。比如说《白鹿原》里面的陕西关中，已经有那种品质，知道这是陕西关中的人发生的故事。

杨树鹏：耳闻之事，皆成文章

374 / 387

吴：我知道你刚从外地跑了一大圈宣传回来，感觉怎么样？

杨：给我的感触特别深，我这次去了16个城市，跑了80家影院，其中二三十家影院我都去售票厅看观众买票时的状态。如果是随机观众，他们肯定是奔着最清晰的类型去；其次是奔着感官视觉上的刺激，比如特效电影；再次才会选择有风险的，像我的电影。我跟售票员聊，他并不知道我是谁，他说，其实《匹夫》拍得还挺酷的，但是观众不明白《匹夫》是什么意思，就算他们看完也要想很久才能明白。他说你看《黄金大劫案》这个名，一看就知道是什么，它在类型化上很清楚。很多人跑到售票厅问《匹夫》，但问完他们可能就选别的电影了，因为售票员很难用一句话说清楚讲的是什么故事。跑这一圈虽然特别累，但我觉得还挺有收获，起码可以让我看到血淋淋的现实，血淋淋的市场，票是一张张卖的。这么一说，我觉得现在我们在美学上或者风格上的讨论特别没有意义。我们很难把包括《复仇者联盟》《超级战舰》这样的好莱坞票房电影和我们现在的电影创作结合起来谈，因为这是两条道路，我们怎么聊呢？我们在类型上不一致，制作成本、工业化水准，没有哪个条件是一模一样的，唯一的共同条件就是都进电影院，但是一进电影院，我们就被打得体无完肤。同时，令人遗憾的是，我还在想，尽可能在美学上不要荒废，不要忙着拍一个娱乐电影就忘记了自己的那些追求和想象，但我发现毫无结果，没有几个人说你虽然叙事有问题，但美学态度或者风格追求成立，没有。这次两极化评价就更严重了，这次不像《我的唐朝兄弟》，那个让他们发现隐喻，他们还挺快乐的。《匹夫》没有什么隐喻，只有欲望和含混变幻的人性，这让他们费解，有些人还很愤怒。

吴：从你自己创作的体会看，你觉得做类型电影是件什么事？

杨：我原来不在意类型，我认为类型是完成以后才要去考虑的事情，是推广时赋予电影一个类型，好让目标受众知道它是什么。在创作之初和创作过程中我们不应当被类型限制，但是我现在越来越清楚地感受到，好莱坞的铁律在不断发挥作用，他们组织出的40个或50个或80个电影类型有道理。在这些类型里面你可以混搭，但第一类型一定要清楚。我可能会越来越在意我下一步电影的类型是什么！因为电影是可以用类型来说的，但你不可以用所谓商业片和艺术片来说，这是对两边的不尊重，因为没有商业片或者艺术片这样的类型，有些商业片拍得很艺术，气质优雅独特，而有些艺术片很商业。所以，商业片和艺术片的提法要坚决打掉，不要再这样提了。其次是大片和小片的提法，我不厌其烦地跟记者说，我宁可你说商业片、类型片，你也别说大片小片，谁大谁小是跟谁比啊！我和管虎、宁浩这次的电影投资差不多，都是2000万到4000万之间的电影，它跟300万电影比，那是大片不是？跟一个亿的比肯定是小片！并且分了大片小片这样的概念以后，很多人一听是小片，算了甭看了，想来也没有什么场面，没有什么内容，无非是两个人坐那儿说话，很容易被误解。

吴：其实这三部片子：《黄金大劫案》《匹夫》《杀生》，在我看来是典型的创作心态决定作品状态的案例。宁浩坚决走商业类型化路线，《黄金大劫案》故事很简单，也不想说太多的东西，观众也不需要琢磨太多的东西，看个热闹完了。管虎的《杀生》虽然风格凌厉，叙事诡异、悬念，但骨子里还是艺术片，是主题先行的电影，它追求表达的深刻性。《匹夫》的结构和元素很热闹，整部片子由五场动作戏构成，人物塑造也在打戏中完成，但片子确实像片名一样，含混，看着似乎理解，但你不琢磨还真说不出来是什么，至于美学上的事，就非一般观众能体会得了。

杨：这是一个困扰。我在6年里拍了3部电影，一直试图建立一个刻画所谓"含混人性"的美学特征，因为我一直坚信人们在对事情做出判断的时候，心理过程是含混的。不管是从《烽火》那种比较生涩、稚嫩的人物刻画，还是《我的唐朝兄弟》那种匪盗的狡黠和精明以及豪气干云，再到《匹夫》比较华美、浓烈的人物气质，都为这种人性服务。当然，这些努力可能并不成功，但我在制作电影的同时，一直试图把电影的美学任务保留下来，不要偏废和忽视它。现在很多电影制作越来越不在意这个了，你看卖得最好的《失恋33天》其实是接近电视化的文本，宁浩好像也不太在意这些，他更看重戏剧性或者喜剧性，这没有什么高级或者不高级，就我的创作而言，我希望自己不要丧失想象中的所谓美学追求，它跟作者的经历有关吧。

吴：能具体说说你理解的电影独有的美学吗？

杨：电影既不是小说，也不是诗歌或者电视，而是电影所独有的，更文学化一些，具有某种诗意的美学原理。简单地说，从造型设计、台词设计、人物设计，到摄影、美术和剪辑，最重要的是导演观点，都应该从属于电影。电影具有复杂的心理空间，比如哈内克的《白丝带》，

讲述善恶集于一身的人性；也具有无穷的诗意表达，比如塔科夫斯基的《镜子》；还具有错综的结构，比如塔伦蒂诺的《低俗小说》。从电影诞生到现在，它的标准时长就限制了它的铺陈，所以蒙太奇对于电影是有价值和意义的。但是现在，人们不太在意这些了，制作者、导演、观众……观众只要娱乐，最直接的娱乐。他们没有耐心，他们没有坐在电影院里感受一段人生的愿望，他们要的是拿着爆米花在电影院里放风，他们平时被生活禁锢，所以不应该给他们太多的复杂内容，这也是我慢慢感觉到的。

吴：你准备《匹夫》大概花了多长时间？

杨：从接手到开机只有两个月时间。我接这个戏纯属偶然。当时我一直在准备另一个电影的剧本，而《匹夫》的监制徐小明导演当时在筹备一个叫《时空地道》的电影，筹备了8个月以后难以为继，导演和剧组完全交流不了，具体原因我不大清楚，可能双方都有些困扰吧。我当时在国外旅行，徐小明给我打电话，说你有没有合适的导演推荐？我就拉了一个觉得还不错的年轻导演的名单，他们问了一圈，人家都没有时间。后来徐导跟我说，你能不能回来接手？我考虑了一天就答应了。我是在飞机上看了那个戏的剧本。第一，本子我不太喜欢；第二，我觉得我拍不了穿越戏，它跟我的电影感觉不相符。我回来的第二天去看景的时候，感觉它更适合拍成一部西部的匪帮电影，那儿有辽阔的平原、河谷，有小镇。我很快就写了一个故事，一个想要刺杀日本亲王的人，因为伙伴被剿灭，他不得已混入匪帮，借助匪帮的力量来做这件事情。在写完以后，我还不确定它是什么类型，有一天我跟曹郁去看太平镇的景，我站在二楼上，曹郁从街对面来找我，因为是早春二三月份，突然一阵风从他旁边吹过，他一个人孤零零地站在街头，我就举着相机拍了一张照片，我说你看看这张照片像不像西部片？他说挺像。我说，咱们应该把这部电影拍成西部片。此前他一直为剧本里的战斗场面发愁，他觉得没办法再拍一部《南京！南京！》那样的战争场面的电影。这样我们就确定下来用西部片的方式，妓院、小镇、酒馆、银行、马队等等。另外，有一些事原来的剧组已经做完了，比如说地道已经搭了一大半了，外景已经选定开始搭建了，我也必须就着这两个内容来做，这些是我改不了的。

吴：太平镇的景在什么地方？

杨：太平镇是在天津杨村，我们把一条街改建了，其他外景在山西和河北的交界处——山西阳高。

吴:《匹夫》是想用西部片的类型元素讲一个土匪绑架日本亲王的故事。影片开始,高栋梁的画外音说,我们执行一个特殊任务被发现了,这个特殊的任务就是绑架亲王。高栋梁是叙事的视点和带入者,但在后面的叙事过程中,叙事的推动力变成了方有望,完全成了匪帮的野史传奇,特殊任务这个扣观众还没抓住,就被你一带而过了。到最后你回到绑架亲王这件事上的时候,很多的观众就觉得很突兀和错乱。这可能是你叙事上的问题带来的含混。

杨:原结构是顺序的,不是闪回结构。原剧本是:方梓珍在茶楼上喝茶谈判,然后匪帮把方有望救出来。马队经过荒野的时候看见高栋梁,绑架了他,以为他身上有钱,结果发现他身无分文,还骂骂咧咧逞英雄。方有望就怀疑高栋梁的目的,就把他赶走了,没想到他妹妹已经喜欢上了人家,而高栋梁怀有目的,不能就此罢休,于是利用抢银行救人,又一次混了进来。按照江湖道义,我把你救了,你总得把我留下了吧,于是把他留下了。留下了以后,高栋梁一直在劝方有望打鬼子,方有望一直不乐意,但是日本人把他们给打跑了,在下面的河谷里他们才开始分别闪回,勾勒出高栋梁的真实目的和身份,原结构是这样的。但是,在顺剪以后发现有点问题,主要是前半段观众有很多问号,不知道这个肉票是怎么回事,这跟我们的完成度有关,看上去有些令人迷惑。有一个批评者说,一部片子最糟糕的,是叙事上的缝隙试图用旁白来修补和链接,这是我挺不安的事情,我的确发现这个问题了。另外,在片名最终确定以前曾有过一个片名,叫《骑劫八千岁》,挺通俗的片名。我当时坚持用这个,但大家投票,仍觉得《匹夫》好。如果用了《骑劫八千岁》这个名,没准儿观众就不困惑了,他们就知道,匪帮的目的是劫一个日本人,当然,这是事后分析,谁知道呢。

吴:用几场动作戏贯穿全片是后期剪辑找到的结构方式吗?

杨:没有,在写剧本的时候就有这样的想法。因为我自己喜欢在动作上出些想法。第一段劫方有望是进攻,我自己想象它得酷,让“小姑奶奶”方梓珍去接那把手枪,韩魁把枪背在身后,甩出来开枪,何平导演说这个动作设计带有一点武侠风格,我觉得他捕捉到我设计的原始风格,就是东方感,对枪和对刀剑的态度是一样的。这是他们的第一次打,速度感,像侠客一样。第二段抢银行是防御。我跟曹郁说,我们尽量让气氛不太一样,所以第二段打就安排了雨里的大头娃娃,希望它能够显出一种怪异的悲凉感觉。土匪们被围在银行里面,死了好几个,脸都笑笑的。然后迅速转化成一个很有喜感的换人质段落。

吴:这场防御战其实是以偏喜剧的方式收场。

杨:对。第三段战斗是日军打进来。本来有一个线索,匪帮里骑自行车发电的那个二宝叛变了,把日军领了进来。有好多人问:日军是怎么进来的?就是因为没了这个线头的结果。但二宝这个人没空间塑造他了,就把他摘掉了,免得在里面很突兀。这段是他们正在说打不打日本人的时候,日军悄悄进来了。这里我跟曹郁的想法是一样的:第一,日军戴上面具,与地道里阴森的氛围形成漫画感;第二,匪帮猝不及防,很惊慌。这场戏有一个镜头其实不是我设计的,是我的副导演设计的。先是看见一个小地道,日本人开枪,连开两枪以后,镜头开始后移,左摇,两边有日军在穿插,从小洞摇到大洞,然后通过调度接着往左摇,摇了差不多270度,摇到那边一个洞口,所有人都拿着枪等着,慢慢出来一个人一顿乱枪把那个人打倒,整个战斗开始了。第三场战斗我自己比较喜欢的是，他们几个人出来以后，从小洞口出来朝小洞口里打的那段，我特别用了一段吉他，把他和陈郎中的死平行剪，既有纪实性，又能体现多机拍摄的好处。三台机器拍，人物跑位再复杂，都很清楚，能剪得出来。这是第三段动作戏。

第四段是匪帮打回去。打回去的设计是悄悄地用各种方式由各个口进入，然后猛地所有人同时开打，接着就是一个长镜头，3分钟左右的长镜头。这场戏的支点就是这个长镜头，用长镜头来表现他们的打戏。长镜头不在主景里，是在旁边又找了一个一千平方米的棚搭的。设计了9个情节点，演员要根据这9个情节点来跑位，然后在一个差不多8个人操纵的伸缩炮上来调度演员。曹郁负责变焦，焦点员跟焦，掌机摄影师负责摇镜头，通过伸缩摇臂的推拉、伸缩、镜头焦距的变化来调度演员，不能说很完美，但还不错，在这几年的长镜头运用里算不错的。长镜头作为残存的美学特征之一，越来越少有人用了，一是麻烦，二是现阶段观众更愿意看节奏。但出于我自己对技术、对影像技术的偏爱，我还挺乐意试一试，至少我觉得这个长镜头的完成度是不错的。原来是照着跑完一个片盒4分钟以里来设计的，后来发现演员跑下来快累死了，完成度不高，我又重新处理了一下场景，删减了一些内容，现在差不多3分钟左右。

第五段兵营里的战斗是最值得检讨的，是我们拍得最不好的一场。一是因为时间紧，每天执行制片人都在我旁边说：今天能拍完吗？每天都在赶，我想的不是很清楚。兵营舞会的那些内景戏是在涿州拍的，5月份就拍完了。7月份拍外景的时候，基本全是打，每天我都在拍打，但是每天都不是特满意。一是因为兵营环境小，稍微拉开一点，就感觉没东西了。曹郁也没有什么招，我们聊了很多次，每天上午我们都对着景发呆，也想不出什么办法。所以曹郁就用了很多长焦镜头来拍，长焦拍就不写实了，意向不明确，抽象了，方向性出了问题。我就老感觉日本鬼子怎么就逮不着他们呢？想了很多办法来弥补。而且那段戏天光也乱，一会儿太阳在东边，一会儿太阳在西边，光向变化太厉害。曹郁调这段戏的光调了四五天，调全片才用了16天。这段戏素材其实特别多，我用的特别少，大概用了1/4。前面四段各有各的问题，但我都不觉得那些是问题，觉得都很不错，但是第五段戏我觉得问题最大，反而它是高潮戏。这段戏负载的任务最多，要逃亡，要牺牲，要对整个事件做个总结，同时高栋梁要发生变化。这里不光是动作的问题，导致我一会儿琢磨人物的事，一会儿琢磨打的事，拍了8天，压力挺大，结果并不好，这个我挺后悔的。

吴：这段戏里那辆坦克的出现也挺搞笑的，故意的吗？

杨：原来的剧组花大价钱做了架飞机和一辆坦克，飞机我想了半天不用了，用不上，那坦克得用一下吧。其实要依着我，并不愿意用这些乱七八糟的东西。

吴：你试图把不同气氛、风格的战斗动作场面，串联出一个让观众能接受的电影叙事形态，同时又让这些动作场面的联结形成有意味的意义系统。但可能是叙事视点的游移虚焦，给观众的认同带来障碍，他们不知道该跟着谁的事情走，高栋梁还是方有望。这也使得你传递的很多信息无法有效地链接在一起。

杨：这里有一个叙事链条的问题，如果没有抢银行，高栋梁不可能真正混进去，高栋梁混不进去，他就无法获得大当家方有望的支持去打鬼子。每个人物的行为动机底下全有叙事相勾连。每个人物的最高任务也是有的，高栋梁的最高任务是混进去刺杀亲王，方有望的最高任务是从不打鬼子转变成要打鬼子。故事叙事应当有的元素都有，只是过于隐晦，这就是我在类型化上研究不够。我觉得类型清晰化、叙事通俗化是最要紧的两条。有一个观众对我说，他很喜欢我之前的电影，都看过很多遍，《匹夫》说看了四遍，看到第三遍的时候总算看明白了，然后到第四遍的时候就很享受，因为我不用想他们的人物关系是什么。这时我察觉到，为什么第一遍看完观众那么困惑，那么反感！就是因为他们完全被绕糊涂了，我的电影带有的某种文学性和这个电影是不兼容的，这个电影要求你简洁、通俗、明白，而文学更情境化。如果类型不清晰，你怎么建立人物，怎么建立情境都没有用。电影应该是建立在叙事美学上的，如果不建立在叙事美学上，而是情境美学，可能就会在叙事上出问题，而我偏于情境，荒废了叙事，关于这一点，我自己一直在检讨。

吴：是，这部片子的趣味足够，但暗场太多，特别是文戏部分，人物过于神秘、多义，而不像类型电影中要求人物的那样丰满但明确。不过应该说，《匹夫》中的这些土匪倒是各个有貌，在剧本阶段还有在现场，你是怎么调理他们的？

杨：因为剧本是我写的，写完之后张小北和老晃帮我做了一些结构上的加工。这8个演员大概是开机前一个月才全定下来，定下来以后，他们每天都来和我一块儿玩。我根据他们每个人身上的不同特点赋予他们特性，比如说韩魁枪打得好，而且这个人很酷；岳三炮爱造东西，偏向某种机械的蒸汽感；黑狗很冷漠，但内心有内容；良好很单纯；陈郎中娇媚……这几个配角人物都是慢慢调整出来的。确定这些以后就开始让他们每天穿上戏服在我面前晃，主要是为他们找感觉，像岳三炮，快开拍的时候，我一直觉得别人都有点内容，他还缺内容。后来进棚以后我复查一个内景，是岳三炮那个打铁的房子，我看铁器放在那，什么铁砧子、炉子，他忙这些事老有火星子、热蒸汽喷到脸上，他得用风镜挡眼睛，我就设计了一个风镜挂在脖子上，赋予人物造型上和内在的一些内容。再比如说良好，我本来让服装师给这个孩子别一个校徽，服装师说还有一个，我说再别一个，结果别了两个，我觉得应该再别几个，那个演员小姑娘问我为什么呀？我说因为你没念过书，她说为什么我会有校徽呢？我说因为你没念过书，所以你向往学校的生活。我自己确实有这样一个情结，我的堂妹念大学、戴着校徽，我特别羡慕她，因为我也没念过书，初中毕业以后就走向社会了，我有这种情结，给她讲了这个故事，她就明白了。黑狗这个人物变化最大。黑狗本来是演韩魁的王烈演的，是一个男性角色。韩魁是我新加的角色，演员倪景阳来试戏，先试方梓珍，我说你不够俏丽，年龄、外形、气质都不太搭，二是身高限制，太高了，1.8米。但她脸很有电影感，很好看。于是我说你让我再想想，我很喜欢你的脸。我们执行制片人燕子看我在屋里烦，她说为什么黑狗不能是个女的呢？我说你这个想法有点意思!我就顺着这个思路给她讲故事，我说黑狗暗恋方有望，她最后死的时候终于跟方有望说了，我心里那个人是你，说完就死了。燕子听了很感动，我觉得挺靠谱，于是我就把黑狗换到倪景阳身上。本来这个人物没那么冷，我观察了她几天，发现她台词不是很好，表演比较内向、羞涩，索性就让她变得冷一点，别演了，装酷，出状态就行，大体上黑狗就是这么来的。

吴：你的三部片子都有大明星，明星给你的片子带来关注度，但好像没带来票房。

杨：《烽火》投资小，所以收回了成本。《我的唐朝兄弟》是亏本的，这部也亏了。“唐朝”亏在发行商没有经验，《匹夫》亏在我们自己身上，包括创作者的呈现、发行者对市场的预判、宣传过程中的一些失误等等。我觉得明星本身是一件挺有意思的事，能让更多的人注意到这部电影，但是明星本身带来的困扰也挺大的，因为优秀的演员和明星不太一样，好演员能演戏，但缺乏关注。如果《匹夫》和《黄金大劫案》都没有碰到那两艘“大船”的话，《黄金大劫案》是观众的第一选择，《匹夫》是第二选择，应该拿到八千万没有太大问题，但是碰到“大船”了，宁浩变成了第二或者第三选择，我变成了第四选择，这个就麻烦了!观众消费不了!票价这么贵，一个月看四个片子，或者十天内看四个片子，消费不了!发行方给《匹夫》定的最低票价25元，但我们的票价似乎最低也要45元，有的城市卖75元，和大片的票价是一样的，有的地方比好莱坞大片还贵出几十块，那人家肯定看大场面大科幻，这是一个现实问题。我觉得现在中国电影要么就造“大船”，让它视觉更丰富，视觉好看，观众觉得进电影院值，要么就降低成本，打市场缝隙。

吴：可能你也注意到了，有评论认为《匹夫》匪帮抗日的故事有点像当年的《红高粱》，其实对今天的年轻观众来说，抗日这件事与我们这代人或者再年长些的观众理解不一样，你创作剧本的时候，如何拿捏这样一个敏感题材?

杨：其实这个电影是一个漫画感的电影，匪帮抗日，说到底抗日不是重要的事，他们不是想抗日，他们想绑架，只不过他们碰到的是军人而已。所以我就想绑一个亲王，这个亲王是个很奇怪的封建残余，放在匪帮这样的社会里，我觉得更有趣。所以当方有望拿着枪进到亲王屋里很得意地说："你好啊!八千岁!"他觉得他打破了阶级，超越了阶级属性，他进入到了古代戏曲的情境里，我也是这样想象的。我把鬼子当符号用，当漫画符号用，更希望这电影具有某种漫画感，而不是写实的、残酷的。因为就真实的战争而言，我们跟日军的死亡比例差不多是1:30，我们死30个，能换人家1个，在历次战斗中都是这样。只是我想讲的不是八路军抗日，不是武工队，不是正规军，是匪帮，为什么一开始要建立类似侠客的打法，就是希望他能抽离开正规作战的态势，而是用匪帮抗日的模式来打，我觉得要有漫画感，不要写实。

吴：送审的时候，片子有没有被要求修改的地方？

杨：有三处，床戏简短了一些。

吴：有没有影响你叙事的戏？

杨：没有。广电总局挺宽松的，反倒是有些人很紧张。在这个事儿里面，我是想让大家放松对战争的认识。我们可以拍《南京！南京！》，也可以拍《举起手来》；西方可以拍《拯救大兵瑞恩》，也可以拍《无良杂种》或者《虎口脱险》。历史可以有不同的方式来重新解读，只要你别把这个事儿忘记就可以了。我认为一定要分清楚，你要弄正史，就不要亵渎它。你要是想用你的眼光去看它，那你就要用你的眼光去看。我如果要拍长沙保卫战，我写了好几年的本子，那就很残酷，严格按照历史拍的，不管里面虚构了什么样的人物，但历史是真实的。《匹夫》与其说它讲抗日，毋宁说它是讲匪帮的。我们面对历史的心态特别容易紧张，根本犯不上。不要紧张历史，历史它就存在那儿，一部电影根本诬蔑不了历史。我在片尾有一行字幕“耳闻之事，皆成文章”，就说它也是我听来的故事。高栋梁的旁白也说，你们能够记住他吗？那些没有名字的名字，没有面孔的面孔。历史中很多人都是没有名字和没有面孔的，历史记住的是有名字的人。

吴：回过头来看，在创作上有什么反思没有？

杨：有，主要集中在风格和叙事统一性上，《匹夫》是我这三部电影里最为风格化的一部。形成这种风格，有两个原因：一个是我想调整以往抗战电影的某种气氛和调性，希望它发生一些变化，甭管往什么地方变，总要寻求不一样；第二个是我和曹郁在创作过程中保持了高度的热情，这个热情大概影响了我对一些基本问题的判断。比如叙事的完整性、人物的完整性，在后期剪辑的时候，也为了一些人的意见，而采取了妥协的方式。我常常想，如果我没有妥协，就是按照自己想好的方式来进行，它会是什么样子？但现在我只能自己在剪接台上试验了。这是一个教训，我很少有这种感觉，就是回过头思考自己的电影追求是否正确，就像我们的美术教育在经过了很多变形夸张抽象之后，重返素描一样，我恐怕也有一个重返素描的过程吧。

高群书：留下这个时代的世相人心

388 ⁄ 403

吴：你的电影似乎可以明显区分为两个序列，一个是《千钧一发》《神探亨特张》这样的小成本电影，另一类是《风声》《西风烈》这样的商业大制作电影。

高：我是两条腿走路，一个是特小的，《神探亨特张》就是这样的；一个是特大的，所谓的主流商业大片。我觉得中国人不尊重电影，比如整一个伪3D电影糊弄人，花一年时间就拍一个古装大片。我们应该学习卡梅隆的精神，真的把影片做到位，真正达到堪称为世界电影的制作水平。中等投资的影片我不准备做了，现在的市场也不具备条件，中等投资影片都花六千万到八千万元，大部分依靠演员。演员的片酬一分，制作上也没多少了。我是特别注重制作的人，不像人家影片粗糙一点也能忍了，我不能忍受。所以，我从去年开始就基本上放弃中等投资影片。

吴：从《千钧一发》到《神探亨特张》，你都在经营一个系列，这两部片子片头注明的《"你"系列：1930～2030》，这100年的系列你要做什么？

高：它既是小成本电影的系列，也是文化工程。影片成本控制在一千万元以下，选材以真实的人、真实的事件、真实的年代为基础，以此来记史。将来拍20部到30部影片往那儿一放，观众能看到中国这一百年是怎么过来的。这是受冯骥才写一百个人的自述启发而起的。那种东西文学上属于非虚构文学，电影也不可能完全是纪录片，我们实际上是再造一个真实的、有年代感、记史的状态。包括下面我要做的《井盖》。大家都说《神探亨特张》的故事比较散、片段性，当时我也试图把故事性加强一点，还有人建议能不能用腕儿。其实用腕儿做这种小片，商业上没有什么意义。你真要用大腕儿，你就直接做大片得了。从运作上来说，小规模投资影片要保证不上映就能回本，院线有一点就是挣的，所以你只能把成本压低，用其他方式来回收。

吴：这个剧本弄了多长时间？

高：构思的时间很长，写的时候应该是七天就写完了。这部戏原来有一个剧本，那个剧本是一个正常的剧本，但没达到解剖社会的目的，其中警察与小偷之间的交流写得比较商业。但我觉得这种影片不靠商业取胜，要靠社会信息、靠感受取胜。所以，我用来找感觉的时间挺长的，难点是特别琐碎的小事怎么写，下生活之后慢慢摸到了感觉，就是挣命和谋生。不管是谁都在挣命，不管是谁都在谋生，警察也在谋生，都是一个个无奈的谋生者，所以把这个点定在这儿，这样才能写剧本。编个故事好编，对我们来说也是最擅长的，你编一个有意思的商业故事，很简单，但肯定会失去社会标准。电影实际上就是一个标准，剖开你就会看到这些东西。这些东西展现在你面前，你必须切，不切不行。很多东西大家都司空见惯了，但是一旦切开，就会很惊讶。我们生活中也是一样，不细看也挺好，就这样过去了。一旦细看，太吓人了。我的电影实际上就是这个作用，就是让你在显微镜下看东西，看其中的机体构成，包括杂质和病菌。

吴：虽然影片是纪实风格，但每一场、每一个段落还是用了心的，前景后景，走到哪儿出什么事，看似不经意，实际上是很用心去建构一些调度和人物关系。拍摄大概用了多长时间？

高：拍摄大概不到40天就拍完了。你刚才说用心特别对，我特别惊讶很多人看不出这部电影是用心拍摄的。实际上这个片子特别难拍，片子要求特别高，它不是一个纯自然主义的东西。就单是各种调度，包括犯罪者、跟踪者，各种视角在拍摄上很麻烦。什么时候巡逻的出来，站在什么位置，既有镜头位置，有人物关系的位置，又得有职业要求的位置。甭说别的，焦点就很难跟，我曾希望影评人能看出来，但影评人基本都没看出来。他们以自己喜欢的思维方式来衡量电影。这个电影从私心来说，还是有很多想创新的。但在中国，这个事是很难的，没人说你是革新。可只有革新才能产生新的电影语言。比如说用“作业本”，我用“作业本”大家都觉得我是想炒作，觉得他是微博红人。而对我来说，我这次在表演上实验的是用一群非职业演员，进入一个专业表演状态。虽然风格是粗粝的，但在制作层面上还是有设计和追求的。

吴：我注意了演员表，每个人都演的是有名字的另外一个人。

高：这部戏中，大部分非职业演员扮演的都是另外角色的人，但他们都能进入一个专业表演状态，进行很激情的表演。我们以往对非职业演员的判定，是没表情的，自己演自己的，少说话少动作就不行，这次实际上把非职业演员完全用职业演员的要求，来让他们表演。这是这部电影我最得意的一个结果，当然过程也非常得意。比如，史航演的骗子，骗子是目的性很强的，把你忽悠，把假的说成真的。史航以前再怎么能说，都是真的说真的，这次把假的说成真的，这是对你心理的考虑，你能否能撑住，这是一个考验。你撑得住就进入一个演员状态，所有演员都是把假的演成真的。

吴：让一个非职业的演员建立这种信念感。

高：对，你是另外一个人，你去骗他是演戏，但要演真了，并且台词还得按照你的逻辑去建构，这对演员很难。我拍完，马上投入另一个电视剧之后，面对一些职业演员，突然发现还不如这些非职业演员。这其实就像一个阀门，你要把这个阀门拧开了，就会发挥得特别好，这不是表演的训练，你要找这个人身上的阀门，怎么拧开它，这是挺难的。

吴：你与非职业演员关于表演的沟通，你觉得花时间吗？

高：不多，除了老六，因为他戏份太重了，别人都是来了就拍，你就花一两个小时的沟通。好在我比较了解他们，我知道那种状态怎么来的，你像牟森，他就是喝酒后的状态。每个人都有每个人的方式，像史航来的时候，还有点话剧腔。我说你这是演老舍，不是演骗子。后来我说，算了。吃饭的时候我们就开喝。他以前不喝白酒，那天却弄了两瓶酒一下子喝下去，找感觉。其他人都还好办。我喜欢这种片子，他能给人世相，这个世相能带动另外一个世相，这个东西到底是什么，你可以有各种理解。

吴：第一场碰瓷的戏，我感觉拍起来挺累的，这种戏的节奏比较麻烦。你得掌握节奏，还不能太像生活。我看这部电影优点在于每个段落的节奏不错。既完成了纪实的观感，同时又把要的信息在有限时间里体现出来了。

高：我觉得还是有实效的。原型张惠领这个人面对的就是这么一个层次，既面对突然而来的大案，轻易解决了，又会面对那种老贼来叫板。这能勾起你80年代的那种记忆，那种街头谋生的记忆，一个人不管你是警察也好，不管你是谁也好，人一定会面向很多不同的情况。这个面有高有低。他在这个时代有这个时代的底色，时代是绕不过的，上到庙堂，下到草芥人民。每个人都处在高度信息化的时代，高度信息化就是什么东西都很迅速的，不管你在哪儿，只要你有一个窗口，你就可以看见世界。打开世界的一个小口，以前我们就能看到一点，现在则可以看到无限大，这是2012年的特点。如果说1930年，肯定不是这样的，以前的时代是望远镜的视觉，现在则是电脑视窗的视觉。这是当代的特点，因为做这种片子，可能包括以后《井盖》也是一样，可能都处在不太惯常的文本状态，但要从戏剧化或者从电影文本角度来说，还是让观众关注社会的真实，而不是一个戏剧化的人文过程。人文过程是把所有技术，不管是拍摄技术还是戏剧技术，都放在生活的背后，让观众维持能看下去的耐力。而不是死乞白赖地抓住你，死乞白赖地让你感觉，或是让你心惊肉跳。人文过程的吸引力是生活本身的吸引力，以戏剧化来维持住你的观影耐力。

吴：现场几台机器？

高：两台到三台，大部分是两台。但我不是拍一遍，这一遍从这个角度，下一遍换一个机位拍摄。

吴：以前，张艺谋拍《秋菊打官司》也研究怎么藏机器，你这部片子也是用藏吗？

高：也得藏，但是要根据视角来设定。张艺谋的视角是纯纪实的，是一个全能视角。我们的视角绝大部分是老张的视角，部分是观众心理的视角。比如，剧情中碰瓷儿的段落，那几个镜头一上去，然后再跳出去从里面拍，就是因为观众心里想知道到底发生什么事了，更具体一点，这是一个隐性的心理视觉。这个心理视觉点到为止，大部分是老张的视觉，老张的视觉代表观众的视觉。不管怎么说，《秋菊打官司》是一个很强的戏剧化的东西，他只是做成一个纪实的包装，实际上是戏剧化的。而我们是首先设定老张这个警察所看到的东西、所接触的东西，按照这个视觉逻辑建构的。

吴：你的拍摄现场还是像普通电影一样，布置拍摄的状态。

高：演员是布置出来的，然后进入拍摄的时候，让围观者都参与进来。一开始我就说，这些群众演员必须不能有任何演戏的经验，必须找没有任何表演经验的，这就是一个真实的东西，买菜的就是买菜的。实际上我们需要的是由我们规定的演员来带动现场的情绪，比如说碰瓷的段落，当有两个碰瓷的出现，这四五个非职业演员再出现在现场，足以把旁边的人带进来，形成一种氛围。他们都是真看热闹的。

吴：你偷拍的那些都是真看热闹的？

高：都是真的，让演员调动这种真实感。实际上演员有时候不一定是个演员，他可能起到副导演的作用。他们的吸引力足以把这些事让别人当成真的了。史航表演的时候，真有过路的老头跟那个女孩暗示上了。包括碰瓷戏的时候，真有人上去把它当成真的。这是对局势的一种掌控。偷拍有两个好处，一个好处就是真实感，不干扰过路的群众。还有给演员做成一个表达问题的能力。非专业演员一有镜头盯着，就会很拘谨。所以，他们甚至不知道机器在哪儿。我说你别管机器在哪儿，你在那儿演就行，你干什么事，我给你拍下来。史航最后总结，就把他们当动物世界来拍。我觉得这是对的，你该缴费就缴费，那是你的事。我在哪儿藏的，我的目的就是不让你看见。但是我必须把你记录下来，但这个缴费过程是我安排的，就是这样。

吴：从剧作到拍摄，基本上也还是想在纪实的拍法和叙事上做一点文章。比如说叙事，还是有一条主线，小警察斗大贼，在这一条主线上有一些枝蔓，这

个枝蔓就是老张日常的工作状态，抓骗子。这种结构在后期剪辑也费了一些时间？

高：剪辑费了特别大的劲。因为这个片子剪出来比原剧本差太远了。实际上还是一个叙事的心理过程。我们有完整的剧本，基本都按原剧本台词来走的，允许你按照你的方式来处理。但实际上这种类型影片的叙事方式，可能目的还是想把这个时代记录下来，还得让观众能看下去，主人公的变化是这个警察生活所具备的一个最本质的东西，这个东西不能改变。不能说我拍一个派出所的警察去破一个大案，那就是另外一部电影了。人就是面对各种碎片和线性的交织，但在电影技巧上，则需要你把碎片记下来，与线性的东西交叉开。这部电影实际上有两个线性的，一个是大贼的线索，还有一个是"作业本"扮演的跟踪的线索。这两个事件是一个接续性的线性，剩下就是块状的。影片实际上更像意识流，但不是非理性的意识流，就像散文一样，散文说的"形散神不散"。"神"就是老张，还有我们对这个时代的认识和感受。在这个基础上，把其他东西粘在一块，这是一个很理性的事。这个东西只有很专业、很职业的人才能感受到，别的人也许不能感受到。我从《风声》中有一个特别大的感受，同样一个剧本，100个导演绝对有100种方式拍摄。我是特别习惯在现场找感觉的导演，有的导演在现场的这些东西必须按照我昨天讨论的那样去达到效果，我不是。我到现场，你给我什么，我就现场用这个东西，再弄出一个状态来，然后到剪辑的时候又有一个状态，它是在物化过程中有变化的。但是很多导演就不行，现场达不到他必要的东西，他着急，必须那样只有那样是最好的。我说我可以做四五种结果来，通过剪辑来完成最好的结果。这也是基于中国电影的现状，很多东西没法要求太细。开始剪辑的时候我们按正常电影剪的。

吴：正常电影是个什么概念？

高：该给反打就反打，该切就切。

吴：这些都拍了吗？

高：都拍了。其中老六反打的时候，他看到什么就给什么，很正常的，但后来把那些全去掉了，就是一镜到底。我觉得这部影片不是靠技术取胜的，而是给予它一种对生活的调理。因为从来没人知道那些事是这样的，人家不关心老六干什么，不关心警察干什么，关心的是那些人会干什么呢？这些东西是关注点。他是一个套层视角，首先是老张看世界，然后是观众看世界，是一个模拟观众的视角。

吴：你这部影片里虚构的部分是哪些？

高：有虚构的成分，但戏核不是虚构的。张发财这个角色是虚构的。"作业本"也是虚构的，但张发财这条情节线是受张惠领讲的真事启发得来的。讲的是有一群哑巴，老和他作对，他们也不真偷，老在那儿晃你。生活中一般小偷见了警察就跑了，可生活中还有一些是你奈何他不得的，你抓不到证据就没办法。后来发展成张发财的情节线索设计。这根主线还是带有点虚构的成分，剩下的则是他生活状态的搬演吧。也是想有一个线性东西把整个故事粘住。因为我们采访的时候，就发现张惠领抓了1700多个小偷，但实际上要把每个抓的过程弄出来，就很无聊，真成了"法治进行时"了。我为什么接这个活？当时觉得可以拍成小偷大全，各种小偷挺有意思的。但一采访发现，现在的小偷没什么技术含量，为什么后来弄了一个张发财，就因为那个年代的人还讲技术，还培训，现在人都不培训了，拿个镊子就行了，划包，特简单的。我跟张惠领在一块转悠的时候就发现海淀区跟朝阳区不一样，朝阳区是一种悠闲状态，海淀区人民都在挣命，我看所有人不管是衣冠楚楚的人，还是穿得不怎么好的人，脸上都写着两个字“挣命”。我们曾经抓住一个小偷，小偷用这个谋生，他不以为这是在犯罪。像饭馆里用的地沟油、苏丹红，人家也不认为这是犯罪，只是认为这是一个降低成本的方式。小偷就是这种心态。职业犯罪或者谋财害命是非常清晰的，就是犯罪。张发财不是，他完全是想挣一点钱，就跟在工地上干活一样。我就是因为在工地上干活太累，我不愿意去，我要是开个饭馆，我还得投入。这样干没有太多的投入，贩假币的，小偷小摸的，都是一种谋生。但案子背后的东西都是后来加的。碰瓷儿的人背后有一堆的冤屈；贩假币的女儿被车撞倒轧来轧去，这就是影片形而上的东西吧。

吴：影片不像一般警匪片有明确的正邪之分，每人背后都有自己的无奈，不管警察还是不法之徒，每个人后面都有一些值得同情的理由。这个片子在价值观表达上是一个模糊的或者不太愿意表态的状态。

高：不是理性信息，因为当代生活就是这样，我拍这么多年警匪片，采访罪犯，采访警察，我也骂体制，但是我不像他们那样绝对地骂。每一个体制，只要落到每一个具体的人的时候，实际上他都是无力的，都背负着职业给他的荣誉和背后的无奈。警察也一样，你说老张他哮喘，但是他还到街道上每天忍受这种空气。哮喘最怕空气不好，怎么治哮喘，没有办法，只有在有氧的地方转悠。而他每天只能在街道，还不能戴口罩，你戴上口罩就很奇怪了。你是便衣警察，每天在那里晃悠，人家会注意你。所以你还不能戴口罩，每天还要转去，这是一个警察的无奈。实际上很多东西，我是有态度的，但你不能那么清晰的说出来。

吴：你的片子用了很多微博大V，这些人都是公知，但在你这个片子里堆在一起就是芸芸众生了，并没有体现出他们所谓的价值或者那种思考。

高：每一个人都是多面的，每一个人既是害人者也是受害者。既是维护正义的，但谁也不要把自己标榜得那么好，这是微博感受，很多人在网上正义的不行，但实际上自己也是有很多搬不到台面上的事。所有东西褪去那种理性，褪去在某一个渠道给你印象的时候，你发现这就是活生生的人。这也是我这么多年来不管拍大题材，还是拍小人物，很多东西有他的共性。但是你的身份，你的公众舆论会约束你比别人多一点，人的七情六欲都是一样的，放在职业上实际上考验的是你的职业道德，不是考虑你这个人的道德。你能守住职业这一块，我觉得已经很好了。因为做总统，大家推举你，你花纳税人的钱，你不能泡妞，你工作时间泡妞不对。别人可能泡妞只是一个细节问题，你泡妞可能事就大了。作为一个人是一样的，它是一个将就和一个对方给予你的反映的问题。所有的片子都要把人放在这样一个起点。这是一个支点，但这个支点可能是你身份不同，你做一个小事都可能成为大事，可能成为国际事件。你是一个战犯，你杀了人你是战犯。如果一个黑社会杀人，是黑社会犯罪的问题，实际上他所处的，对方的反映不一样，跟你是没有关系的。

你作为一个单独身份的人，你就是一个人，你可能是一个职业人，你的职业就是面临这样一个反映。其实观众不太能够接受跟生活一样的东西，但是希望去思考其中不一样的东西，这可能是这个片子跟其他商业片不一样的东西。

吴：这片子里有一个很有意思的细节，首先这个主人公是专门以监视跟踪人为主的，抓小偷，专门盯各种不良分子；其次，几乎每一场戏、每一个事件都有监视或监视探头，包括主要犯罪事件也都是用调看监视器画面的方式来认定。引申一下，其实我们这些芸芸众生实际上是在监视之下的一种生活，这些是不是你有意地做了这些东西？

高：首先这是一个现实，这是当代的现实，当代中国确实是这样的，无处不在监视下。如果从右派的角度说，中国是一个警察的国家；从左派来说，它是一个社会管理的问题。我只从现实来说，这就是当代一个现实。有好处也有不好处。好的是你出了什么事，有迹可循，起码调出录像看看。我们本来还设计过一个模拟生活监视器的视角，准备了几个5DⅡ，后来怕叙事太乱了，没用。因为他是一个职业要求，小偷是团伙的，迅速传给别人，你再找他的时候他可以否认，没有任何证据说他偷的。所以老张的特点就是他看见先不上去抓，先不惊动他，先把证据找到，然后差不多了再去抓，这是一个职业要求。其次就是一个现实，这个现实就是我们生活在无处不在的监视之下。

吴：你要为这个时代留下画像，在我看来，可能最值钱的不是你镜头中的这些东西，值钱的是监视。

高：这是一个社会的观点，任何人对一个事情的看法都是盲人摸象。拍这部电影是一个社会学的范畴。比如，我那时候想做辛亥革命，可你知道我当时为什么要做这个东西？最早我看过一篇论文，论文认为1911年是谣言促成了辛亥革命，我觉得特别有意思。为什么孙中山领导了大小十几次起义都没有成功，而恰恰在辛亥年成功了？当时黄兴曾对孙中山说，我们领导革命向长江中下游去发展，孙中山说不行。为什么？因为革命在边境上革命，可以随时跑。打得赢就行，打不赢就可以跑。而此时新军中涌进很多有知识有文化的人，其次当时谣言风波铸成很多事件。一个乡村一个什么事，经过谣言的散播成一个特别大的事，实际微博上也是这样。现在通信太发达了，就像当年的口碑传播似的。这种东西有它的民族性、当时的时代性，这是我将来要逐步展开的，这是很理性的，可以对这个社会透视，是社会学的一种方式。可能将来再做东西，会把这种社会学的东西带进去。我相信在国外看这部电影也会注意到这一点，因为这部电影是不一样的。监控无处不再，不能说好还是不好，好和不好都是相对的，但这是一个现实。

吴：我觉得这个是很有意义的事情，如果从这样的一个角度能够把一些社会现实呈现出来，即使你不表态，我觉得也是有意义的。

高：肯定是所有的东西不直接表态，但这个东西将来可以做分析，从社会学分析也可以看到。从传播学的角度来讲，我为什么对辛亥革命感兴趣，为什么靠谣言可以把革命解决？因为非起义不行了，再不起义就要被清洗了，要不被清洗，你就得把别人清洗了，所以选择革命了。

吴：当然从这个片子中我也看到，你还是有些传统的表达作者态度的方法，比如在一些段落中加入歌曲，比较传统。一个情绪段落之后有一个歌曲，歌曲也很好听，歌本身也传达了一种情绪，对这个社会的感受。这首歌你当时是怎么选的？

高：歌是很偶然的，剪辑的时候需要音乐，一般真正影片音乐没做出来之前，都要找一部分代替，比如用电影原声代替。突然有一天听了周云蓬的歌，这个名字让我很感兴趣，《沉默如谜的呼吸》，一听我觉得放得太合适了，从歌词到曲调都特别合适，就放在这里，你会发现没有什么音乐能代替它了。

吴：实际上很多段落就是让观众听歌，没有叙事功能，歌其实是电影中很重要的一种叙事，这个歌出来的时候，画面也不重要了。另外，用这个大V有没有在商业上取巧的想法？

高：当时没有，因为这些都是我的朋友，每个人在生活中有个性，觉得好玩。但是后来把这个作为一个宣传噱头。这个片子一定是粉丝电影的发行，当然这个粉丝不是微博粉丝。其实影片定位特别清晰，这个电影是给谁看的，人数大概有多少，我们的营销就是瞄准这些人，想办法把这些人抢到电影院去看这个片子，别人就不要指望了。我们不让你看，你愿意看是你的事。但这部电影的定位营销没做好，还是选择一个传统方式。

吴：宣传费大概多少？

高：加起来有一百万元左右，并且借助了我和大V这些人的影响力。这部电影在上海电影节毕竟拿了一个奖，引起一些关注，再有我们策划的几个活动还有新鲜点，媒体比较感兴趣。这群人和这部电影的类型也恰好是媒体感兴趣的，这是一个自动化的结果，而不是有意营销影响的结果。营销是什么？营销就是告诉你，我的片子你必须来看，你要不看你后悔死。我一直说中国的发行很多大错误是在不细化市场，非常没有针对性，小片也走大片的发行，大片也走大片的发行，就是钱多少的问题，通道是一样的。其实，开始我的设计是，我们就针对一到两个院线，就把这两个院线工作做好，剩下的就别勉强人家了。我们就定位在中国一百万人，这一百万是文艺青年或者文艺青年的家属。你把这个定位定得特别清晰，把这些人怎么弄到，他们爱干什么，他们爱去哪儿，他们对什么感兴趣，这是一种营销，这个没做出来。

吴：原因是什么？

高：原因就是他们的传统营销概念，中国电影坏在哪？一些制片人的传统对电影的认识，再一个传统发行方式对片子的操作，他没有达到把每个片子的特点与个性放大，然后用个性去影响别人。所有的发行都模糊了这个个性，尽量不想让你看到个性，让你拿出一个大片的架势，拿出一个通吃的架势，试图影响观众。

吴：我觉得无法细化市场有两个原因：一是我们的院线过多，院线改革初期说是有36条院线，当时鼓励跨省兼并，最后形成几条大的院线。结果十年发展之后，你知道今天有多少条院线？43条院线。换句话说院线不仅没少，反而多了。我们再看，几乎没有一家院线银幕数超过一千块，最多是万达和星美，七八百块，最少的是十块、二十块银幕，在这样一个格局中，这些市场怎么能不指望

大片生存，怎么能细化？就算万达他们可以做一点点牺牲，那也是因为他们有七百多块银幕，他们愿意分出一点来，而且那是他们自己发行的电影，对一般的影片没这待遇。院线对文艺片与非大片感兴趣是不可能的。第二是干院线从事发行的人百分之七八十都是过去计划经济时代过来的老人，都是过去电影公司那些人通过分流，有些人原来就是体制中人，各种机缘巧合变成经理了，实际上思维还没到今天这个院线制的状态中，还是过去计划经济那一套。

高：还有一个中国特色的问题，谁都想炒。中国最大的问题，没有经过资本主义训练。资本主义训练是建立通道，建立制度，建立规矩，中国人为什么形成43条院线，就在于都想当老大。万达是一个企业，星美也是很多加盟的，一加盟就觉得我凭什么听你的。包括现在很多宣传公司，拿来策划书，发现还是那个路子，没有真正突出每部电影的个性。大片小片的思路一样。所以，我下面的影片《井盖》是一个全新的操作方式，一定要定位特别清晰。从策划开始，首先是谁来看，怎么把这些人弄进来。我觉得院线是必须打破的，某一个影院必须有一个定位，你跟经理人谈条件，多少个影院，比如150个影院，我就跟这150个影院去谈，而不是某个院线。五个影院老板咱们坐下来谈，怎么做这个事，大家各自说一些，直接一步到位，我先建立起大的营销队伍。

吴：最后你说说对这个片子的看法。

高：我觉得这个片子整体来说，对电影来说发行还是达到原来想的，比我预想的结果要好，我不说商业结果，就说这个电影给我带来的效应，或者对当初我们想做电影的目的，现在超过了预料。

蔡尚君：失败者的奇迹

404 ∕ 415

吴：当初这个故事引发你创作冲动的点在哪里？

蔡：最早是在网上看到的一个消息，一个很传奇的事儿，一农民自己去追凶手，前前后后，最后抓到凶手。这个题材的可行性我们论证了小半年，自己也试图捋了一条线，感兴趣的地方应该怎么处理？但是我肯定不会去复原这个事件，后来就去采访了一下这个人。我们就想看一下网上、报纸上宣传的那些东西，跟真实性到底距离有多远，因为各种版本你一看就有很多事是加料了，你不知道哪一个是真实的情况。所以我们去了一趟，他们几个兄弟中也就老三和老五是真正的知情者和参与者，看了他们的生活、周边的环境，对于他们的家庭我们也做了很多调查，设计了很多问题，向他们进行了解，包括他们的日记我们也都看了。其实，我们可以把这个故事写得很传奇，包括底层的民间智慧、生存哲学，但那个时候我们没太想往这方面做，还是想写一个生活的失败者。我觉得中国当下这几年的变化跟五年前不一样了，底层人的生活冲突更激烈，但是这个失败者创造了一个奇迹。这个人的奇迹是怎么创造出来的？这个奇迹在这个环境下发生合理吗？原因到底是什么？或者是不是应该有这么一个奇迹？比如老三这个人，他当长途司机，还在工厂里、在各种地方都干过，所以他对城市是了解的。这个人的生存能力非常强，但是混了那么多年还是不行，他只是一个流动的人，讨生活而已。你说农民企业家有没有成功的，一定有成功的，真正转换了身份，但更多的人我觉得是不可能完成这个转化的。电影里这个人买报纸的细节表现了很多，他自己每天要看一份报纸，这是在城里养成的习惯，他要看新闻，看时事。他其实在最后追踪的过程中，最善于利用的就是记者，他有这个保护意识，比如说他们哥儿几个把那个人抓回去了，第一个给的不是警察，而是先找当地一个晚报记者，自己先审了一下，先拿了一手资料。他怕万一有什么不公，自己这儿有一个原始的资料，包括很多信息都是悬赏来的，剧本上有，但电影里没有明说。就是这样一个失败者他后来也在城里坚持不住了，只能又回家去，等于认命了。他也试图干别的，比如说开个小铺，赔了，家徒四壁。但是在家乡压力毕竟没那么大，挣点儿钱差不多就够了，我想这个人当时已经认命了。一个生活的偶然，弟弟被人给杀了，我就是想做这个人怎么重新面对自我和面对认知的这样一个东西。其实电影跟原型故事没什么关系，只是借用了这么一个事件，一个引子。原始事件很丰富，我们写了很多，包括他怎么抓都设想了，都写了，但是在拍摄过程中这些东西都拿掉了。

吴：现在电影中呈现的四个地点——重庆、贵州小镇、内蒙古、山西煤矿，选择这四个地点是不是有你的考虑，比如说重庆这一段？

蔡：我基本上是按照地域走的，是从南到北一个顺序，这样也是最合理的。重庆是从自然的物理空间来说，是第一个距离他最近的大城市，他们中确实很多出来的人第一步是在重庆扎根，然后再远的可能去广州一带，广州完了再南方北方往下走，实际上是一种打工的路线。所以这个倒是遵循了实际和客观的生存结构。

吴：在重庆有一个四五分钟的长镜头段落，展示了底层不同生存状态和世相百态，这些与你要表达的思考有什么样的联系性？

蔡：首先是这个人的身份决定了他不可能在一个好地方待着，符合老铁的身份，很好甚至很漂亮的地方其实跟他是没什么关系的。这个拍摄场景也是偶然发现的。我去看景的时候没有看到，是拍的时候才偶然发现了这个地方，实际上是一个老区内的立交桥下面，开始都不知道，那真的是一个厕所，等你从那个厕所进去一看，里面上下四通八达，很大的一个地方。我觉得这个地方住的都是最底层的打工仔，我只是把灯泡换了，那些演员也都是实际生活中的人。其实，真实的比我们拍得还要密，门一个一个挨着。

吴：整个戏你还是想表达这样一种情绪，这样的失败者做了很多努力，但他失败的结局是注定的，是宿命的东西。

蔡：我觉得现在的现实就是这些人没有机会，唯一的机会可能是这次杀人事件让他再次能够面对生活。他其实已经认命，就是安于这样的生活了，借了这么一个机会能够生活，可能原来还是挣扎阶段，有那么一丝残留的火花，上面有一些烟还在残留，火都已经没有了，只是炬了点烟而已，那个是过来的一个状态，其实这个人本身搁到现实里面，是有浪漫的东西在身上的。他喜欢武侠小说，不愿意在家乡呆着，他身上还对生活有一丝的不死心。对斜体人来说，这件事情放在咱们身上撑几个月都不行，比如丢了东西咱去找，你找一天你都不可能坚持，而主人公老铁能撑住一年，当然有凶杀和亲情这么一个大的伦理支柱，但至少有40%他内心的东西。对生活在今天来说，现实其实早就把生活改变的门关上了，没有任何让你改变的可能，不像前几年、前十年还有改变的可能，我觉得今天这个社会的资源都分配完了，各种利益都已经分完了，哪有一个普通人想改变命运的机会，已经没有这种可能性了。就是说在当年那种还不知道的混乱的状态下，你可能能杀出来，可今天已经没有这个可能了，我觉得这是现实。但凶杀案给了他这么一个生活的可能性，他去再一次看看面对的是什么？我觉得这个是我们当时想的，这个人会不一样，不是一个传统意义上的一个形象。

吴：你觉得陈建斌完成得怎么样？

蔡：我觉得他们俩在某一点上挺像的，样子长得像，我原来想过让原型来演，但是有些戏他完成不了，比如我会要他演我设计的，而他本身是一个真实的人，那肯定我们俩都会相互不尊重，他觉得我的事情是那样的，而不是这样的。既然要陈建斌演，那就是陈建斌体现的这个人是最本质的，而原型是什么样已经不重要了。第一，我觉得有一个对当事人的尊重和伦理的残酷，第二，原型确实有时候也达不到，我觉得这不存在对比的意义。原型在一定情况下很活分，他的行动一看就是山里人，有时候手舞足蹈、身手矫健、上山下山的。他有时候会给你耍一段，可能两个人性格上稍微有一点区别，但是我觉得根儿上两个人挺像的。

吴：你说这个根儿上的东西是什么？

蔡：我觉得是陈建斌也有本质上更矫健的东西。陈建斌的角色结合了他自身的特质，他是一个状态，换另一个人来演，那可能完全是另一个人。一开始我并没有设想这个人是一个沉默的人，其实我倒不喜欢那么一个状态，只是在过程中一步步大家有了共识，自然往这儿走了。拍的时候，我们大家都在找，陈建斌也在寻找这个人的状态，到底气质应该往哪儿走。在拍他在家乡下雨放羊那一段，他披着衣服上来的时候，那时候正好是雨天，拍完了这段大家觉得好像有点儿感觉了，一个人在山上很空旷的一个感觉。摄影也觉得有点儿味道，这是全片拍的第一场戏。这种感觉就是这样自然形成的。

吴：这片子大家印象最深的就是长镜头，比较静观地观察人和事件的方式，长镜头是你喜欢的美学方式吗？

蔡：冷静是早就定好的，我觉得重要的一场戏确实要看到人和环境是怎么样一个相互的关系。这部电影很多重要的戏都是展现环境和人物相互依存、某种程度上也相互影响的关系，包括咱们城市里的人的心态也一样，其实我们和堵车有相互作用的关系，是希望把人跟环境放在一起，而不仅仅强调一个叙事、一个事件的功能。我觉得这个片子重要的是这么一个关系，你看到人和这个环境是怎么相互作用的。拍完了以后反思，我觉得也是一种限制，但好的东西就是可以相对的纯粹，有时候我觉得也是一种框，无形中把你给限制了，但你没有这种东西，也没有风格，所以我倒是希望下次可以更自由一点，不受任何约束，我希望应该超越这种东西。

吴：发生在煤矿的那一段戏大概有30分钟，实际上那里的戏和故事主线有些游离，你为什么要把这一块儿用这么长的时间来表现？

蔡：这是一个设计。我们都想过当年富士通类似的事儿，也都写过几十场戏，但我没选择那个是因为有不同的判断。其实到影片后面的段落，我觉得跟原始事件没有关系，跟真实人物也没关系，也就是说，是一个创作者的主观意愿的投射，跟真实人物无关。当时想的这个环境是一个在相对的情境上更极端一点的绝境，把人物放在这儿，就是这么一个设置。其实，后面这个剧本到现在也有争论，剧本前后部分写的是两个故事，可以拍两部电影。但我一直就不觉得这是两件事，我要的是这个感觉，前面一篇翻过，后边就是另一回事儿了。我说不出为什么，就觉得这样好。这个纯粹是创作者的理念，后面我写的其实是一个集体的、一个阶层的事儿，因为他们同样的一个阶级的人，其实从某种命运上来说，这个凶手、追凶和抓凶，他们命运经历的是一样的事，只是身份不一样，但其实他们就是一个两面，是一个统一的人。我觉得这一块儿就是一个整体，你看到共同命运的一个东西，说白了这个电影就是一个寓言，我自己觉得这是个寓言故事。

吴：你一开始就是想做这样的一个电影？

蔡：是，想得很清楚。

吴：有没有为参加电影节这样的目的？

蔡：也没想什么电影节的事儿，反正就这么拍了。其实这个老板还是上回合作的老板，他对你也没什么要求，他就觉得你这个还不够狠，有的地方，他知道你想怎么着，他知道你想表达什么，他让你该狠你还得狠，不能含糊，别做一个中间状态的人。这个老疙瘩，要么你就做好人，要么你就做恶人，你别做不好不坏的，那就完蛋了，你就失败了。

吴：所以当时对于国内观众的反应和市场也没有做太多的预期？

蔡：没有想市场。

吴：你觉得这样的电影在中国目前的市场会怎么样？

蔡：我觉得很难生存。

吴：你觉得这类电影在今后一段时间这样的生存状态是不是会持续下去？

蔡：我觉得一定会有两种人、两种创作模式、出发点。这种可能更落伍了，或者说不合时宜了，如果你坚持这种想法，这个东西是你表达的一个部分，而且你还有机会，还有一些资金，那你就去这么拍；如果你觉得为市场考虑更多，大家可能接受得更多的是一些所谓类型片，我觉得也没什么鼓励不鼓励的事儿，是需求。这里有一种表达的欲望，如果没有什么需求，你就别做，就别拍了。

吴：你这部电影在国外放映的时候，外国人的反应是什么？

蔡：他们看重的更多的是这是不是真事儿，是不是有可能性。在南特观众反应最好，但是我到多伦多的时候，第一次有点紧张，北美观众完全不一样。我就是作为普通人买票进去观看的，我当时想看一下他们的状态和反应。我跟着看了一下，那些电影节可能欧洲的会更容易接受，包括他们年轻人也讨论，我觉得他们特别明白。他问你看过左拉小说没有，我说还真看过，小说到电影我都看了，我更喜欢小说。他们就说，我们一直在讨论你看过没有。欧洲观众看完觉得这是个西部片，他们是这么一个感觉。

吴：现在老说现实主义创作进入一个瓶颈期，你觉得瓶颈在哪儿？

蔡：我觉得一定是这样的，现实中的观众不需要判断现实，大多数观众不喜欢看这类影片，他们可能更多关注自身的或者自己的烦恼，真正大的问题不会思考到这个程度。人们更多的是关注真实的每一个人的处境，更多地局限于自己一个小范围内的生存的可能性，我觉得现在中国人都是忙于生存的可能性。大部分人我觉得都是这么回事儿。从批评的角度讲是观众不去判断，这是很正常的，这就是很现实的状态，你谈不上悲哀，你让我看我也不看，就是这么回事儿。

吴：对第六代或者是现在社会的中生代导演在今年的创作，你总体的观感怎样？

蔡：我会看到一个困惑，我觉得应该是一个分水岭的时候了，包括市场的环境，我觉得这几年就会有一个很清晰的分水岭，就是你想拍什么样的电影，你自己想做什么就会很清晰。这个阶段还有混杂，像我那个片子东西都是混合的，再过几年要不就有，要么就绝对不会有。这个阶段你要做什么很重要，否则这两年你会自然淘汰，这逼着你也会很清晰地审视自己，梳理你自己的观念和生活，你到底怎么看待电影。比如像《匹夫》，你就会更清晰地要想怎么做，你是不是类型能够做得更纯粹，包括手段的运用，那是一个漫长的道路。比如我看《黄金大劫案》，会觉得必须很清晰你要做的类型，你必须用非常成熟的手段，但是我觉得中国导演都没有得到很好的训练，要去跟观众有同样的想象，而且要对那笔资金负责任。我也很慢，但我里面也有我一些隐藏的看法，还有一些道德的东西，但是当你面对更大的观众群的时候，你必须要做出好的。漫长的道路必须锻炼，必须得做，你想要清楚，不能暧昧了。要么你就坚持，我就想拍一部电影，自我表达或者一个所谓的艺术家对良知的一种表达的方法，那你就自我约束或者是你别有那么多奢望，就是这条路本来就艰难。

吴：从你个人来讲，后面的创作，你更倾向于什么？

蔡：我也没想做一个职业的导演。我就是把我认为值得做的做了、想拍的拍了。如果有可能，也可以拿手机拍电影，因为这个技术门槛也没有以前那么高了；如果你还有可能表达，在条件允许之下我就坚持做完了；如果根本没有可能了，没有资金保证，那我就可能换一种表达方式，我就不拍呗，就这么简单。

吴：其实这也是个老问题了，但是我还是想听到你的答案。从你个人看，你觉得用故事片这种形式进行这种社会思考好吗？

蔡：我觉得现在的状况是纪录片好于故事片。在目前这个阶段，情况确实是这样的。但是有的题材可能不一定适合纪录片，如果这个题材去拍一个还原现实的纪录片，我觉得意义不大，或者说，你想表达的东西是一个纪录片不足以能够完成的，那么你可能会做一个剧情片。但我觉得现在这个时代纪录片的价值要大于剧情片，这是肯定的。因为市场上好的、真正有分量和能真正对话的电影太少了，当然我们不是仅以市场票房而论的。

吴：所以是不是可以这么说，在这部影片里你也是用纪录片的一些理念和方式去呈现这样一些事件和人物的行为？

蔡：其实我倒没想纪录片的什么事儿，我就是想尽量客观地讲这么一个故事而已。我一直在说，并没有绝对意义上的记录，而是你怎么样真正地接近一个真实。纪录片中也有虚假的，一看就知道是假的，最后作品本身浑然一体。影片或者心理真实也好，或者艺术真实也好，这个是重要的，而不在于拍摄过程非得所谓的客观真实，我觉得真不重要。我很尊重现在的纪录片，但是我最近也在想，后面的电影不希望是这么一个拍法。因为我觉得当自我修养没到那个境界的时候，这样的拍法会成为无数的借口，或者别人也是拿这个说事来表达不满足。如果仅仅作为一个姿态或者标签，我觉得对我来说没有任何意义。我最近一直在看陀思妥耶夫斯基的古典小说，他笔下的真正社会和现实精神是反映他那个时代的俄罗斯或者欧洲民众的一个精神，你会看到他没有像巴尔扎克式的那种简单的现实主义描摹现实，他还是创造了一个世界，我觉得作家都有两种，一种是我写我看的，一种是我创造一个世界来写，在这个创造的世界中表现人性、灵魂和精神领域。我觉得你要真正表达的就是这个时代的精神，以及人性这个阶段面临道德，以及人性的一些挣扎，这个东西是最根上的，而不在于你是描摹现实。

吴：其实电影很重要的一个功能就是把艺术家脑子里所建构的一种世界能够

真实地呈现出来，让观众看到。

蔡：对，这个是最重要的。比如有的电影中所谓的物理时间跟电影的时间是同步的，无论是不是在刻意追求，有多大的意义呢？我觉得如果电影里没有让我们感动的内容，那这个表现形态就没有什么太大的意义。电影确实有一些技术层面的事儿，但我觉得更多的还是内容本身的感受。

吴：那也就是说，作为创作者，他发现了什么，然后把所发现的变成让观众认为是真实的一个影像，或者是一个他认为可能实际存在的一个课题。

蔡：其实无论是纪录片或者剧情片，哪种样态都不是一个完全客观的真实，我们会有个心理、时间或者空间的真实，我们只是无限地接近这个事物的本质，就这么一个过程。而你说在形态样态上，可能这部电影更符合这个标签，可能是在运行过程中更真实，但最后得到的影

片并不一定就真的趋向事物的本质。能达到的那种真实性或者说趋向现实就叫现实主义。

吴：你接下来要做的片子在整体呈现和表现方式上，希望打破的局限是什么？

蔡：我首先希望在创作的过程中更加自由，好的状态应该是随心所欲的，不为框框所局限，最后一定能够找到一个非常完美的表达方式。我毕竟还拍得太少，经验其实很有限。我觉得我的艺术观念来源于戏剧，这个艺术观念的建立可能从最早的时候就建立起来了，或者说是逃脱不了了。当时我们说的戏剧战斗性，就是一个作品跟你自己真正的生活是怎样的，或者说你跟自己怎么相处，你跟这个时代、这个社会怎么相处，你有什么态度。

魏德圣：骄傲的赛德克·巴莱

魏德圣，1968年8月16日生于台湾，中国台湾电影导演。1993年开始进入杨德昌电影工作室工作。1994年首次编写的剧本《卖冰的儿子》获得台湾优良电影剧本奖。之后执导的短片《夕颜》《对话三部》等多次获金穗奖肯定。2008年魏德圣自编自导的电影《海角七号》获得第45届台湾电影金马奖最佳影片和观众票选最佳影片奖，个人获得年度杰出台湾电影奖和最佳导演奖 。2011年导演电影《赛德克·巴莱》。

吴：我个人非常喜欢《赛德克·巴莱》，这部影片不仅是去年台湾产业意义巨大的电影，从制作到票房，而且也会是台湾电影史上一部很重要的作品。你能不能先向读者介绍一下这部片子的缘起是怎样的。

魏：一开始喜欢这个故事的动机是因为它真的很精彩。台湾的历史以前并不是一门显学，在十几年前我看到一本讲"雾社事件"的漫画书，我开始觉得这个土地上有很多精彩的故事，但被遗忘得太多太多。我们都记得世界历史、中国历史，却忽略了居住在我们这个地方的小事件，它们其实可以被发展成一个很大的事件。历史的东西有趣的是，当我们看到表面的时候只是热血，再深入往里面看你会发现有很多的矛盾、很多的现实面，甚至有自己都无法过关的丑陋的地方，自己无法说服自己说这是一段英勇的故事。如果试着从里面找到更多答案的话，会从什么角度切入？我觉得我很幸运的是在切入角度这一块，找到了从族群信仰去平衡每一个人在每个位子上的困境。在制作上，也许我们这个年纪确实被好莱坞电影谋杀了很多自己的想法，其实不是故意要贴近它，而是习惯了它说故事的节奏，然后就会不小心地流露在自己的场面设计上，但不是刻意去模仿。所以我还是用一种习惯性的、好莱坞式的语言尽量与观众保持亲近的关系。在影片的场面设计上，基本上还是希望能够站在这些猎人的角度去思考。你是个猎人，你手上的武器是什么，你该怎么打这场仗，你的优势是什么，你要杀一个人，该怎么杀会是最直接最快速的。这不是功夫片，不是武侠片，你是没有功夫的，你有的只是蛮力，你最大的优势是你可以跑的地方，对方连站都站不住；你的优势是你可以神出鬼没在这个山林里，没有人知道你在哪儿，只有你清楚你自己的位置；你的优势是当这些人追逐你的时候，你跑得比他们快，当你追他们的时候，他永远会落到你的手里。但是你的劣势是，你只有刀跟你抢来的枪，对方有炮有飞机，你怎么用你的场地去限制他们。场面设计观念的建立是这种原始战斗的观念跟场面。运镜方式跟场面调度的部分，我觉得吴宇森在观念上帮了我很大的忙。他总是不断提醒我，你要把自己当成一个将军去看这场战争该怎么打，不要把自己当成一个战士，战士的角度是2D的观点，将军的角度是3D的观点。我一开始没有听得很懂，可是真的跟动作组沟通，整个大规模场面人员调度之后，慢慢就会懂他的意思，要站在什么位置看，而不只是在想我怎么杀你。

吴：就我的感受，看了上集会觉得有点不舒服，有点压抑，杀人太多，太直接，特别是屠戮小镇的那一大段。但看完两集以后，我还是比较喜欢上集。某种意义上来说，这部片子的核心在上集。但很多人对于杀人这件事有很多微词，认为不够人道、过于极端，你怎么看？

魏：其实讲到“雾社事件”，你不能不讲到这一场戏，你怎么样也回避不了。真正“雾社事件”爆发的那时刻，并不是一场战争，而是一场屠杀。虽然是被压抑了很久以后的暴动和屠杀，但就现实层面来讲它还是一场屠杀。即使你前面酝酿了太久让观众都同情他们，理解他们的爆发，理解他们的无奈，但是最终你看到那个场面还是没有办法直接接受。这部电影最难拍的也就是那一场，不是技术上，而是观念的执行上。怎么让现代文明的观众能够接受这一场，这是我们最大的挑战。确实有老幼妇女被杀，一些画面是不能回避的，你回避这一块人家会觉得你虚构了历史，美化了原住民。你不呈现这个东西是不行的，但是你要怎么呈现能让观众情绪是被凝结住的，而不是排斥。因为我对这一场是有矛盾的，所以我在想能不能把我的矛盾放在里面，让观众也感受到矛盾。我用什么方式让观众既不拍手叫好也流不下眼泪，让他们不知道怎么应对，这才能震撼到观众。可是怎么在观众有疑问的时候，从画面、音乐上给他们一个答案，这个答案并不是要告诉他什么原因，而是安抚他的情绪。这一场我们设计了很多的符号，为了让这一场猎杀给人距离稍微远一点的感觉，观众不要跳到里面。所以我们让这一场戏发生在一场大浓雾里，这样“猎人”跟“猎物”的关系就会被呈现出来。设计了很多有意境的镜头，比如说莫纳鲁道在跑的时候，看到一朵樱花开放，或者是那个警察家人被杀的瞬间有点心电感应一样，觉得不太对劲地走出来，这时候他看见天空开始下雪；或者是他们的祖灵面无表情地游走在这群杀戮的人群中；或者是让一个老妇人在大喊说：孩子们呀!你们在干什么。我觉得这场戏有一个重要的支撑就是音乐，特别是那首歌谣。如果观众看这些影像的时候，特别注意到那一首歌谣所唱出来的歌词，观众情绪会得到一点点的缓和。我找到一位诗人朋友，他说我需要创作一首歌，这首歌像是他们的祖灵对他们孩子说的话，我们好的传统是什么，现在你们在做的这件事情是对的吗？你是这样子贴近我的吗？孩子，你们真的以为用这种行动能贴近我吗？你染血的双手还可以捧起猎场的沙土，你紧缩的眉头还可展开一道美丽的彩虹吗？孩子啊，你在做什么呢？责备完了接下来还要安抚他们，孩子们啊要唱出祖灵的歌，本来就是要吞下许多的遗憾。我不要赞美他，讲事情、责备他、安抚他，最后莫纳鲁道背着一大堆枪，走到满是尸体的环境里面。那时候我跟演员林庆台的沟通是，我要你害怕。那么多的尸体，这真是你想得到的结果吗？这真是你的目的吗？他背着一堆枪坐在日本国旗上面，整个人也是发呆，不知道该怎么应对接下来所要面对的结果，那个心情是矛盾的，所以我只能用这种方式来缓和观众的情绪。如果舍掉这些元素的话，那个结果对观众来讲太无法接受了。所以我只能做到这样，对观众来讲只能感受到矛盾、震撼，不知道该笑还是该哭。他们也感同身受那种时代下的矛盾。

吴：我注意到你们有张海报上的一句话：“如果文明是要我们卑躬屈膝，那我就

让你们看见野蛮的骄傲。”其实这部片子最震撼的也是这句话传递出的意义。我觉得你对信仰这东西有一种洁癖，为了这种信仰的洁癖，宁可去违背普通人认为应该做的正常的、善良的事情。以你刚才说的，其实你内心也是矛盾的。

魏：信仰这种东西，我觉得对于他们来讲是对祖灵世界的一种迷恋。我们讲这个故事，其实有的时候你不得不考虑对观众的冲击，你还是要稍微掩饰一下，不能直接到让观众无法接受。但是信仰这个东西，你要站在原住民的角度去看，他们是绝对相信的。我本人相不相信是另外一件事，原住民是绝对相信的。你要怎么选择让观众能够保持距离，而且又能够体会到他们是绝对相信这个事情是可以进天堂的那种角度。我认不认同就看我当时是站在哪里，如果站在诠释这个故事的角度我很难认同，但是当我写人物的时候我必须要认同这个想法，要不我会对他们所做的事情都有排斥感。我是一直希望能够创造那种观众能够进入的角色。所以这部电影拍摄的时候，对我来说最难的一个功课就是说什么时候该进入到角色的心里，什么时候又必须让观众跳出来，不要太进入，太进入会盲目。像“雾社事件”这一场戏，前面是很努力让观众进入，到这一场戏我必须让观众跳出来，要不然的话承受不住。

如果我是统治者，我需要用灭族的方式来达到我的统治吗？还是说去改变这些人？用什么方法改变他们？就历史角度讲，我们宽容一点点看，没有人是绝对的坏。原住民有报复行为，日本人也有报复行为，不管谁先谁后，到最后其实是一场混战。我只是觉得再坏的人也要有坏的原因吧，你要给他一个原因、一个困境。日本人在当时也照顾原住民的孕妇，没有什么原因，她们是战俘她们有病我当然要治病。

吴：自《赛德克·巴莱》在威尼斯公映之后，就有很多传说的版本。台湾完整版、威尼斯版、奥斯卡版，还有香港版，以后可能还会有内地公映版。我知道这些版本的故事和结尾都有所不同。可不可以说，这个故事在你有不同角度和态度的讲述，不同版本对于你来说的意义是什么？

魏：其实不同版本结果是一样的。照理说只有两个版本。一个是国际版，一个是台湾的完整版。完整版是四个半小时，国际版本是两个半小时。香港本来要放国际版但来不及，因为在香港要上映前，国际版还没有剪出来。上集香港放的还是台湾版，又因为下集上得比较晚，那时候国际版已经剪出来，他们喜欢国际版的结尾，于是就放到了香港版下集的结尾。国际版本的浓缩部分，它的主体信息都没有变，想要传达的意思也没有变。只是台湾版本有更多描述赛德克族生活和美学的部分，还有一些战斗的东西交代比较完整。浓缩的国际版本里面，有很多的战斗场面使观众会觉得重复性太高，我们就把几场战斗浓缩成一场。其实对台湾以外的观众，他们只需要知道经历了那些战斗就可以了。文化性解读比较多的地方，国际版介绍一下就可以了。这个故事在台湾虽然大家不熟悉，但是都知道。因此台湾版讲述的时候，有一个从了解到化解的过程，化解因为今天时代造成的一些族群对立。我想从原住民内部的矛盾、仇恨的原点去化解那些仇恨。台湾以外的观众还不认识这个族群，所以只要从认识到了解就可以了，不需要到化解。真正需要化解的是台湾内部的一些东西。照这个方式来修剪这部电影，就没有那么大的包袱了。以节奏来讲，我比较喜欢国际版的结尾，简单、干净。以感情面来讲，我对台湾版的结尾有很多感动。这是一场求死的战争，所谓自由求的是灵魂自由的一场战役。虽然整部片一直圈在这个里面，就是一群人要求死，妇人孩子要求死，男人们要求死，但看过四个半小时的版本你会发现，这部电影真正的目的，除了要化解仇恨，其实是求活而不是求死，是生命的延续。所以我特别喜欢哥哥跟妹妹诀别的那一场戏。两个人边喝酒、边跳舞，哥哥告诉妹妹说你要多生孩子，要让你的孩子再生孩子，这是一种族群延续的最大生命力。即使是在生离死别的场合，还不忘记交代要生孩子。我觉得只有原始民族才会有这种思考的方向，我很喜欢这一场戏。所以当我要把这场戏修剪掉，但还是要创造一个有活下来延续的感觉，但是没有办法讲那么多戏，心里觉得有点可惜。但是就节奏上来讲，这样比较快，从一个爆发到结束回到生命的延续就可以了。我自己的感情是很喜欢台湾版的结尾，但是一般的观众会觉得结尾了三次，对他们来讲在精神方面有点被岔开的感觉。

吴：在你的两部影片中，《海角七号》和《赛德克·巴莱》都牵涉到中日关系的话题，这个敏感点也成为解读你作品最具有意识形态性的角度，你自己怎么看两部作品中这一层面的问题？

魏：其实我觉得就一般台湾的老百姓讲，对于自己过去的历史，不管是日本时代的历史、国民党时代的历史甚至更早之前的历史，都是我们自身历史的一部分。只是我们在历史里面寻找自己的位置。一个人要走出自信，必须面对自己过去的历史，而且是和自己的历史和解，不需要从历史的仇恨里面制造更大的不安。带着罪、带着自卑走出来是没有自信的表现。《赛德克·巴莱》我其实真正要化解的并不是原住民跟日本人的关系，那只是历史背景，我真正要化解是原住民部落跟部落之间的关系。毕竟去攻打部落的还是被日本人煽动，或者是被威胁利诱必须要去的。可他们内部为了这个事情是不谅解的。面对同族的人，他曾经帮着外族人攻打过自己，并且我们现在还生活在一起，即使现在不提，即使被压抑了很久，但不代表我遗忘了这件事情。每次一有冲突或不和的时候，过去的事情就会拿来放到嘴里。有些东西是一种表面上的化解，心里其实还在化脓。我就是希望有一部电影能回到仇恨的原点，解释彼此的立场，遇到的矛盾跟仇恨是什么，跟日本没有绝对的关系。我只是不想丑化你，不代表我已经美化了你，对日本的想法是这样。《海角七号》完全跟日本无关，我当时创造这个作品的时候，是完全没有想到日本的。刚刚开始是一个新闻故事，讲一封有日据时代旧地址的信，一个邮差说找了三年才找到这封信的现在地址在哪里。我觉得这个很有趣。如果那是一封情书应该会很感动吧，一开始是这个点。我们

在做《海角七号》创作的时候，基本上思考的是新旧之间怎么和谐。新的不要怕，旧的不要丢，有没有可能创造一个更美好的合作关系。所以在电影里面，有古老的城镇跟最新的五星级饭店，有穿着比基尼的外国人，有很舒服的当地人，有闽南人有客家人有原住民，有山也有海，乐团里有老人也有小孩，摇滚乐团里出现了古老的乐器。一个现代快餐的爱情，背后却有一封古老的情书在做联系。其实我只是希望能够把新跟旧的东西结合。我觉得现代的社会遇到的最大矛盾就是新旧之间取舍的问题，那么新旧之间怎么合作，我觉得这才是这部电影的主题。我只是取一个历史的点，只是为了让这个故事有更多的结合面，创造一个更有趣的故事。《海角七号》我被解读得很冤枉，我从头到尾都没有那个想法。《赛德克·巴莱》确实是有心想进入到那个时空里面去解释前面我说的那些东西。

吴：《赛德克·巴莱》整个的制作实际上超出了台湾电影工业的整体水准。在你看来为什么要用这种充满各种辛苦和不确定性的方式来做这样的一部作品？在台湾的电影制作环境中，其实你很清楚这个产业能做什么事，你做这部片子的胆量是从哪里来的？

魏：制作上确实遇到相当大的难关，但一开始我并没有觉得有多大的困难。之前我参与过陈国富导演的《双瞳》的工作，给我刺激挺大，觉得没有完成不了的画面，就看A+B+C你怎么组合而已。当技术上遇到困难的时候，你可以求助外援，只要钱可以解决的事情就不是大事。从制作面来讲没有钱是解决不了的。但在执行上，因为钱的问题让我们陷入了很多的难关。这些钱的难关造成我们在制作上的很多阻碍。

吴：最开始执行这个案子的时候，你预算不会是现在的7亿新台币吧？

魏：一开始原本设定是3亿，但当必须求助外国团队合作的时候，把影片的场面正式做了一个评估，预计要5亿。当你请国外的团队进来，他们的要求比较高，他们要求制作面的东西比较高。我也觉得既然都花钱找你来了就一定要把东西做好，所以就符合他们的要求做了更多的调整。为了符合需求的调整，我们这边的制作组的东西也要相对提高，就这样一直加到最后就变成5亿的预算。我们计算机特效的部分是北京的水晶石公司做的，一些特殊化妆、现场特效包括动作设计都是韩国团队，美术是日本团队。在开始拍摄以后，才发现很多的因素是控制不了的，包括天气，这造成我们制作时间一直在延宕，虽然每天都在拍但能够执行的镜头量很少。从原本的六个月一直拍到十个月才完工，这个制作费一直往上加，加到最后7亿的制作费。

吴：当时对市场前景是怎么考虑的？从电影的角度来讲，资金的组合很重要，但怎么让它回收对产业来讲也是一件重要的事情。

魏：确实有想到这个问题，但我一直对回收是有信心的。我觉得局势是可以被做出来的。也许大家会认为这样的题材产生不了太多的票房，但是就我的观念来讲，票房是可以运作的。你怎么说服观众，说这是你需要的电影，这是你想看的电影，就是怎么创造需求给观众，而不是依照观众的需求去创造电影。我觉得这是在行销方面需要思考的东西。其实我对票房是有信心的，我觉得台湾8亿的票房还是低了，我原本觉得可以到10亿。如果《阿凡达》可以到那个纪录，为什么我们不能？都是一样看电影的人口。《阿凡达》是好莱坞大的特效制作，什么都有，很精彩，可是《赛德克·巴莱》有本土的感情在里面。它的优势我没有，我的优势它没有，至少达到平等是有可能的。不过最后我发现跟你讲的问题是一样的，看完上集以后有大部分的人是不想看下集，太重。其实我一直跟宣导说下集有解药，但他们还是很害怕再看会不怎么样，上集看的人挺多的，但只要看过上下集的人，90%以上都特别喜欢上集，都是这种心情。

吴：这片子从开始就注定是一个国际化的营收格局。这种国际化考虑会不会对你的创作有什么影响？你会不会顾虑到很多的限制或矛盾？

魏：其实我们有时候对国际的卖埠想得太美丽了，即使再怎么安全的电影，也不会有好价钱。也许未来会改变，但是至少不是在短期之内。全世界每一个国家的电影市场，都只有两种电影会卖座，一个是本地电影，一个是好莱坞电影。在法国，只有法国电影和好莱坞电影会卖，在中国也只有两种电影会卖，好莱坞电影跟中国电影。所以，在本地电影之外，除了好莱坞电影，其他的国际买卖，版权费都是很低的。因为市场很小，即使买了回收率也不高，所以买家都是很少，不管你是多么的史诗、多么巨大的场面，它们都是这样的。全世界有史诗电影的国家多的是，可为什么我们总记得的是好莱坞电影？这是一个现实的问题。所以，不用刻意地为了国际市场去考虑你要做的事情，先决定你自己要做什么。我觉得以华语圈来讲，结合成一个大市场，本身就有很大的竞争性了，不需要国际化那种程度。就算人家要欣赏你的这种电影，也是因为你代表了华语，而不是你代表了国际。因为你越带有自己的特色国际上会越喜欢，你拍出了世界的特色本身就没有特色了。全世界都接受，就是没有特色，这是我的看法。

刘杰：没有过滤机制的市场是对中国电影的伤害

大约2013年7月初，应《当代电影》杂志之邀，我与刘杰聊过《青春派》的创作。彼时，影片还没有上映，刘杰正忙着拍各路明星的短片，为即将上映的影片站台拉票，聚人气。当时说好，等影片上映后，找个时间再聊聊这部片子的市场情况。2013年8月底，我再见到刘杰时，他显得有些疲惫，却没有太多的喜悦……

吴：我觉得《青春派》的排片开始还挺高的。

刘：从我来看，还算不上影院支持这片子。按照现在的排片量，这个影片应该是死的。没有达到一个期待的排片。但这几个月下来，我基本上把中国影院排片这点事整明白了。我跟你讲，现在只要上一个影片，我一看它的排片就知道这片的结果是什么。如果首日排片在5%以下，那就是炮灰片。这种炮灰片意味着什么？原则上这样的影片卖不出400万；第二等级是首日排片5%到8%的影片，原则上票房不可能超过1000万人民币。接着是首日排片10%这档的，10%我认为基本上是一个生死线，没有首日排片10%，别想过千万元的票房。所以，即使你上院线影片的成本再低，你没有1000万的票房也不可能收回来，10%是一个生死线。我们《青春派》头一天排片8%，从8%一天一天上到12%多点。我们应该再往前提提档就好了，往前提三四天，票房能比现在好很多。我们不怕好莱坞大片，好莱坞大片上的时候我们拿到8%的排片，但后面的《小时代2》一上，我们直接被拿下了。从另个角度来说，这部电影也是一个奇迹，你去翻翻历史记录就知道，首日排片8%，不足10%的，我们的票房最高。

吴：最后的票房有多少？

刘：2900万左右。我们这个票房是怎么出来的？我们上了6天就被弄死了，每天400万，非常稳定，都是每一天都比首日高，所以就干了2900万，往前提三天，就能将近4000万。

吴：比你预期的2000万票房来看，还是多了不少。

刘：我觉得差不多。业内人士对这部电影有两种意见，一种认为这个片子能有一个亿的票房，另有一种认为这个片子难过千万，预估3000万票房的人不多。中国电影市场的票房有一个特点，要不就是没票房，要不你就票房冲起来了。后来我终于明白了，什么叫给你排片5%？现在平均每个影院是5.5块银幕，一天平均差不多是6.5场，一天就是30多场，30多场5%就是意味着什么呢？5%就是意味着不到两场，比1.5场高一点，1.5场你还指望黄金时间场？想都不要想。早9点中午12点的这种影片，票房产出只相当于晚场的十分之一，所以，排片10%跟排片5%完全不是两倍的关系，最后产出也不是两倍的关系。排片30%与排片10%也不是三倍的关系。你排片越大，你占的黄金场越多。商业运作这一套通过这部片子学了不少。

吴：从宣传效果来看，媒体对于《青春派》还是很给力的。

刘：但对于普通观众吸引力还是不够，还没有形成口碑。对于观众来说，没有必看的理由，就是一个不错的片子，还没有形成事件。像《小时代》，口碑差，但成了一个事件，很多观众就是要看它怎么差，《富春山居图》最后也有3亿的票房。其实，我们的宣传只关注了那些接受信息的观众，还有很多观众，他不接受这些宣传信息，就是今天我来看电影，看见海报上的明星，就买票看了。如果影片没明星，没有话题，那麻烦就大了。

吴：影片海外发行怎么弄？去不去电影节？

刘：我觉得累，不想做了。下面我还得回去，拍一个艺术片。并且，我坦然告诉大家，我无所谓，票房都是无所谓。

吴：这次走了一遍市场，你感觉怎么样？

刘：你不走永远不明白。有的时候是不服气，自己做了一把就知道了，在还算严肃情况下，我努力做了一个最好看的电影。然后，没有大明星的电影可能不可能有票房？现在证明是不可能的。观众还是需要赏心悦目，你可以说《富春山居图》很烂，但是对于大多数人来说，它还是赏心悦目的。如果《青春派》有大明星，或者有赏心悦目的硬件条件，票房就能起来。基本商业规律还是要尊重。

吴：这就是类型片的规律。

刘：观众是很严肃，说看《青春派》很开心最后哭了，但还是没有一个强烈的理由让大家都去看。这算是一个经验，我算服气了，如果我再拍一部商业片的话，可能真的会跟你玩儿大明星。

吴：其实我们有时候的评价与判断是在影响一个很小的圈子，大量观众是在圈外的。

刘：我们这个圈能够传递出去的信息，最多影响票房的10%。好莱坞所有规律，明星也好，赏心悦目也好，其实就是让那些根本不在宣传圈里面的观众走进影院。我们现在跟港台还无法比。有哪一天，港台都在关心大陆流行什么，那我们才真正地可超越了他们。说实话，我们大量影片在港台地区还是有点土的。这是一个观念上的问题。

吴：那么当初你为什么接下这个定制的片子？从创作缘起谈谈。

刘：我接这个戏的时候根本没有考虑命题的问题。我认为在能通过的前提下，我根本没有考虑命题，已经把命题抛弃了。虽然审查可能造成了一些损失，有很多大家已经约定俗成的东西，我也很自律地在自我审查。但我碰到很多的投资方，自我审查都非常恶心，现在是2013年的观念，他们的自我审查的尺度是电影局2000年的观点。很多投资方都是这样，自我修正的很厉害。

吴：影片走了一个中国特色的青春电影路数，既不违规，同时又有青春，尽可能让青春故事有哭有笑。

刘：中国电影以前有一个大问题，就是假，这个假怎么带来的？因为我要有一个诉求，先有一个主义在先，我要去弘扬什么？你一想高中生电影，基本上脑袋里马上有一个套路出来，就是整个我们是被教育出来一个套路。要不就是去学习港台。香港是没有的，香港没有这个套路的东西。你就学习台湾，人家是偶像剧，你要学偶像剧，还拍不过台湾人，人家至少拍得比你洋气，比你偶像，咱们看就是装，可人家偶像剧还挺真诚的，你说这个最后怎办？我们就是拍一个我们成长中经历中有触动的东西。

吴：学生看了有没有什么感受？

刘：评论特别好，看看评论就知道了，他们是有触动的。但是，我们还是不够偶像化，这是我总结的经验，还是卖相上有问题，路子对了。

吴：跟题材没有关系。

刘：对，通过这部片子，证明这个题材完全可以做。但是，下一次要探索就是卖相的问题，这个真的蛮重要的。

吴：试过这一蹚水之后，你还要回到你熟悉的路子上来？

刘：这是我的计划，我还是按照我的计划走。有人跟我说，你刚刚明白了，你赶紧抓紧时间拍一个赚一把钱。我对这个不感兴趣，也不想改，原来计划干什么还是干什么。所以我下周出去体验生活了。这次体验生活继续往西走，云南，上一次拍了漓江，这一次去香格里拉看看。

吴：我想听听你对这部戏的营销，有没有什么心得？

刘：我们现在的电影跟国外的电影很不一样。国外的电影是卖多少钱的电影都有，有卖100万票房的，有1000万的，有2000万的，有3000万的，市场上什么类型电影都有。

吴：市场是规律的。可以通过这个规律，判断你的投入，你的题材选择。

刘：可我们的市场就是两种，现在基本上能够判断出来，就是每年上映的影片大约300部。这300部影片中会有50部过亿，可能还会有20部过千万票房。可我们没有中间部分。市场就是两级，不是生，就是死，没有中间地带。

吴：对于中小投入的影片，应该怎样进入市场？

刘：在目前影片放映体制和整个市场规律之下就这两种，不是生就是死。首日排片不足10%就死。

吴：你觉得影院排片的依据是什么？

刘：影院经理的经验。他们有自己的判断。他们能够给我们8%的排片，就是说一大部分的影院经理给你面子了，很看好你了。影院经理的判断是对的。

吴：比如说，如果影院硬是把《青春派》排20%，你说票房会不会过亿？会不会形成一个观众群？因为不错啊，我们看到这样好，你觉得呢？这个就取决于两个判断，一个就是经理对你片子当下的判断，经理对你片子判断非常好，我就是排20%。还有就是对当下观众的判断，这个片子好，但是，我告诉你，

来我们影院都是屌丝，这个片子再好，只能排8%，不能排20%。这个事您怎么看？

刘：人家天天做这个，人家是有经验值的，人家不是胡来的。如果我们头一天、头三天，真能排到20%，《青春派》真能过亿。但这需要有一个前提的经验，从经验来说，8%是指全国平均数。

吴：有的地方高，有的地方低。

刘：对。有一些地方是给我们排了20%，有一些地方给我们排了8%，有一些地方是给我们排的0。全国平均拉下来8%。所以延伸一个话题，我这样一段走下来了之后，人家是搞经营的，我跟你排20%没有人看怎么办？所以对他来说，他也是保守的。这个事情也就是我们起点太低，没有冲起来，我们只是从8%往上，挣到12%，如果第一天给我们12%，票房又不一样了。

吴：中国观众的地域差异带来的观影趣味的差别特别大。

刘：国外为什么能够形成一个对影院和片方都有保障的发行体制？我了解国外的影院发行是这样的。国内要发一个大片，那全国3000多家影院，每家影院都上这个片子，这个在国外没有可能的。在国外怎么做呢？我拿这个片子跟所有院线签合同，谁给我上？要保我多少场次？所以，放映对双方都是有保障的，这个体系也对影片有一个过滤。我们每年300部影片里面有200部国产烂片，这对于观众来说是很伤害的，所以，作为媒体和学者都应呼吁大家，凡是不足5%排片的影片都不要去看。因为那样的片子，就是影院认为的烂片。我这么说话有点得罪人，因为这样的影片在国外绝对上不了院线。因为在咱们这，只要愿意出钱，就能上院线。这对于国产片这块招牌来说是一个伤害。但我们要区分一点，希望评论界和学术界站出来挺，哪个是艺术片，哪怕是排3%，艺术片爱好者会去看。艺术片不可能排高了，5%的排片就很牛了。一个正常的市场，比方说，法国一年所上映的影片比咱们还多，它分不同院线，放好莱坞的影院不会放艺术片，放艺术片的电影不会放好莱坞的电影，人家都是什么电影找什么渠道，签一个合同，都是有过滤的。

吴：你的《马背上的法庭》曾在法国发行有不错的票房，比较这次的《青春派》在国内的发行，你觉得有什么不同？

刘：法国那一套在咱们这实行不了！中国不可能有一个影片放映50周的！《马背上的法庭》在巴黎的主流几家艺术影院中，独占一个厅，每天6场这样放，放了13周。13周之后就是开始渐渐减少，一周几场。法国的影院，要不就不放，只要是我今天答应给你放，我接受你这个影片了，一定会保证放映场次。因为你片方给我影院是有成本的，你给我一个拷贝，你给我宣传品，你是有成本的，我要不就不放，我放就是有一个最低的限度，最低多少呢？两周。院线会给一个最低的保障。哪怕没人看，我都得给你放。这是最低保障，这是一套过滤机制。就是说哪怕我自己出钱，我想在法国上片，有一些片子也上不了，因为没有人接。不像咱们这，任何一个烂片子都可以放。

吴：专业性上的差距。

刘：你看法国。市场是细分。外国开一个餐馆高档也有，低档也有，我们中国是希望谁都来，人家不是的，人家做特色，做细分，这个就是竞争到高级阶段才有的产物。咱们不是的，咱们影院拿什么放什么，这一点上没有办法埋怨，中国不可能出艺术院线。因为在法国开艺术院线，是有完全的自由进口权。三大电影节每一部电影，只要有发行商愿意引进它，国家就愿意补贴。我们呢？三大电影节影片，如果都能随便引进国内来，全都免指标，全能国内放映，艺术院线马上建起来。可我们需要指标。你没有片子，你说什么艺术院线？咱们现在大陆，我认为对得起观众的艺术片，每年最多五部，就是这点放映资源怎么养的起来？法国不一样的，一年一个电影节片子，三分之二，都是引进过来放，加上大师的片子，至少保证200部的片源，还有经典回放，人家这个院线撑得起来，人家每周上2到4部新片，你可以吗？你行吗？没有啊。你嚷嚷这个事干什么啊？艺术影院。

吴：就是引进这个艺术片，我觉得中国这个艺术影片的观众量还是小。

刘：这还是培育的，你看中国电影资料馆弄的影院，每天生意很好，因为人家有片源啊。

吴：我们艺术影院缺少片源。

刘：从学术价值来说，最有价值就是两个东西、两个观念。如果被排10%以下的影片，无论如何不可能有票房，因为得到就是平均1.3场的场次。平均上座率会在4到6个人。5%的排片，意味着全国大概3000场，每天3000场，如果你是4个人的话，那你才是有1万人看，1万人看，就是每天30万了，你怎么可能呢？

吴：实际上说白了，国内市场还是同质化的。

刘：在没有过滤机制下的竞争，能造就《富春山居图》这样的奇迹，在国外不可能产生。主流媒体给你打几颗星的事情毫不客气，那是它赖以生存的信誉。比如《富春山居图》放在法国，主流媒体一定打一个星，真的就是没有办法上映了。我们没有过滤的体制。所以，这个市场现在是一个极不专业的市场。大家现在都是凑热闹，看谁有人气制造话题。可能这也是中国电影发展的一个阶段吧!

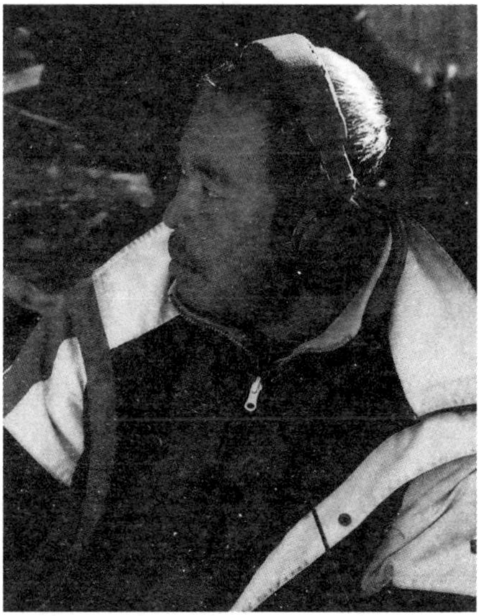

李樯：我的人物都有时代的特质

438 ⁄ 451

李樯，1987年入伍北京军区，1989年进入中央戏剧学院戏剧文学系学习，1992年毕业分配进入战友话剧团担任编剧，1995年起开始做职业编剧。主要编剧作品有话剧《富爸爸穷爸爸》《小王子》，电视剧《好想好想谈恋爱》，电影《孔雀》《姨妈的后现代生活》《立春》《致我们终将逝去的青春》《黄金时代》《放浪记》等。《孔雀》获得了第55届柏林电影节评委会大奖银熊奖。《致我们终将逝去的青春》获得第50届台湾金马影展金马奖最佳改编剧本。

吴：这个片子你写了多长时间？

李：差不多三个月。在导演工作期间，我根据导演需要还做了一些调整，但基本上一稿出来就是目前这个状态，原来可能搞笑成分更多。赵薇有她的自觉性，觉得不要成为一种对剧场效果的追求，不要靠搞噱头争取票房，所以减了很多更搞笑的东西。说到票房，我不敢对我写的片子有期待，一期待就不会写了，因为太想获胜了，人就完了。我就是关起门来，回到最私人的状态，因为你替代不了任何一个观众的审美和大脑。我一向特别不知道为观众写作什么，如果说注定观众会喜欢我，我会觉得特奇怪。我觉得任何电影，包括《泰冏》估计当时都没有想到能卖到这么多票房。我也没有这个能力写特别卖座的东西，我基本上还是按我自己心性的水准来写。

吴：跟赵薇沟通这部电影，你们共同点和差异性在什么地方？

李：很有共同点，没有差异的东西。因为这个片子合作的铺垫做了很久，我们是多年的好朋友了，和她的默契度挺高的，和她更多是做技术上的商量，包括和关锦鹏，我们俩也聊得特别多。成为一种特别知心的朋友状态，再去写的时候，导演的意图和自己的职业编剧的技术成分就会发挥出来，还是跟这个东西的默契度关系比较大。赵薇喜欢猛一点的口味，除了青春茂盛、恋爱，还得给我"重"口味，直指人心的东西，接地气的东西。

吴：改编这个剧本是不是还是按照你过去喜欢的方式来结构故事？

李：先设置人物，几个人物是必备的，根据人物发展故事，不会先想故事再套人物，那个特别艰难。我是每一个人物都了然于心了，但是大的架构的开头与结尾已经有了，开头是一个美好童话，最后的结局是一个谎言。另外，一个群像式的构架也是有的，赵薇不喜欢写一男一女。一个爱情片，我的特色也是喜欢好多人物，我很难说喜欢或者讨厌我的人物，但我觉得他们是典型的存在，那就是身边有太多这样的人。我觉得我要做的唯一就是诚实，诚实写他们，不能带有我自己的趣味、癖好，或只写我癖好的东西，我不会干这样的事，我还是尊重人物自身成长所带有的身上的东西，这是我扪心自问非常诚实的一点。

吴:《致青春》讲了一个女性情爱的神话,故事中的每一位女性都充满光辉,甚至有些感情的洁癖,而故事中的男性好像都挺不堪的,自私、逃避、怯懦。至少在我这样的男性观众看是这样的,作为编剧你怎么看这个问题?

李:我理解的是80后的女孩子,赵薇他们代表的是第一代独生子女,他们对爱情的态度就是跟70后和60后对爱情态度是不一样的,我觉得爱情是他们特别自以为是的事情,恰恰没有过去对爱情的一个理想主义的标准和要求。现在的爱情还原到个人的一种东西,我觉得这是还原到一种敢作敢为,女追男,追她喜欢的男生,而这个男生怎么怪僻、家境一般都不重要,就是属于得不到的就是最好的。我没有把女性形象塑造得光辉,现在这些女孩基本是自我设定爱情标准,一种自我性诉求,过去爱情神圣的色彩或者说理想主义色彩已经没有了,反正就是死磕到底。我觉得这个东西是80后身上的特质,就是蛮自我的,爱情是他们自己的事,到手的东西就必须到手,郑微也是这么一个个性,阮莞则认为自己一生的爱情可以牢牢在握。我觉得不单是这一代,现实中的很多女人,无论是职业女性,还是非职业女性,在聊到爱情的时候,多数基本上是按照男性对女性的标准来塑造自己的,而阮莞的一切都是以男性标准来塑造的。我觉得阮莞只不过是一个爱情图谱,其实是男性主义统领下的一个画地为牢的对自我的塑造。别人会觉得这样的女性很完美、很漂亮,又很保守、很专一,这不就是女性吗?我不这么认为,是她自己愿意这样,她也可以不这样。黎维娟就很直接,代表了所有草根阶层、女屌丝:我的婚姻是我投胎后的第二次选择,我一定投好了,我唯一能改变命运的就是爱情,就是婚姻。我觉得我对她没有褒贬色彩,这种人没有道德问题,没有其他价值取向的问题。她就是说，我来自小城市，我其貌不扬，我有智商，我哪怕找一个大很多的老男人但他一上来给予我稳定的物质基础，我就可以过一种心满意足的物质生活，我觉得她是不在意她的精神生活的。她也没有什么错，物质满足就是足以贯穿所有生命，她觉得这样很幸福。朱小北这个形象有现代女性主义的色彩，过去的年代我觉得不会有这样的个性，而80年代的一代人，当你伤及到我的自尊的时候，我可以毁掉我所有的东西，用实际的方法来获得我所有的尊严，我觉得她身上有这个时代的东西，这是一个进步。我对人物是用直接判断去写作，我没有概念性的设计。陈孝正是这样一种学生，到现在的北大、清华还是有这样的学生，农村出身的他一生的成败性命攸关，爱情在他那里不算什么，他可以阉割掉自己这种私人情绪，去获得世俗的成功。我不觉得他是反面人物，而是一个活生生的人，这有什么错？这个东西是不能以道德论的，我觉得还是以人性论好一点，我甚至认为他是一个对自我生涯有觉悟之心的人。最后说他自己做人成功的失败，这里面带有调侃的东西。我觉得这种男生很多，现在大学毕业分手这个情况一直在延续，甚至更严重。还不如过去还会有一点理想主义色彩，现在都没有了。

吴：再说说赵世永，阮莞的男朋友。

李：这个人物具有时代特质，赵世永这样的男生在这部电影里有一点调侃的意味。多数女性并非真正喜欢特别男权的人，你会发现很多强悍的、有意思的女性蛮喜欢阴柔的男性。这是生活中非常大的特质，很多男性是不会站在女性主义的立场上去看女性怎么想男人，他只是站在男性角度想，这个女的怎么喜欢这么一个小白脸。我觉得赵世永这种男孩现在越来越多，比如什么“超男”“快男”，他们作为男性的特质越来越模糊。我并没有批判这种男性的意思，我是客观地知道现在有很多这样的男孩。这些男孩的男性色彩越来越薄弱，他们的家庭条件不错，从小到大被父母接送上学，是被宠大的，没有心理挫折，一生中的最大历练就是来自爱情。阮莞喜欢这样的人也很正常，我问过一些女性，自身比较有主意的女性非常喜欢阴柔的男生，阮莞这样的女性身上天然母性的色彩比较多，对保护这个男性的本能比较强大，甚至这个男孩比她小一点更好。她们不会选择那种我们认为男性荷尔蒙非常发达类型的男孩。至于许开阳，我可能写的是第一批富二代，那时候家里面有父母第一拨下海经商，挣到钱了，家境比较不错。现在所谓“富二代”的这个词，电影里的那个时候其实已经有了，自己有车、有自己的企业的这种男孩。

吴：许开阳的结局很有意思，富二代最后娶了一个官二代。其实，你剧本中的人物行为在潜意识中流露出你的社会判断和性别立场。

李：很多人认为这是个女性的视角，我觉得我的写作一直是属于跨性别写作，既不属于男性写作，也不属于女性写作，我认为性别的特质是中立的，男女不重要，是众生。我刚才讲的东西不是女权主义，我客观看待男性就是这样的。许开阳就是这样的特质，他觉得拥有了钱就可以拥有一切选择的权利，包括他对女性的权利、对男性的权利。他可以让人给自己打工，觉得是我养你的。他已经有了这种剥削意识、经济和地位的特权意识。

再说张开，他是真正的屌丝，出身很一般，手脚利索，很会察言观色，非常知道人际关系的重要性，在大学里面替自己的未来铺垫各种人际关系。这个人骨子里的爱情至上是一种反差，我们看到嘴特别贱的男生，骨子里面特别纯情。我根据不同的人代表不同阶层、背景、出身等等布局这些人物，是一个众生相，我偏爱这种东西。

吴：你谈的这些实际上还是从人性的道德论角度出发，作为故事的叙事形态来讲，影片就是暗恋加倒追，电影里面的女孩们都是主动追求自己的爱情，而暗恋则是男性张开，林静跟郑微之间也是一个暗恋的关系。暗恋和倒追这样一种叙事使整个故事类型更偏女性化。

李：我觉得这样，从接受美学的角度来看，怎么读解都可以。至于女性主义视角，我的写作不是这么思考的，我不认为写女性为主。比如说《复活》，我不认为是女性主义写作，我觉得男女关系已经在形成中成为你中有我、我中有你的。当然我也不是以一个特别男性主义的角度写作。我个人写作的时候，给我这个小说看，小说里面唯一吸引我的就是这个女孩对这个男孩的爱情，我觉得蛮经典的，蛮有当代性的。一个女孩这么大大咧咧地追，很多老人看了之后说我们那个时候可没有这个，我不主动跟男生说话的，你得男生来追。到现在还有女生说，怎么主动追男的，你得绷着。这个女孩的个性吸引我，从小说改编到剧本，我保留了这条线。我写作的时候，对郑微的爱情也是旁观者，我没有介入，她就是这样昏天暗地喜欢这个男的。她是独生子女，别人有的我得有，她有这样一种东西，越是得不到，越是觉得吸引她，就是属于得不到的就是最好的这种感觉。我没有刻意对这些人物有什么概念，包括你刚才说的暗恋也好，他俩算是轰轰烈烈的恋爱，阮莞也算。青春的主题就是暗恋，我觉得这就是青春让很多人惆怅的地方。

吴：倒追是小说的主线，暗恋和后面30分钟的三角关系，都是你改编后加进去的。你为什么做了这样的调整，有什么考虑？

李：我觉得那个小说真的是一个言情小说，因为赵薇不想要这么一个东西，所以找我写，她喜欢《孔雀》和《立春》，希望保留我的这个特色，企图让我跟小说产生化学作用。原小说太可怕了，我觉得太狗血。赵薇希望剧本里有一点现实主义和批判性在里面，虽然保留商业性，要是个好看的爱情故事。我就务实地写，改变了通俗小说的套路。

吴：你觉得在这次改编过程中最大的变化是什么？

李：对所有人物的言情化东西改编成现实的东西，就是使他们变得更可触摸，变得更接近于日常行为，要使得剧本中的人物就是身边无处不见的人。我是觉得改编以后，人物变得亲切和可触摸，还要对现实社会、对过去时光有一个比较诚实的回应，是这样一种理念。

吴：我们说林静那个人物，在原来小说中是一个三角恋中的人物，而在这个电影中，他所占的笔墨就没那么多了，这条线其实是隐藏在剧作里面，而且在剧情后面这条线也发生了其他的转移，出现了另外一个很有勇气的女孩。这部电影里的女孩一个赛一个有勇气，都是倒追型女孩。所以，我就在想，你觉得林静这个人物，在目前的剧作中的作用到底在哪儿。从他的角度来讲，他有一种混乱的负罪感，他看到郑微妈妈跟自己的爸爸在一起，会觉得自己跟郑微之间有感情会有乱伦的感觉。所以这条线特别到最后的时候，只要是郑微有思想波动的时候，永远是找林静去说，但是你也看不出来林静对于感情、对于郑微，到底是一个什么状态。

李：林静和郑微两家父母关系不错，林静实际上是陪伴郑微长大的，也就是等于说郑微对于异性的认知是来自一个青梅竹马的男孩。他俩原本没有性别之分，而长大以后就像一只小鸡破壳一样。我们小时候都有这个经历，包括邻家女孩这个概念，实际上这个人没有在实际的情感和生活中发生过交道，这对她来说是一个虚幻的、自以为是的影子，是她自己在人家身上放过多的奢望和想象。这个男孩一直都是缺席的，她用想象丰满这个男性形象，这个男性本身并不存在，而这个小说中却存在，我说不要这么做，我觉得不合理。他们之间有绝对的安全感和信任感，因为在一块长大，可是那个男性是什么样的男性？经过了什么样的心路历程？郑微对他都不知道，而林静也不知道这个女孩是怎么回事，但是都有一个初始的印象：这是一个很可爱的妹妹，那是一个功课好、人人喜欢的男生，彼此都是内心和头脑中自以为是的一个影子而已。而这个很熟知的躯体和形象再次出现，我觉得是一次爱情的象征，就是每一个人在自己一生爱情道路当中，其实有一个永远爱着但是其实并不了解的这么一个模式存在。

吴：林静对郑微有爱情吗？

李：再次碰到她的时候是有的。我觉得他发现郑微跟陈孝正发生爱情的时候的心情是挺复杂的，他可能有嫉妒，有一个鸠占鹊巢的感觉，还有一个非我莫属的感觉。他有一个复杂的男性东西，但不是纯粹的爱情。

吴：郑微找到林静的时候，他的表现不如陈孝正那么勇敢，陈孝正很勇敢地对郑微表达，我现在可以付出，我可以承诺给你爱的责任。可是，好像林静在这个过程中只是一个人偶，就是人拿过来抱抱而已。

李：林静这个人物的心路历程是够的。首先他是因为在发现郑微真正恋爱的时候碰到了另一个女生，其实在那一天晚上如果不是发现郑微和陈孝正在恋爱，而是郑微自己一个人出现，林静是有勇气跟郑微说“我爸爸和你妈妈”发生这样的事，所以我才会失踪的，我觉得是有机会发生爱情，但是没有发生。此外，林静若干年后见到郑微，他知道她经历了感情，他自己也经历了事情，这时他见到郑微后更多的是对于过去爱情的一种弥补的心态。林静并不是对郑微发生了多少爱情，我觉得更多的是一个补偿心理。

吴：林静还是没有走出父母的阴影？

李：这么说，他父亲的爱情侮辱了他的爱情，实际上他爸爸是一个敢作敢为的一个人，我就是喜欢郑微妈妈怎么了，他爸爸比这些年轻人更懂得爱情。但是，只有中国孩子是这样的，几千年伦理教化溶在血液里面——你跟一个人谈恋爱并不是个人跟个人谈，这是一个典型的中国特色。因为有他爸爸的这个“东西”，我相信他对郑微永远不会有纯粹爱情的感觉，总有阴影在，但是，他突破这个阴影就是补偿自己。所以郑微找他，都是郑微主动的，可是现在郑微变成一个亭亭玉立、成熟的女性时还是可以唤起他男性对于一个异性爱的感觉，但是在这个态度里面有不纯粹的东西，他不可能像陈孝正那样轰轰烈烈去爱，他跟郑微基本上就是一种半推半就式的命运造成的复杂心理。

吴：他们的爱情发生在他们一起追录取通知书的那一刻。

李：也可以这么理解，他俩挺奇怪的。我觉得他俩是有过一段还比较欣欣向荣、春光明媚的那么一个瞬间，但是那个时候没有完全确立的两性关系，所以要说那个爱也有。作为一个作者，我不会赋予每一场戏我认为的意义，我也不确定，我觉得也可能在那个刹那间有过爱意。

吴：陈孝正这个人物，我同意你的想法，如果他真的为爱情去怎么怎么着，其实第一是不符合逻辑，第二就是太“琼瑶”了，似乎所有人都要为那一点东西来去牺牲所有其他可以追求的价值。但是陈孝正这个人到后面好像没有再写他，从美国回来，一起去看海豚把谜底揭开，好像是在预示着陈孝正回来和郑微还有可能性。但是，我看完影片最后有一个很强烈的感觉——郑微已经失去了爱的能力，可能她不再会爱了。这个是不是青春逝去的东西？

李：陈孝正没有再写他的原因是什么，就是他自己都知道，当他踏上美国国土的那一刹那，他的青春就已经死了，就是再活着，也不过是按照他的既定目标活着，不会有大的性格改变。他已经做到了，他会很用功，也很勤奋，天生会获得成功，成功对于他来说很重要，而对于为人来说，已经没有什么意义，回国后就是一个洋派，小有成就这么一个人。从美国回来，我没有再继续写陈孝正，因为已经没有意义了，对于郑微也没有什么意义。

吴：我个人感觉陈孝正和郑微之间不会再有什么东西，我不知道他们俩在这个逝去的青春和爱情里的关系。

李：比如说写最后那一场的时候，我的态度非常明确，那一场戏是对于所谓的美国好莱坞式大团圆结局的极大嘲讽。陈孝正又回到游泳池，他当时其实是急于摆脱郑微，他是想分手，并不是想好下去。回到那个时候，巨大谎言的时候，青春爱情也都是讽刺。在貌似煽情的那么一个场景里面，其实我觉得里面潜藏的是嘲讽，剧本也是这么写的，想起当年摸海豚，然后就在谎言中结束了。电影的开始是做了一个童话的梦，最后是真实谎言当中结束了所有的东西，是有一个结构设置在里边。至于郑微选不选择陈孝正，能不能够跟他重续前缘，这个根本不重要。比较乐观主义的人会认为他俩有可能好了，悲观的人就会觉得不可能。我们那个时候写完戏，对他俩好不好已经没有兴趣了，我只是对这场戏有兴趣，我个人是很喜欢的。我觉得还有一种解释，可能说，我相信郑微以后对爱情是极端理智的，对婚姻和爱情不会再感情用事。

吴：在原小说中，郑微比电影中更有烟火气，还去相亲什么的，真的是像一个白领女性那样憧憬自己的感情生活，而电影基本上是由爱到不爱，很悲凉。

李：在电影中阮莞已经担当这个任务了，阮莞去相亲，准备结婚。写的人物也和一个真实人物一样，对她有一种私自的期愿。我相信郑微并不是对爱情绝望，她可能觉得爱情这个事情没有那么大，没有什么了不起的，不过是悲欢离合、生老病死的一桩事，倒不见得是悲伤。很多像聂鲁达那样的大诗人经常用山川做比喻，那个东西是有经典性的，郑微的那段旁白，我个人写的时候并不是什么社会主义对她有政治情结，杜拉斯就说过爱一个人就像爱祖国。"我们爱我们自己多过爱情"，那里面表现她的怨恨消失，就是不再纠结自己发生的事情，想明白爱情就是这个样，我觉得这个就是郑微一个到彼岸的态度，我相信她还会爱，但是不会惊天动地。

吴：还有一个女性很有意思，就是院长的女儿。

李：我觉得院长的女儿当然骄傲，又有几分姿色，她去选择乘龙快婿，她有这个权利，并且潜意识认为爱情对她来说是游刃有余的。她以为陈孝正是她的猎物，已经胜券在握了，谁知道这个男的就碰到这么一个女的，破掉了她全部的优越感。我觉得爱情当中人特别容易暴露自己的本性，平时挺斯文的一个女孩也可以斯文扫地，我觉得这就是这个人物的个性，一笔就够了。平常端庄，有优越感，但是最后对这个男的还是有深情在里面，我给你出国的指标了，其实不给你又怎么着？第一，我得不到，你也别想得到。第二，我觉得是爱情中人们的心理，比如说，你和5个女的谈过恋爱，但这5个女的对你都没有我更爱你，我就觉得自己的爱是最珍贵的，还是我最懂你，我的爱最值得你珍惜。她其实还是爱陈孝正的，这个男孩很优秀，她成全他去美国的里面既有爱也有嫉妒，但是同时还是残留对他的一种爱意。第三，爱情有那么重要吗？我们都不要了，你好好奔你的事业吧。我觉得里面每一场戏以及那个人物都非常丰富，是一种社会学意义上的东西。可见大学生哪有什么纯粹的青春，我们血脉里有各种体制、各种阶层、各种复杂的东西，所以影片不是单纯讲青春的青春片，还包含一些意识形态的东西。但是我不会弄一个政治符号进去，还是围绕故事和人性来写，折射出你要的东西。我觉得是百感交集，那个演员演得挺好的。

吴："青春"在第六代导演的作品中是很家常的主题，大家都比着看谁的青春更残酷，你觉得这个《致青春》中逝去的青春是什么？残酷吗？

李：不觉得残酷，我觉得是青春的本来面目，没有什么残酷不残酷的。朱小北砸超市是一种愤怒，那种愤怒是比较猛的，阮莞的死很反讽，死在爱情手上，死在自己的地盘上的感觉。我觉得青春本身跟每一个阶段的人生和每一个阶段面临的人生困境都是差不多一样的，只是面临不同的问题。我对于青春没有一种格外的感情色彩，终将会逝去的，逝去本身是中性的东西。《致我们终将逝去的青春》这个题目本身有意思，就是青春对每一个人都是平等的过程，公平的时光流逝过程，像生老病死这么一个过程。人不能脱离社会，所以我一定要展示给社会一些东西，否则人是孤立存在的。

吴：朱小北砸超市让我很惊讶，因为她完全颠覆了这个人物给我们可能形成的那个印象。

李：我喜欢把人反着写，就是所谓塑造人物不能有一个性格逻辑，性格逻辑岂不是人人有一个公式可以套用，比如内向怎么怎么样，外向怎么怎么样。人不是这么样的，人的性格是自我争锋的状态，人是非常复杂的，人有多个自己的存在。我觉得人认识自己的能力是最弱的，做他者挺容易，做自我就特别特别难。所以写这个戏的时候，我不会按统一性格去写，会走向相反的东西写，这里面有一种非常天然的矛盾性，一个人物一定是复杂的，没有说塑造出来一个合理的性格，这个东西是不真实的。

吴：在你编剧的作品中，《致青春》是票房最好的。你觉得这个电影票房好，跟你之前票房一般、口碑很好的影片相比，有区别吗？

李：我觉得没有特别多的区别。还是根据我看完这个小说后的观感，我的大学生活里面有一些可乐的东西，这个在剧本前面出现的这种小幽默的东西是天然存在的，我并没有想到市场性，或者改变我以往创作风格的想法，还是因材而写一个东西，写作态度跟以前一样，没有任何改变。

吴：从目前的影片看，你觉得有没有什么遗憾？

李：我没有什么遗憾，我觉得只能这样存在，后半部分和前面部分是密切相关的，并不是说加了一个未来变成什么样。砸超市已经埋下了伏笔，县城高考补习班为未来发生的事情铺路，老张和满天星，这些细节已经弄好了，后半部分和前半部分是完整的，没有什么遗憾的东西。

徐浩峰：武之美学——器之精神

徐浩峰，1973年出生，中国文学界和电影界广被认可的武侠小说家、编剧、电影导演。毕业于北京电影学院，现就任北京电影学院导演系导师。1997年开始文学创作，中国武侠纪实文学《逝去的武林》、武侠小说《道士下山》引起巨大反响。在电影领域，2011年，其首执导演的古装武侠电影《倭寇的踪迹》，入围威尼斯和多伦多两大国际电影节。2014年，凭借《一代宗师》荣获第33届香港电影金像奖最佳编剧。

吴：你把《箭士柳白猿》看成一个类型片，但是对很多观众来说，这部电影的类型模式是很奇怪的。类型电影应该在明处转角，也就是让观众能看明白。你的电影好多都是在暗处转角，这可能是你的电影的独特风格。在这部电影中，你是怎样对你的类型观念进行呈现的？

徐：很多类型片讲故事方法都是先交代因，再交代果，因果环环相扣。在我上学的时候，电影学院系统所认为的好的剧作理念，是先交代果，先呈现有趣的情景，随着事件的发展，观众就知道了因，因变得不言而喻，已经不重要了。那时的剧作理念认为，一个电影最有力量的地方应该是观众自己想出来的、自己悟到的。而现在的剧作理念却变成，如果一个电影把什么都清楚明白地告诉观众了，我们就说，这个电影的结构好扎实。我想做类型片的实验，想对类型片的叙事关系进行改变，我觉得观众对我的电影观影的乐趣可能也就在这。要求观众在看电影时有更多的主动性，是我剧作的一个态度。

《箭士柳白猿》是对类型片的变种和翻新，是我的一个剧作尝试。这个片子在今年的金马奖拿了最佳改编剧作的提名。这部电影与类型片的剧作差异可能是从第一场比打枪的戏开始，过德诚跟二冬对话，接着过德诚去试柳白猿，下一场戏柳白猿被二冬弄在床上，接着就去刺杀。我没有直接交代二冬要找人报仇。如果按常规讲故事的方法，应该先是二冬为了报仇去找过德诚，而过德诚说保护杨乃兴的保镖是个高手，不能直接杀，要找一个武功高的杀手。过德诚找人试探柳白猿的武功，还有保镖是高手这两个重要的信息，我是一直拖到最后才交代的。

吴：《箭士柳白猿》是一个关于阴谋与爱情的故事，是一部暗杀片套着一部爱情片。爱情这条线，在你的故事中是一个调味还是一种对类型的变异？

徐：我当时写感情线时，是凭着直觉写的。凭着直觉拍电影，对导演来说是一件很幸福的事。有的时候事先把什么都设计好了，拍摄的分寸和灵感反而受到限制。主人公在全片的感情与三个女人有关。柳白猿和他的姐姐、柳白猿和一个异族女子、柳白猿和别人的妻子，这三对关系构成了复杂的情况。爱情往往在故事中是一个比喻。女人可以代表一种文化、一个社会、一个群体，或者代表一方水土、一个事业。

吴：在女性角色的设置上，你为什么选择一个洋人？

徐：在老欧洲、苏联等很多地方，混血儿都是受歧视的。中苏边境曾经有一批混血儿因为在苏联受歧视，就越过黑龙江到中国来了。奇怪的是，在中国，混血儿却是受推崇的，在我上中学的年代，说一个姑娘长得漂亮，就说她长得像混血儿。好像只有中国人喜欢混血儿。女人是我叙事作品里面的一个天然的隐喻。那个被强奸的姐姐，隐喻着鸦片战争爆发、八国联军进北京，我们的传统被玷污。姐姐被强奸不是她的错，但是世人和柳白猿明明知道姐姐是被伤害的，还是会把这个事情看作一种耻辱。我们现在对传统的态度就像对待一个被强奸的女人的态度。在中国历史上，有很多次外来文化的侵入，但是中国人一直有底气去把它们消化掉。包括在康熙、乾隆年间，传教士带来了强大的西方文明和科学技术，结果教康熙天文的传教士受到康熙的感化，按照儒家的观念改造了天主教，遭到梵蒂冈的排斥。我觉得民国是一个奇怪的历史阶段。中国文化以前那么强大，但是到了民国的时候，中国文化第一次出现了对外国文化的消化不良，中西文化开始发生对峙。所以这部片子里出现了东西方两种文化符号，比如西方的教堂、管风琴音乐和中国的佛像系统。混血女子也是一个西方文化的隐喻符号。混血女子仿佛一种异类文化在强硬地存在，从而柳白猿和她不能有正常的情感。

吴：这次宋洋的表演还是延续在《倭寇的踪迹》中一贯的表演状态，表情比较节

制，动作上则比较突然，静止和急速的运动之间好像没有过渡，本来在床上躺着，突然就到床底下去了。这是为什么？

徐：我处理床戏的方式很有趣，拍柳白猿和二冬的床戏，以及和月牙儿红的床戏，都是男人躺在床下，女人在床上，女人露出一个肩膀，床戏就结束了。我想表达一个美好的东西被破坏之后对人的毁灭性。柳白猿的姐姐遭遇暴力之后，美感一下子被破坏掉了，很难恢复过来。床的距离是天然的亲密距离，在床上两个人在空间上是最亲密的关系。而柳白猿内心最大的障碍是，姐姐被强暴之后，他再也接受不了女人，所以我就愣在一张床上找出了一个上下的空间：床上和床下，造成了隔阂的空间感。

这个情境其实也是人物的一个尴尬的处境，在这个尴尬的处境里，主人公内心不安，他的习惯性大于他的思维能力，他就凭借本能办事，也就是说，人在一个处境里，干不属于这个处境的事儿。一对尴尬的男女，猛然醒来，他俩想找到一个恰当的关系，但是却找不着。床戏刚过，一男一女像在高档餐厅里面交换名片，做这样的事是有趣的。在拍床戏的时候，因为有这一份尴尬在，有些观众觉得有滑稽色彩。我处理床戏的时候都是按照这个方法来处理的。柳白猿跟月牙儿红的几次交往，我也是按照这个尴尬的情景，用略带滑稽的方法，来处理他们之间的男女关系的。

吴：很多人觉得你的台词和情景不够交融，有分离感。剧作上通常认为台词和情境应该是一体的，你是怎么想的？

徐：我的台词是属于那个尴尬的处境的一部分。有时候台词和现场的气氛是稍微有点儿分离的，但这样可能才比较有趣。所以有人说这部电影的台词是不是有点儿跳跃、不圆融，或者说导演太幽默了，总想开开玩笑。但是其实都不是。我觉得如果故事中所发生的事，和演员的动作是一个性质的，那么台词一定要变成另外一种形式。比较典型的就是月牙儿红和柳白猿两个人在水果店里，俩人抱在一起之后，月牙儿红说你把我抱回家吧，给我三十个苹果就行。前面的剧情铺垫是两个人都挺苦的，柳白猿也流泪了，一般来说下面的台词就应该顺着这个情调走，而我写的台词却是柳白猿不知道该怎么回答，于是月牙儿红就有点儿疑虑，说："要不你给我15个苹果。"结尾的时候，经历了一场大战之后，柳白猿和混血女孩相遇了，他们的台词是："有事儿吗？""看一眼。"这就是我的台词追求。一个电影，按照线性的方式去讲清楚一个故事，是最简单的。如果一个电影让人愿意多看两遍，它中间一定有不同的和弦。现在中国把好多电影都搞成像一种乐器的独奏，觉得这样观众会好理解。但我的电影观是不一样的。虽然我的理念可能会像片中的柳白猿和匡一民一样，被时代淘汰，但我之所以这样拍电影，是想为一些老手艺、老观念作一曲挽歌。

吴：你在电影中所展现的这种感情状态，是跟那个时代有关系，还是你的一种个人偏好？

徐：我觉得男人对目的性很强的情感是有一种恐惧的，现在这个时代也一样。柳白猿对异族女子的感情是一种交换来的感情，一种被强加的感情，柳白猿对这样的感情是排斥的、矛盾的心情，从内心里不能接受。但月牙儿红是个比较愚蠢的姑娘，她的命运更悲惨一些，柳白猿对她是有体谅的，两个被辜负的人最后走在一起，他很珍惜这种两个人相互取暖的感情，甚至想以这个情感为起点，重新开始自己全部的生活。他对月牙儿红动了真心。但是最后柳白猿发现，月牙儿红对他的感情也是有目的性的，这对他打击太大，所以就形成了悲剧。

这部电影的趣味在于，柳白猿是一个不成熟的人。柳白猿有一个强大的背景思想体系，也就是他的弓箭的思想体系，这个思维方法太高级了，处理任何事情都可以用弓的道理来分析。但是柳白猿的使命是武行的仲裁人，杀手这个行当对他来说是不熟悉的，所以他在做杀手的时候，有很多生硬、不成熟的地方。当匡一民来试探他的时候，他会产生高手比武的感觉，会不由自主地紧张，流露出破绽。他在情感上也是生硬的、不成熟的，因为拒绝情感的人，处理情感的时候一定是生硬的、不成熟的。暗杀的处境和情爱的处境，都是道行很深的处境，都有预先规则的途径。一个不成熟的人在这样的处境下，背后强大的思想体系帮不上他具体的忙。只有当他面临彻底毁灭的时候，这个体系才能够起作用。我觉得这可能是传统的意义所在。

吴：柳白猿和老柳白猿学箭的过程，基本上都是用闪回来表现的。使用闪回的依据是什么？

徐：柳白猿把学箭当成指导自己的标杆，但是箭术之中强大的千年体系和他眼前的处境搭不上。第一次闪回出现在柳白猿马上要射出刺杀之箭的时候，他想起师傅告诉他，射箭时要保持神色不动。但是他未能做到神色不动，一个突然出现的女人就让他收手了。另外，闪回还出现在当柳白猿发现自己的爱情被辜负、感到很伤心的时候，他想起师傅曾经告诉他，每次出门前都要对正自己这张脸，脸对正了，心态就正了。闪回学箭的场景承载着柳白猿心中纯理念的世界。

吴：这部电影里隐藏了你的一些文化观，普通观众读解起来可能是很难的，你希望谁能看懂这个文化层面？电影中有些意象很中国化，比如柳白猿回乡给姐姐报仇的时候，经过一条小溪，他往溪水里射了几支箭。这里面是不是有某种文化意义的埋伏？

徐：我编故事、设置场景、美术和道具的时候，是出于我自己私人的导演乐趣，其实我并不需要清晰地把这些文化理念传达给观众，让观众觉得这是一个讲文化的电影，我倒不想显得自己这么有文化。

影片前面有一个铺垫，老柳白猿死的时候留下一句话，说我只能教给你射出的箭，但射回来的箭我没法教你。射回来的箭其实指向的是自己的内心。柳白猿的故事本质上是一个自省的故事，水是东方人内心的意象，在中国的文化体系里面，溪水声就等同于人的心声。柳白猿对于自己的姐姐，有一种道德上的内疚、忏悔之情。他向溪水中射了四箭，射到水里的箭就等于射回到自己的内心里去了。这表示柳白猿已经悟道，解除了内心的纠结。

吴：当月牙儿红向柳白猿示好的时候，他会不断地想到自己的姐姐，是因为这个心理动机，他才会去报仇吗？

徐：复仇的动机之一是他对情感的失望，但其实重要的动机是他被绑住手脚扔到河里去，真切地经历了生死。经历了生死之后，他才会寻找到生命本身的一些东西，促使他去复仇。

吴：小说的原作叫作《柳白猿别传》，原作中有丰富的民国真实历史背景，电影中虽然还保留着柳白猿刺杀军阀杨乃兴的线索，但在电影中，民国的历史背景被去掉了，是不是因为担心呈现不出来？

徐：在电影中，民国氛围的表达，体现为小教堂和街边小庙的对峙，以及道士服和手风琴的对峙，这两个对峙正好对应着东方和西方的对峙。这部电影毕竟是低成本的电影，所以场景只能集中一点，主场景就是杨乃兴军阀家门口的一条胡同。我连这个军阀的家都不去拍，因为有的时候场景集中会更好，如果拍他的家，可能会带来神秘感的崩溃。所以在电影中，杨乃兴的家就是一道大铁门。低成本电影很多时候要以服装作为造型，虽然杨乃兴的台词只有两句，但他的道士服使他成为全片的一个重要造型。以人物服装作为造型，是我拍低成本电影的一个经验。

吴：艺术电影在国内的市场比较小，所以必须要走向海外。你是不是在电影里给外国的观众设置了一些巧妙的把手，让他们能推开你这扇门？外国人是不是能够站在一个相对远的地方，在你的电影中找到东西方文化之间的一种关系？比如教堂，是不是你递给西方观众的这样一个把手？

徐：拍这个电影的首要目的是满足我自己的私人乐趣。我参加了几圈外国电影节之后，发现外国人看中国电影跟我们的角度不一样，他们看电影是非常政治化的。东西方文化的对峙，是电影中一个明确的设置。在我原来设计的场景中，那条小巷的起点正好是中国的一个佛龛，小巷的终点则是一个教堂的屋顶。教堂和佛龛都是特意搭的，原地没有。在柳白猿跟异族女子二冬的这场戏中，二冬把他从河里救出来以后，两个人从一个教堂走出来。所有的衣服都换了之后，柳白猿就只能穿西洋的道袍。柳白猿以前的自己以一个纸人的形象留在庙里修行，报仇那场戏结束了以后，他回到那个寺庙寻找他自己，也穿着那件西洋的道袍。这时画面上明确出现了一个东方和尚和一个西方传教士的形象的对峙。教堂、神父和传教士的形象通常在西方电影中是一种自我反省的符号。柳白猿穿着西洋的道袍回家乡去给姐姐报仇，这样的复仇就不仅仅是一种简单的报仇，而是带着内省的色彩。他的形象在视觉上也就不是一个杀人的形象，而是一个反省自身的形象。所以柳白猿最后没有杀死他的仇人。

在音乐的使用上，柳白猿的报仇、水边悟道以及弓跟箭的对决这三场戏的配乐选用的都是管风琴，管风琴是明确的西方宗教的象征。

吴：这次看了王家卫的《一代宗师》，我觉得里面有徐浩峰的影子。对步法和身形不一样的拍摄角度、不一样的解决方式，是这部电影很重要的组成部分。它形成了另一种蒙太奇的意义、美感和状态。

徐：北方的武学，比如跆拳道、李小龙的截拳道，都以胳膊腿的运动为主。一下子把腿劈长，或一下子把拳头抡圆，动作形成弧度或长的线条，就会很好看。而电影一秒钟是24格，胳膊腿的一个瞬间动作，一秒24格是捕捉不下来的，即使捕捉下来也是虚的。所以拍武打动作重要的是强调身形的变化、躯干的变化，胳膊腿的动作是次要的。王家卫曾问我什么是身形，为了说明身形的问题，我当时找了一些专业的恰恰舞的视频给王家卫看，在恰恰舞中，两个人会啪一下子贴得很近，用躯干来传达一个舞蹈动作。所以在《一代宗师》中，两个人对打的时候，也会插进一些速度很快的短镜头，在这些短镜头里面，人像泥鳅似的，哗地一蹿，稍纵即逝，这就是身形的变化。

吴：我们不懂武的人通常看不懂徐浩峰电影中武打的滋味处。《箭士柳白猿》的这套武打体系跟《倭寇的踪迹》相比，变化在哪里？在武打上你做出了哪些比较得

意的突破？有哪些我们普通观众看不到的滋味之处？

徐：史航认为，《倭寇的踪迹》玩的是观念，好像我要跟以前的武侠电影掰腕子，认为以前的武侠电影不对，要提供一个反证，把以前武侠电影的理念都反过来。而他觉得在《箭士柳白猿》里面，我相对进入了无敌的自由状态。不管以前的武侠电影是怎样的，我认为武术是什么样，我就怎样拍，不和以前的电影较劲。

《箭士柳白猿》中最有特点的武打一是结尾处弓跟枪的决斗，二是匡一民与过德诚对大枪，第三个就是打“划了扒子”。我在拍《箭士柳白猿》的时候，希望把对武打的探索止步于纪实层面。我的武打美学是时间的美学，展现在真实的时间里，真实发生在眼前的打斗，哪怕这种武打是不好看的、是笨的，但是它的时间感是真实的。好多电影一到武打场面，动作和时间就被分解了，变成了纯粹的视觉造型，好像纯电影一样。而我的武打场面注重突出纪实感，注重时间的真实。我不想让武打过程中的真实时间错乱。

拍《倭寇的踪迹》的时候，我没有充足的时间训练演员，所以那部电影的武打设计主要依靠观念上的更新。《倭寇的踪迹》中很多镜头拍的都是打斗前和打斗后，真正到打斗的时候，就用虚化处理。拍武戏是非常耗时间的，原本有很多的武打设计，但因为拍摄时间不够，很多东西根本完成不了。所以我就把武打场面虚化处理，强调观念的更新。有的时候节省资金就得靠导演的创意。

《箭士柳白猿》的拍摄周期比《倭寇的踪迹》多了20多天的时间，有这20天的时间，我就可以多呈现一些内容。拍《箭士柳白猿》的时候，我有三个月的时间训练演员，所以可以充分展示传统武技的方法。于老（于承惠）本身是高手，所以不必用电影镜头去投机取巧，在打的时候，相对来说使用长镜头较多，让对打的双方出现在同一个镜头里。

《箭士柳白猿》里面既有群殴的场面，也有贴身战的场面。中国武术最大的特点就是贴身近战。两人斗枪的时候，我要让一个人手中的枪被打落，这样就把枪长距离又缩短了一半。最后那场决斗戏，长枪对弓箭，从150米的距离一直打到贴身近战，这种武打理念在武打片的历史上，应该是没有出现过的。但是这种打法是有历史的依据的。中国古战场的弓的两个弓头是带着枪尖的，所以是可以用于近身战的。

吴：在我们不懂武术的人看来，150米有判断和躲闪的距离，一个人用枪，一个人用弓箭，用枪的人在向前进攻，而射箭的人不能动，显然用弓箭的吃亏，只要等箭都躲完了，两个人的距离接近了，通常胜券在用枪的一方。

徐：弓的强度是超过我们想象的，弓的速度感和穿透力像子弹，它就是那个时代的子弹，任何兵器面对弓箭都是极度危险的，所以只有用枪的高手才能防得了弓箭。在《三国演义》里面，关羽过五关斩六将，经常是一箭射过来，关羽躲不了，就拿自己的小臂一挡，这是古法。所以关羽是《三国演义》里面中箭率最高的。古代考武状元的项目，是射牛皮鼓，要求在150米的距离之外把牛皮鼓射穿。牛皮鼓上面还是涂着油的。破鼓之力是一股很大的力量。

吴：大枪这种兵器的特点是什么？

徐：网上有一个日本人拍的纪录片，讲日本的枪跟中国的枪的区别，说日本的大枪是在战场上使用的，力度大、实战性强；而中国的花枪是街头卖艺用的，是来回抡的，动作幅度很大，但不注重力度，只是

投机取巧。我当时看了那个纪录片非常不服气。北方的十三枪和十八枪都是大枪，是在战场上用的，不是花枪。我很希望《箭士柳白猿》能在日本放。这个片子里有两场大枪对大枪的戏，当时拍的时候我想完全严格按照战场上对大枪的方法来拍，用枪的方式是向前捅，而不是抡。匡一民跟自己的几个手下练枪的戏就设计在一个小亭子里面。如果是来回抡的花枪，在狭小的距离里就没办法使。而他们使用的是冲刺的枪法，在亭子里也能使得开。

电影里面也出现过双匕首、绳索和镰刀，这些都是实战性特别强的武器。日本人把镰刀作为重要的武器。镰刀在日本的地位非常高，宫本武藏的武功练成了以后，击败的第一个对手就是一个镰刀手。镰刀在中国农民起义上的作用也非常大，农民拿着镰刀就起义了。镰刀是八卦掌最重要的武器。

吴:《倭寇的踪迹》的武打赋予你的功夫片特别明显的标志。这次《箭士柳白猿》的武打设计，有没有你对于某门某派功夫的再现?

徐:柳白猿踢馆的那段武打，用的是八卦掌门内的方法，大多数都是用肩，用肘(发力)。北方枪法有两个体系，于承惠扮演的保镖匡一民的枪数叫十三枪，十三枪的枪法在三大内家拳里是统一的，都是岳飞传下来的，只不过在太极门里面叫太极十三枪，在形意门里叫形意十三枪，实际上都是一种枪法。而赵峥练的枪法，叫十八枪，是赵云传下来的。相对来说，十八枪可以投机取巧，用一些特殊的运动方法来弥补功力的不足。

于老的十三枪从年轻的时候练起，有30年的功力了。电影中于老所使用的那根杆子，是他自己养了30年的一根杆子，它的弹力和发力是非常好的。那根杆子上面的光泽，是两只手捂杆子多年形成的自然光。

吴:那根杆子是用什么木做的?

徐:那根杆子是用一整根小树做的。我们管那种木头叫作白蜡杆子，因为它木质非常直，而且天生有一定的油分。一般来说，种一百根这样的树苗，只能成活八九根，成活率不到10%。

吴:"划了扒子"在武术界确有其功吗?

徐:"划了扒子"在民国是确实存在的。"划了扒子"在中国武术里是非常凶险的，比擂台赛还凶险，因为它要求两个人对坐着，膝盖和膝盖对在一起，在极致的条件限制之下决定高低，一点躲闪的余地都没有，所以比武者必须把最快的速度、最狠的力量拿出来。后来因为这种比武的方式太凶险，新中国成立之后提倡文明，在武术界里慢慢就不练了。

吴：打“划了扒子”的戏，是你专门找会打的人来打的，还是让演员按照拳谱训练的？

徐：“划了扒子”的打法都是我教的，但拍摄时不是让演员打成一个固定的套路，而是让他们先自由发挥，自己去找最真实的打的感觉。在他们自由发挥的过程中，如果发现某一种形态非常接近真实，就把这个形态固定下来。

吴：这个片子的武术指导也是你，在拍摄现场的时候，你的工作方式和袁和平的区别在哪？

徐：区别就是，我是没有武行的，武术组只有我一个人，所以在现场我需要给演员做示范。除了“划了扒子”，拍摄之前只有两场戏的武打动作设计是我事先想好的，一场是枪跟弓的对决，另一场是过德诚和匡一民两个人对大枪，其他的武戏都是我在现场想出来的。一般我到了拍摄现场，才能拿出具体的武打设计，并且往往在拍了一到两个镜头之后，我的武打设计、动作设计才能够清晰。

吴：教外国女演员练那一套功夫也是花了点儿时间？

徐：她学得还是很认真的，我觉得她还是达标了。这次我吸收了一个经验，就是五头比例的身高和七头比例的身高是不太一样的。这个外国女演员的身材比例是身长等于七个头高，咱们亚洲人的身材比例一般是身长相当于五到六个头高。中国武术五头的人打起来可能比较好看。这个外国女孩是一个七个头的人，在五头人里面打，所以觉得她动作别扭。其实她打得还不错。如果她的动作空间是一群老外，大家都是七头比例，可能观感就会不一样。

吴：于承惠老师在现场对武打有没有什么指教，帮助你形成现在的武术氛围？

徐：于老的派别也是属于形意门的，所以天然地跟我相通。这次电影中使用大杆子作为他的兵器是有原因的。拍《倭寇的踪迹》的时候，于老跟我讲，其实他最得意的兵器是大杆子，于是我和于老建立了一个君子之约，到拍《箭士柳白猿》的时候，就把于老大杆子的功夫完整地展示了。我的武打设计于老还是非常认可的，他觉得是内行的。拍于老的戏拍得非常快，因为他本身是有功夫的。他跟过德诚赌命，决战对大枪的那场戏，一个上午就拍完了，是所有武戏里面拍得最快的。

于老所理解的武术，也是很平实的东西，所以在高潮戏的时候，稍微有一点儿视觉上的惊异，动作就会显得很精彩。在决斗的那场戏中，于老用腹肌去抖大枪，用腰身使了一记回马拳，这种动作幅度的比例已经相当大了。我的电影里，武术的艺术性体现在动作幅度的分寸上，动作幅度采用这样的比例分寸，已经是最精彩的了。但如果是徐克、成龙的话，就得让人飞到几层楼高才可以，而我这里转一个腰就够了。

吴：电影里异族女子和柳白猿打斗时使用的那根小绳子挺有意思的，那是一个什么兵器？有什么作用？

徐：这种武器来自八卦里面。一根绳索很多时候起到的是动态的作用，一根绳子一缠一绕，就可以把对方的手挡开，改变对方的方向。中国人不会用绳索去勒人的脖子，因为用绳索把人勒死，是特别费劲的事。所以我不勒你的脖子，我伤你的眼睛，这是这段武术真正巧妙的地方。

吴：《倭寇的踪迹》主要展现了刀，这次《箭士柳白猿》中展现了箭，下面一部片子你准备拍什么兵器？

徐：下一部想拍匕首、短刀。

吴：这可以形成一个思路，每一部电影里有一种兵器，每一种兵器都代表一种意境、一种美感。

徐：对。传统中国人以器物为老师。孔子以弓箭的道理教导学生，文人以笔墨修身。以前人们认为一盏砚台是有德的，一杆毛笔也是有德的，中国人在传统上习惯以器物的品行来矫正自己的内心，我把这个文化的元素引进了电影。而今，中国的工艺粗糙化，已经直接影响了这个民族的精神品质。很多古建筑修缮完成之后，里面雕梁画柱的形都不对。

日本人将一种技艺称之为道，比如剑道、武士道、茶道。严格来说，不应该用"道"来代表技艺，"道"这个词有点太大了。道应该是无形的，是公有的。茶道在中国叫茶艺，武术叫武艺，写毛笔字的运笔的方法，也称为艺。这个艺就包括器皿，操作这个器皿的特殊的使用方法称之为艺。传统中国人对技艺是尊重的，他们跟艺保持着特别亲密关系，就好像是情人、家人的关系，每天都要练，要不断地去磨。一种艺一旦达到一个成就，人生也就达到了一个成就。有一句话叫作“艺上身”，当一种技艺成了生理的一部分，才能带来真正的内心的改变。如果只有一个纯思想，不能落实到生理，那个思想就是虚无缥缈的，关键的时候起不到作用。这就是我在拍这个兵器谱的时候背后的理念。

吴：除了票房，在创作上，你对这部电影有没有什么遗憾？

徐：这部电影的拍摄周期非常紧，而且我又是现场创作，基本上我到现场才分镜头。为了节省时间，分镜头一定要分得非常准确，我拍下来之后，基本上没有第二方案和备用镜头，拍多少剪多少，我只能做出一种选择。这在创作上对我来说是一个限制，把我逼到一个极限。

吴：像《箭士柳白猿》这样的电影，总让我想起四个字来：生不逢时。现在能欣赏这种作品的人不多。

徐：是。现在电影的趋势不是太好。中国电影在80年代成就非凡，那时的电影可能直接嫁接了法国的纪实美学、苏联的散文诗电影。比如《城南旧事》《小花》，故事打得很散，但中国人其实是喜欢看这样的电影的。有好多电影在叙事上像切糕一样，把故事故意切断，但是形散意连贯，看电影的时候，可以去品。像《林家铺子》这样的电影，品位比较高，但当时的中国人是很爱看这种电影的。但是突然间中国观众这种本身很优良的看电影的品质，一下子改变了。80年代的观众觉得看电影是和精神品质有关的东西，但现在的观众认为看电影就是消费。现在中国的电影观众进电影院都是抱着强烈的消费心理，我今天来，你甭跟我说什么西餐，别跟我说什么农家菜，我来就是吃你一个宫保鸡丁，吃饱了我走。观众一定要在电影院里看到他知道的东西，如果他看到了一点他不知道的东西，他就觉得这笔买卖买错了。这就是当下观众的粗暴性。在大众文化里面，电影已经变了味道了。

跋

470 / 471

本书收录的23位导演都是有趣的人，也是我在《电影艺术》杂志工作期间所做的近60位导演访谈的一部分。之所以选择他们，除了我与他们的私交外，更重要的是这些导演在进入新千年，中国电影产业化转型过程中，都在尝试为中国电影带来另一种气质。当时，他们中的许多人还被称作"青年导演"，还未被放在聚光灯下炙烤。现在，媒体已经用"少壮派"来称呼不再年轻的他们。而才华横溢的路学长导演已驾鹤西去，留下朋友们的无尽思念……这些访谈讨论的影片大多是他们的代表作或者成名作，是在影片上映后不长的时间内作的，既有对具体创作的沉淀与反思，也有他们对电影时局的观察和困惑。这些导演开始创作的年代，与以往所谓"代"的创作有了微妙的差别，他们在这个时代最好与最坏的冰火中游走，在一个群龙无首的电影世界里构筑自己的城堡，不放弃电影本身所应有的文化与批判性，并期望创造出中国电影的新格局和新产品。他们记录的时代与人是无疑充满了人性的矛盾，美与丑，善与恶，温暖与残酷，荒诞与真实……在很大程度上，这些作品为理解这十余年产业转型中，职业导演创作观念的形成，提供了第一手的资料。我本人也在与他们的谈话中获益良多。

感谢北京市教育委员会，北京电影学院研究生院，研究生院院长黄英侠教授为本书出版提供的支持。感谢我在《电影艺术》杂志工作时的同事吴孟璋、贺永连为访谈成文所做的琐碎工作。特别要感谢我的研究生吴亚男同学在本书的选目、结构和校对工作中付出的辛苦劳动。最后，感谢接受采访的每位导演，也许你们已经忘了还有这样一次谈话，没关系，有人记住就行了。

吴冠平

2015年8月

图书在版编目（CIP）数据

陆上行舟：新世纪中国电影导演访谈录 / 吴冠平 著. — 北京：东方出版社, 2015.9
（电影学文丛）

ISBN 978-7-5060-8508-3

Ⅰ.①陆…　Ⅱ.①吴…　Ⅲ.①电影导演—访问记—中国—现代　Ⅳ.①K285.78

中国版本图书馆CIP数据核字(2015)第242913号

陆上行舟：新世纪中国电影导演访谈录
（LUSHANG XINGZHOU:XINSHIJI ZHONGGUO DIANYING DAOYAN FANGTANLU）

作　　者：吴冠平
策 划 人：张　杰
产品经理：王丽娜
责任编辑：姬　利　王丽娜
出　　版：东方出版社
发　　行：人民东方出版传媒有限公司
地　　址：北京市东城区朝阳门内大街166号
邮政编码：100706
印　　刷：北京汇林印务有限公司
版　　次：2015年12月第1版
印　　次：2015年12月第1次印刷
印　　数：1—3000册
开　　本：635毫米 × 965毫米 1/32
印　　张：14.875
字　　数：377千字
书　　号：ISBN 978-7-5060-8508-3
定　　价：52.00元
发行电话：（010）64258117　64258115　64258112